近代人文社会科学译著 7

熊月之 主编

上海科学技术文献出版社
Shanghai Scientific and Technological Literature Press

图书在版编目（CIP）数据

近代人文社会科学译著．7 / 熊月之主编．—上海：上海科学技术文献出版社，2021
ISBN 978-7-5439-8269-7

Ⅰ．①近…　Ⅱ．①熊…　Ⅲ．①社会科学—西方国家—近代—文集　Ⅳ．① C53

中国版本图书馆 CIP 数据核字 (2021) 第 016816 号

策划编辑：张　树
责任编辑：王　珺
封面设计：留白文化

近代人文社会科学译著．7
JINDAI RENWEN SHEHUI KEXUE YIZHU. 7
熊月之　主编
出版发行：上海科学技术文献出版社
地　　址：上海市长乐路 746 号
邮政编码：200040
经　　销：全国新华书店
印　　刷：常熟市人民印刷有限公司
开　　本：889mm×1194mm　1/32
印　　张：14.5
版　　次：2021 年 3 月第 1 版　2021 年 3 月第 1 次印刷
书　　号：ISBN 978-7-5439-8269-7
定　　价：148.00 元
http://www.sstlp.com

近代人文社會科學譯著選輯（1807—1919）序言

熊月之

一

人文社會科學，包含人文學科與社會科學兩類。〔一〕

〔一〕人文學科之所以稱「學科」而不稱「科學」，因爲通常所説的科學（science），主要指以物爲研究對象，可以通過實驗進行驗证的自然科學，而人文學科則以人爲研究對象，具有個別、私人、主觀性質，無法驗证。自然科學與人文學科處於比較的兩端，差异較大，而社會科學與自然科學之間，差异較小，且在取向、知識生産模式、研究方法等方面，較爲接近。人文學科與自然科學的區別，也表現在分析和解釋方向：自然科學從多樣性、特殊性、復雜性、偶然性走向統一性、一致性、簡單性和必然性；相反，人文學科則突出獨特性、意外性、復雜性和創造性。它們屬於不同的思維能力，使用不同的概念、不同的語言形式進行表達。自然科學是理性的産物，使用事實、規律、原因等概念，並通過客觀語言溝通信息；人文學科是想象的産物，使用現象與實在、命運與自由意志等概念。所以稱「學科」而不稱「科學」，更爲突出人文學科的特質。參見《簡明不列顛百科全書》(第6卷)，北京：中國大百科全書出版社，1986年，第761頁；李醒民《知識的三大部類：自然科學、社會科學和人文學科》，《學術界》2012年第8期。

學科分類在不同歷史時期、不同語境下並不相同，標準、方法也見仁見智。近代以來，學術界逐漸傾向於將人類知識分爲三大部類，即自然科學、社會科學與人文學科。自然科學以自然即客觀的物質世界作爲研究對象，包括數學、物理學、化學、天文學、地學（地理學、地質學、氣象學）與生物學等；社會科學以人類社會作爲研究對象，涵蓋經濟學、政治學、法學、社會學、行政學、教育學、倫理學等；人文學科以人爲研究對象，探尋人的生存及其意義、人的價值及其實現，涉及語言學、文學、歷史學、哲學、藝術等。

本書選輯起止時間爲1807—1919年。

衆所周知，中國近代史的起止時間，亦即中國近代史的研究對象，是從1840—1949年，因爲這百餘年的中國，是相對完整的近代形態，是一個完整的歷史時期。但是，近代西方人文社會科學在中國翻譯、傳播的歷史，與中國近代歷史的進程並不完全同步。

首先，起步更早。1807年，基督教新教傳教士、英國人馬禮遜來到澳門，然後進入廣州，拉開新一輪西學傳播序幕。稍後英國傳教士米憐、德國傳教士郭實臘等，絡繹東來。他們在馬六甲、新加坡、巴達維亞等地，開學校，辦印刷所，在當地華僑中傳播西學。他們所出版的涉及人文社會科學知識的書籍雖然不很多，但這些西學知識，與鴉片戰爭以後傳入中國的西學知識屬於統一整體，也是後者之先聲。

其次，心態轉變也早。近代中國讀書人、思想界對於以歐美爲中心的西方人文社會科學，有個從仰視到平視的轉變過程，其轉折點便是第一次世界大戰。1914—1918年，發生在帝國主義國家之間的世界大戰，有三十多個國家、15億人口卷入，傷亡人員三千萬，經濟損失難計其數。這一殘酷現實，讓中國讀書人、思想界明白，西方科學並不萬能，人類社會的演變，並不總是沿着進步的方向直綫上昇。巴黎和會上西方列强對於中國主權的無視與陵鑠，更讓中國人明白，世界上並不存在什麽平等對待弱者的『公理』。這種世界性的倒退與不公，促使東西方有識之士更加深刻地思考人類的未來，更加理性地思考東西方文化的價值。此後，西方人文社會科學在中國讀書人、思想界那裏，盡管仍然是最爲重要的文化資源之一，但已從至高無上的峰頂跌落下來，成爲與東方文化等量齊觀的一端。

這是本書將下限斷爲1919年的主要原因。

二

在介紹近代西方人文社會科學在中國傳播之前，有必要先回溯一下明末清初那段時間這方面的情況。

明末清初，利瑪竇、艾儒略、南懷仁等耶穌會傳教士編寫、或與徐光啓、李之藻、楊廷筠等人合譯的一批西學書籍，其中有十多部較多涉及人文社會科學內容，如《西國記法》(1595)、《職方外紀》(1623)、《西學凡》(1623)、《靈言蠡勺》(1624)、《西儒耳目資》(1625)、《治平西學》(約1629)、《修身西學》(1630)、《名理探》(1631)、《童幼教育》(1632)、《西方問答》(1637)、《齊家西學》(崇禎年間)、《坤輿全圖》與《坤輿圖説》(1674)、《窮理學》(1683)等，這些書對歐洲的哲學、政治學、經濟學、教育學、文學、歷史學、地理學等方面的知識有所介紹。

比如，傅汎際和李之藻合譯《名理探》，介紹了『愛知學』即哲學的含義。南懷仁編《窮理學》，介紹邏輯學的功用，稱窮理學『爲百學之宗』，爲『訂非之磨勘，試真之礪石，萬藝之司衡，靈界之日光，明悟之眼目，義理之啓鑰，爲諸學之首需者也。』〔一〕高一志著《治平西學》，爲最早漢譯西方政治學著作，分别從王公、群臣、兆民的行爲準則，説明何者爲宜、何者應戒，還介紹了世界上的三種政體形式：『一曰一人且王之政；二曰數人且賢之政；三曰衆人且民之政是也。』〔二〕艾儒略譯《職方外紀》，對歐洲教育制度包括學制、課程設置、考試方式均有所介紹。高一志著《修身西學》，述及西方倫理學知識，包括修身目的、修身憑藉與修身方法，主旨在於指明人類通過修德以確保自身行動的善，從而獲得美好，達到幸福境界。天啓年間出版的《況義》，是《伊索寓言》在中國傳播的第一個譯本。

明末清初西方人文社會科學在中國的傳播，傳播主體是利瑪竇等傳教士，中國學者徐光啓等參與譯述潤色，所傳内容從總體上説，比較零碎，不成系統，所譯編成書籍印數較少，傳播範圍較小，很多内容只是在少量學者中流傳。但是，他們所傳許多知識，開啓了近代西學東漸的先河，如地圓説、五大洲説、腦主記憶説；所創譯的諸多名詞，也被近代沿用，如亞細亞、歐羅巴、大西洋、地中海、自鳴鐘、天主等。他們以『理學』翻譯哲學，一度被近代學者沿用。

〔一〕南懷仁：《進呈窮理學書奏》，徐宗澤：《明清間耶穌會士譯著提要》第192頁，中華書局，1989年。
〔二〕高一志：《治平西學》，載黄興濤、王國榮編《明清之際西學文本》第2册，中華書局，2013年，第614頁。

三

近代西方人文社會科學在中國翻譯、傳播的歷史，可以分爲五個階段，即 1807—1842 年、1843—1860 年、1861—1900 年、1901—1911 年、1912—1919 年。

第一階段，從 1807 年至 1842 年。

17 世紀末 18 世紀初，因宗教禮儀問題，在清朝政府與羅馬教廷之間、中國耶穌會與羅馬教廷之間、耶穌會與其他天主教會之間，出現嚴重分歧。羅馬教廷要求在華天主教徒不得祭祖、不得拜孔。康熙皇帝表示，中國祭祖敬孔，不過是一種崇敬的禮節，並無宗教性質，如果來華西人，不能像利瑪竇那樣對祭祖敬孔持尊重態度，斷不準在中國居留、傳教。雙方交涉多次，不得要領。1717 年（康熙五十六年），康熙皇帝下令禁止天主教在華活動。此後，天主教在華再次步入低谷。雍正、干隆等朝，又相繼頒佈禁止天主教的命令。1773 年（干隆三十八年），因宗教内部紛争，羅馬教廷下令解散耶穌會，兩年後命令傳到中國，耶穌會正式解散。至此，自晚明開始在中國活動二百年的耶穌會，終於告一段落。西學傳播的細流亦因此截斷。

1807 年，英國基督新教傳教士馬禮遜，受倫敦會委派，從英國經美國輾轉來到澳門，進入廣州，以後在廣州、澳門及南洋各地，進行傳教與西學傳播活動。稍後，英國傳教士米憐、楊威廉，美國傳教士裨爲仁、雅裨理、裨治文，德國傳教士郭實臘等，絡繹東來。他們在馬六甲、新加坡、巴達維亞等地，開學校，辦印刷所，出版《聖經》等宗教讀物，也在當地華僑中傳播西學。所出版的涉及人文社會科學方面的書籍有十來種，包括《生意公平聚益法》（1818）、《西游地球聞見略傳》（1819）、《地理便童略傳》（1819）、《東西史記和合》（1829）、《大英國統志》（1834）、《美理哥合省國志略》（1838）、《古今萬國綱鑒》（1838）、《萬國地理全集》（1838）、《制國之用大略》（1839）、《貿易通誌》（1840），所出版刊物《察世俗每月統記傳（1815—1821）》《特選撮要每月紀傳（1823—1826）》《東西洋考每月統記傳（1833—1838）》，都含有豐富的西方經濟學、歷史學、地理學知識。

比如，《生意公平聚益法》，介紹人們相互之間進行貿易應該遵循的基本法則，《地理便童略傳》對世界主要地區與國家均有介紹，對英國、美國政治制度、司法制度介紹較爲具體。《古今萬國綱鑒》，凡244頁，分20册，是鴉片戰爭以前介紹世界歷史知識最爲詳盡的一部書。《貿易通誌》較爲翔實地介紹了西方的商業制度，魏源在《海國圖志》中，對許多國家的貿易、商業的介紹資料採自此書。《大英國統志》《美理哥合省國志略》分别翔實地介紹了英國、美國的國情。

再如，《察世俗每月統記傳》所載《論有羅巴列國》《論亞西亞列國》《論亞非利加列國》《論亞默利加列國》《法蘭西國作變復平略傳》等文，介紹歐洲、亞洲、美洲等地地理、歷史知識，介紹了法國的歷史。還在1821年，便介紹了剛剛立國45年的美國，稱其面積寬大，盛産各物，港口衆多，人口增加很快，且有智有力，預料其日後必爲美洲最大國家。〔一〕《東西洋考每月統記傳》所載《通商》《貿易》《公班衙》等文，

〔一〕《論亞默利加列國》，《察世俗每月統記傳》卷七，道光元年。

介紹西方通商理論，認爲通商貿易對商人、人民、國家都有好處，强調通商貿易要篤實誠信，不可食言行騙。

鴉片戰争以前，中國還没有被英國打敗過，中西關係還比較平等，傳教士在介紹西方情況時，心態還不是那麼傲慢，所以，行文常用對話體，以中國人習慣的説書形式出現。爲了迎合中文讀者心理，作者論述問題，每每先引一段中國古代聖賢的語録或故事，然後進行中西比較，説明東方西方，心同理同。這種表達方式，類似於明末清初耶穌會士，而不同於鴉片戰争以後傳教士那種居高臨下姿態。

第二階段，從 1843 年至 1860 年，即五口通商時期。

在 1840 年至 1842 年的中英鴉片戰争中，清朝政府戰敗，被迫與英、美、法等國簽訂不平等的《南京條約》、《望厦條約》和《黄埔條約》，被迫割讓香港給英國，開放廣州、福州、厦門、寧波、上海作爲通商口岸，允許外國人在這些口岸傳播宗教、開設學堂、開辦醫院。於是，傳教士便將活動基地從南洋遷到中國東南沿海，開始了晚清西學傳播史上的新階段。這一階段，通商口岸成爲傳播基地。此前，傳教士的活動局限於南洋一帶，西學書刊雖亦能傳至中國大陸，其所辦學校中也有華人，但畢竟水路迢迢，對中國内地影響有限。五口通商後，麥都思、雅裨理、慕維廉、艾約瑟等傳教士以這些地方爲基地，辦學校，出書刊，進行各種西學傳播活動，東南沿海遂成中國率先接受西學影響的地區。傳教士所出版《聯邦志略》(1846)、《格物窮理問答》(1851)、《地理全志》(1853)、《大英國志》(1856)、《地球説略》(1856)、《地理略論》(1859)等書籍，《中西通書》(1853—1860，年鑒)、《遐邇貫珍》(1853—1855)、《六合叢談》(1857—

1858）等雜誌，包括豐富的歷史學、地理學、經濟學知識，也有一些哲學、文學知識。

比如，《遐邇貫珍》所載《花旗國政治制度》一文，不但介紹了美國的總統選舉制、立法、司法、行政、聯邦及各州之組織，還將英、美政治制度作了比較，認爲各有利弊。再如，慕維廉譯編的《大英國志》與《地理全志》，都是超過三百多頁的大書，前者翔實地介紹了當時世界上最强大的帝國英國的歷史與現實，後者比較宏觀地介紹了世界地理知識。

這一時段，傳教士忙於在通商五口進行傳教活動，出版宗教讀物繁多，所出人文社會科學書籍較少，十來種而已，但是這些書刊在中國士紳中還是產生了比較廣泛而重要的影響。魏源編《海國圖志》，廣泛徵引了《地球圖説》等西書；徐繼畬撰《瀛寰志略》，直接得益於雅裨理等人的西書資料；王韜、管嗣復參加了一些西書與雜誌的譯編，受到這些知識的深刻影響。王韜日後出版《西學輯存六種》，頗得益於他在墨海書館協助偉烈亞力等人的西學熏陶，管嗣復則將其西學知識轉述給其老師馮桂芬，促成馮桂芬名著《校邠廬抗議》的誕生。《聯邦志略》《地理全志》《地球説略》等書還傳到了日本，並有日譯本行世。

第三階段，1860年至1900年。

1856年至1860年，英國、法國在美國、俄國等支持下，發動了侵略中國的第二次鴉片戰爭。中國再次慘敗。侵略者逼迫清朝政府先後簽訂了《天津條約》（1858）、《北京條約》（1860）等一系列不平等條約。通過這些條約，外國侵略者從中國勒索了大筆戰爭賠款，取得了一系列侵略特權。其中，與西學傳播密切相關的有：一、增開11個通商口岸，即天津、牛莊、登州、臺南、潮州、瓊州、鎮江、南京、九江、漢口、淡水。後來實際開埠時，牛莊改爲營口，登州改爲煙臺，潮州改爲汕頭。條約規定，外國人可以在這些通商口岸居住、賃房、買屋、租地起造禮拜堂、醫院、墳塋等。二、傳教自由。三、外國人可到中國内地各處遊歷、通商，中國政府應提供方便。四、開放長江。這樣，加上先前割讓的香港，開放的五口，中國被迫對外開放的城市達17個。外國人可以在南起廣州、厦門，中經上海、煙臺，北至天津、營口，東起上海、南京，沿江西上，直到中國内地，這樣廣闊的範圍裏自由活動。其結果，加强了西方列强對中國的政治侵略、經濟掠奪，也便利了他們對中國的文化滲透。

在清政府方面，以咸豐皇帝去世、辛酉政變發生、慈禧太后掌權爲轉折點，中國對外對内政策有了重大調整。總理各國事務衙門的設立，京師同文館、上海廣學會的創辦，以學習西方堅船利砲、聲光化電爲重要内容的洋務運動的開展，江南製造局等機構的設立，中國向歐洲、美洲與日本等地駐外使臣的派出，聖約翰大學等衆多教會學校的創辦，都對西學傳播産生了重要影響。1894年發生的中日甲午戰爭，中國再次慘敗，激起變法思潮高漲，維新運動發生，更推動了西學傳播的高漲。

這一階段，譯介西學方面，有兩支力量同時發力，即清政府官辦機構與教會機構，前者以京師同文館、江南製造局翻譯館爲其著者，後者以設在上海的以基督新教傳教士爲主的廣學會最爲突出，天主教耶穌會設立的土山灣印書館也貢獻甚多。

這一階段，所出版的人文社會科學譯著，數量較前大爲增多，約130種，超過以往約三百年所出同類書籍總數。内容也更加厚實系統，有適應瞭解國際形勢與外國情况需要的《萬國公法》(1864)、《歐洲史略》(1886)、《希臘志略》(1886)、《羅馬志略》(1886)、《四裔編年表》(1874)、《萬國史記》(1880)、《法國律例》(1880)、《萬國通鑒》(1882)、《八星之一總論》(1892)、《各國交涉公法論》(1898)、《歐羅巴通史》(1900)等；有介紹外交常識的《星軺指掌》(1876)、《公法便覽》(1877)、《公法會通》(1880)；有介紹西方歷史、哲學、經濟學基礎知識的《佐治芻言》(1885)、《西學略述》(1886)、《辨學啓蒙》(1886)、《富國養民策》(1886)、《地球一百名人傳》(1898)；有適應變法需要、介紹外國變法的書籍《自西徂東》(1884)、《列國變通興盛記》(1894)、《泰西新史攬要》(1895)、《文學興國策》(1896)；有爲變法運動提供理論支撑的《天演論》(1898)、《民約通義》(1898)；有爲教育變革提供學術資源的《西國學校》(1873)、《肄業要覽》(1882)、《七國新學備要》(1888)、《教育學綱要》(1899)；有合哲學與心理學爲一體的《心靈學》(1889)、《治心免病法》(1896)。《格致匯編》刊載傅蘭雅所作的《混沌説》(1877)，概略地叙述了當時中國還不大有人瞭解的生物進化論觀點。廣學會出版的李提摩太翻譯的《百年一覺》(1894)，原爲美國空想社會主義小説，影響極廣。同爲廣學會出版的《大同學》(1899)，第一次向中國人介紹了馬克思及其學説。

第四階段，1901年至1911年。

1898年的戊戌政變，1900年的八國聯軍侵略中國之役，使清朝政府的威信跌到最低點，中國國際、國内形勢均發生巨大變化。一方面，愛國人士、知識分子失望到極點，革命風潮因之而生，留日熱潮驟然而起。另一方面，清政府實行新政，鼓勵工商，廢除科舉，改革學制，繼而宣佈預備立憲。這兩方面都亟需西學（新學）資源。在這兩方面因素的共同作用下，西方人文社會科學在中國的傳播，呈井噴之勢，從内容到方式、從數量到質量都有巨大變化。

此前，西學知識主要由翻譯英、法等西書而來。1900年以後，由日本轉口輸入西學數量急劇增長，日本成爲西學輸入主要來源地。從1900年到1911年，中國通過日文、英文、法文共譯各種西書至少有1599種[一]，遠遠超過此前90年中國譯書的總數。從1902年至1904年，共譯西書533種，其中日文書籍達321種，占總數的60%。

在繁多的中譯西書中，人文社會科學比重加大。以1902年到1904年爲例，三年共譯文學、歷史、哲學、經濟、法學、政治學等人文社會科學書籍327種，占譯書總數的61%。同期翻譯自然科學書籍112種，應用科學56種，分别只占譯書總量的21%和11%。[二]所占比重從多到少的順序爲人文社會科學→自然科學→應用科學，與之前幾十年的情形正好相反。京師大學堂從1898年到1911年翻譯、出版西學教科書有六十餘部一百多册，其中人文社會科學類占62%。[三]這表明當時西學輸入的重心，已從器物技藝等物質文化層面轉到思想、學術等精神文化層面。

〔一〕見拙著：《西學東漸與晚清社會》（修訂本），中國人民大學出版社，2011年，第11頁。

〔二〕以上數據均見拙著：《西學東漸與晚清社會》（修訂本），第11頁。

〔三〕範軍：《歲月書痕》，華中師範大學出版社，2017年，第165頁。

就内容而言，這一階段所譯人文社會科學書籍，舉凡哲學、文學、歷史、經濟、法學、政治學等各學科，都有頗成規模的系統譯作。

哲學方面，概論性譯作就有9部，如井上圓了著、羅伯雅譯《哲學要領》（1902），德國科培爾著、下田次郎述、蔡元培譯《哲學要領》（1903），井上圓了著、王學來譯《哲學原理》（1903）；邏輯學譯作18部，如楊蔭杭譯《名學》（1902），清野勉著、林祖同《論理學達恉》（1902），十時彌著、田吴炤譯《論理學綱要》（1902）、嚴復譯《穆勒名學》（1905），大西祝著，胡茂如譯《論理學》（1906），英國耶方斯著、王國維譯《辨學》（1908），法國孟德福著、李問漁譯《名理學》（1908）。其他哲學著作（含哲學家介紹、各國哲學、哲學史）9部，如蟹江義丸著、範迪吉等譯《西洋哲學史》（1903）、姉崎正治著、範迪吉等譯《宗教哲學》，井上圓了著、蔡元培譯《妖怪學講義録（總論）》（1906）；心理學譯作21部，如元良勇次郎著、王國維譯《心理學》（1902），長尾槙太郎著、蔣維喬譯《心理學》（1906）等；倫理學譯作10部，如元良勇次郎著、麥鼎華譯《倫理學》（1902）、德國泡爾生著、蔡元培譯《倫理學原理》（1909）；教育學46部，如立花銑三郎述、王國維譯《教育學》（1901），能勢榮著、葉瀚譯《泰西教育史》（1901）。清末一度流行哲學救國論，一批學者認爲救國應先救其人，救人應先救其心，救心應先救其學，而救學則應從譯介西方哲學始。因此，舉凡古希臘、羅馬哲學，西方近代哲學，以及重要哲學家生平及其學説，幾乎無一不被譯介。

文學作品翻譯更是繁盛一時，内以小説最多。據研究，從1901—1911年，中國共翻譯域外小説547

部，散文集22部，戲劇1種〔一〕。對英、美、法、俄、德、日、荷蘭、奥地利、瑞士、希臘等國文學作品均有翻譯，内以英、法、日三國最多。英國的莎士比亞、笛福、斯威夫特、哈葛德、柯南道爾、司各特、哈代、拜倫、狄更斯、斯蒂文森等，法國的小仲馬、雨果、大仲馬、朱力士、迦爾威尼，美國的斯土活夫人、布萊特夫人等人作品都有翻譯。譯自英國的，僅林紓就與人合譯哈葛德《迦因小傳》和《鬼山狼俠傳》等20種、柯南道爾《歇洛克奇案開場》等7種、司各特《撒克遜劫後英雄略》等3種、斯蒂文森《新天方夜譚》等。同是柯南道爾作品，就有周桂笙、林紓和魏易、陳家麟、包天笑等人投入翻譯。譯自法國的有，林紓與他人合譯的《巴黎茶花女遺事》《賂史》，薛紹徽譯的《八十日環遊記》，包天笑譯的《鐵世界》，朱樹人譯的《穡者傳》和《冶工軼事》，陳春生譯的《獄中花》，梁啓超等譯的《十五小豪杰》，魯迅翻譯的凡爾納小説《月界旅行》。從1899年到1911年，從日本翻譯過來的小説有55種，其中1907年就翻譯了11部，内有《佳人奇遇》《經國美談》《謀色圖財記》《美人島》《世界一周》等。〔二〕

歷史學方面，比較重要的有102部，其中通史14部，如作新社出版的《萬國歷史》(1902)、支那翻譯會社的《萬國史綱》(1903)、杭州史學齋的《萬國史要》(1903)、上海通社的《世界通史》(1903)、山西

〔一〕鄧集田：《中國現代文學的出版平臺—晚清民國時期文學出版情況統計與分析(1902—1949)》，華東師範大學博士論文，2009年，第502—512頁。

〔二〕汪帥東：《晚清日本文學翻譯研究》，《當代外語教育》，2018年，第2輯。

大學堂譯書院的《邁爾通史》(1905)、江楚編譯官書局的《萬國史略》(1906)。其中英國李思倫白著、蔡爾康等譯編的《萬國通史》，規模最爲宏大，凡30卷，相繼於1900、1904、1905年由廣學會出版。地區史、國別史52部，如東亞譯書會《歐羅巴通史》(1900)、金粟齋《西洋史要》(1901)、商務印書館《亞美利加洲通史》(1902)、文明書局的《泰西通史》(1903)等，還有英、美、德、法、日等國歷史。變政史、維新史、獨立史17部，如作新社的《英國維新史》(1903)、文明書局的《佛國革命戰史》(1903)、商務印書館的《美國獨立戰史》(1911)，還有關於意大利、菲律賓、希臘、印度等國獨立或變革史。其他專史5部，如開明書店的《近世海戰史》(1903)、文明書局的《世界女權發達史》。人物傳記14部，包括華盛頓、拿破侖、彼得大帝、俾斯麥等個人傳記，還有世界名人、歐洲政治學家、日本維新志士等合傳。

政治學方面，比較重要的譯編有29部，其中政治學概論性的譯作，有高田早苗講述、嵇鏡譯《國家學原理》(1901)，德國伯倫知理原著、梁啓超譯《國家學綱領》(1902)，德國那特硜著、馮自由譯的《政治學》(1902)、戢翼翬等譯《那特硜政治學》(1901)，市島謙吉著、麥曼蓀譯《政治原論》(1902)，美國伯蓋司著、楊廷棟譯《政治學》(1904年以前)；政治學理論譯作有英國斯賓塞著作、楊廷棟譯《原政》(1902)，法國盧梭著、楊廷棟譯《路索民約論》(1902)，浮田龢民著、出洋學生編輯所譯《帝國主義》(1902)，西川光次郎著，周子高譯《社會黨》(1902)，馬君武譯《彌勒約翰自由原理》(1903)，幸德秋水著、中國達識社譯《社會主義神髓》(1903)，村井知至著、侯士綰譯《社會主義》(1903)，加藤弘之著、陳尚素譯《人權新説》(1903)，福井準造著、趙必振譯《近世社會主義》(1903)，英國甄克思著、嚴復譯《社會通詮》(1904)

等。介紹各國政治態勢的有《萬國政治叢考》《最新萬國政鑒》《最新萬國政治制度》《萬國國力比較》《歐美政教紀原》《十九世紀末世界之政治》《美國民政考》等。

經濟學方面，1901年至1911年出版譯作23部。其中，嚴復翻譯的《原富》出版，是西方經濟學經典著作首次完整譯出。1902年，《欽定學堂章程》規定，今後學制三年的高等學堂政科，必須設立『理財學』即經濟學課程，這促進了西方經濟學説引進與傳播。此後，楊廷棟編《理財學教科書》、天野爲之著《理財學綱要》、商務印書館出版的田尻稻次郎著《理財學精義》，均列爲中小學理財學教材。1906年至1908年，政治經濟社等機構出版了《公債論》《租税論》《紙幣論》《貨幣論》《財政學》《計學》《比較財政學》等多種屬於經濟學分支的著作。

法學方面，這一階段譯作特多。從1901年至1911年，共譯法學書籍263種〔一〕，是晚清社會科學中譯書最多的學科。1902年，清廷命沈家本等遴選諳習中西律例司員分任纂輯，延聘東西各國精通法律之博士、律師以備顧問，復調取留學外國卒業生從事翻譯。於是，清政府有計劃地翻譯大量法律書籍。民間譯書機構或出於社會需求，或出於牟利目的，也翻譯了大批法學書籍。從國際公法、國際私法，民法、刑法、民事訴訟法、刑事訴訟法、行政法，應有盡有。不但一般性的介紹法學原理、法學流派、國際法的著作都有介紹，而且各種具體法規法制，如警察學、監獄學，也很豐富。有的同一種著作有多種譯本，

〔一〕 田濤、李祝環：《清末翻譯外國法學書籍評述》，《中外法學》，2000年，第3期。

單1903年，《國際私法》就有4種譯本，《國法學》有5種譯本，《法學通論》有6種譯本。1904年至1909年，清政府爲適應法律改革需要，由修定法律館主持審定，翻譯了一大批刑法、民法方面的書籍，包括德國、法國、美國、意大利、日本等國刑法、民法多方面具體法規。1906年以後，中國地方自治聲浪日高，與地方自治相關的自治法規、地方性法規書籍翻譯頗多，諸如《地方自治論》《英國地方政治》《歐洲大陸市政論》《日本府縣制郡制要義》，與地方自治相關的警察書籍翻譯尤多，諸如《最近警察法教科書》《德國警察法》《警察全書》《警察學》《偵探學》。這些書主要自日文譯出，法律也以日本爲多。這一時期引進日本法律最爲全面的一部書籍，即《新譯日本法規大全》，由張元濟、劉崇杰等翻譯，内容相當廣泛，對清末法制改良有着重大影響。

第五階段，1912—1919年。

隨着清廷覆滅，中華民國建立，政治建設、法制建設、公民道德建設等任務提到人們面前，這些方面的譯介著作也隨之增多。與政治建設、法制建設有關的譯作主要有：同是英國莫安仁著、許家惺譯的《英國立憲鑒》(1912)、《英議院權力發達史》(1912)，英國布賴斯著、孟昭常譯《平民政治》(1912)，美國麥萊著、陳其鹿譯的《美國民主政治大綱》(1912)，美國約翰·温澤爾著、楊錦森、張萃農譯的《美法英德四國憲法比較》(1913)，日本田中萃一郎著、畢厚譯《歐美政黨政治》(1913)，美國黎卡克著、梁同譯的《政府論》(1914)、法國路易·普羅爾著、高仲和譯的《政治辨惑論》(1914)，日本齋藤隆夫著、姚大中譯的《比較國會論》(1917)。東方法學會譯編法律要覽叢書多種，由泰東書局出版，包括《民法要覽》《民事訴訟法要覽》《商法要覽》《刑法要覽》等，影響廣泛。

有關公民道德建設的譯作甚多，諸如《國民道德談》(1915)、《道德之研究》(1915)、《品性論》(1916)《泰西改良社會策六章》(1917)、《新道德論》等。其中，英國著名道德學家斯邁爾斯（S. Smiles，1812-1904）多種著作被多次翻譯，包括《勤儉論》(1914)、《克己論》(1915)、《職分論》(1917)，葉農生、蔣方震、秦同培等均參與譯事。第一次世界大戰爆發以後，有一批與戰争有關的譯作問世，如《德意志戰論》《開戰時之德意志》《美國總統威爾遜參戰演説》《革命心理》《國際同盟論》。

這一階段，馬克思主義、無政府主義書籍的譯介也有一些，包括1912年施仁榮翻譯恩格斯的《理想社會主義與實行社會主義》，是馬克思主義經典文本在中國早期傳播較爲完整的譯本，是恩格斯的著作《社會主義從空想到科學的發展》在中國的第一次譯介。1919年凌霜翻譯克羅泡特金的《近世科學與無政府主義》。

這一階段，所譯哲學、史學著作，均遠較清末爲少，但文學翻譯勢頭依然很猛。1912年至1919年，共翻譯域外小説250部，散文集35部，戲劇3部〔一〕，涉及英、法、美、俄、德、日、西班牙、奥地利、瑞士、波蘭、比利時、丹麥等國作家，内以英、法作家所占比例爲高，英、法主要作家被譯作品與清末

〔一〕鄧集田：《中國現代文學的出版平臺—晚清民國時期文學出版情況統計與分析（1902—1949）》，華東師範大學博士論文，2009年，第512—519頁。

有延續性，如英國哈葛德、柯南道爾、狄更斯，法國大仲馬、雨果等，增加較多的是美國作家華特生等人的作品，俄國托爾斯泰等人作品也陸續翻譯進來。

以上五個階段，就對中國社會影響而言，每一階段都不能忽略，各有各的影響。但綜合而言，以清末這一階段的影響，最爲廣泛而深入。數以百計的出版機構，數以千計的中譯日書，數以萬計的留日人員，難計其數的雜誌、報紙，將形形色色的西方新學轉口輸入中國。範圍之廣，數量之多，來勢之猛，是此前歷史階段也是民國初年所不可比擬的。這一階段，正是中國廢科舉、興學校的教育體制轉型期，難計其數的各門各科的新式教科書，大多是這一階段編寫的，藍本多取自日本，多取自這一階段的譯書。各門各科的辭典大量引進、編寫，無形中起着規範語言的作用。

四

近代中國被動卷入全球化浪潮之中，遭遇千古未有之變局。在此以前，中國雖然早已與外族有了關係，但那些外族都是文化較低的民族，縱使他們入主中原，到頭來也終歸爲以儒學爲核心的中國文化所化。在中國接觸的世界裏，中國以老大自居，他國也以老大尊之。但是，到了近代，情況大不一樣。中國面對的英國、美國、法國等，絶非先前的夷狄可比。這些對手，既陌生又强大，突兀而來，猝不及防。中國生産方式、生活方式、價值觀念、審美情趣、教育體系、學術體系、語言詞彙，乃至風俗習慣，無不發生深刻的變化。人文社會科學譯著，既是這一歷史變局的産物與證物，也是這一變局的助推器。

以語言詞彙而言，中國今天所用各類新詞彙，大多形成於近代。人文社會科學方面的新名詞，諸如社會、政黨、民族、階級、主義、範疇、系統、規範、唯物、唯心、主體、客體、法學、法庭、民法、刑法、金融、銀行、生產力、生產關係，都是近代出現的，而且大多是從日本移植而來。日常生活所用諸多新詞彙，也主要形成於近代。比如，以『化』字結尾的複合詞，特殊化、現代化、民族化、大衆化、自動化；以『式』字結尾的複合詞，速成式、問答式、簡易式、西洋式；以『炎』字結尾的病名，關節炎、氣管炎、腦炎、肺炎、胃炎、腸炎；以『性』字結尾的複合詞，可能性、現實性、必然性、偶然性、必要性、習慣性；以『界』字結尾的複合詞，文學界、思想界、藝術界、新聞界、出版界；以『感』字結尾的複合詞，美感、好感、惡感、情感、敏感；以『點』字結尾的複合詞，觀點、要點、焦點、重點、出發點；以『觀』字結尾的複合詞，悲觀、樂觀、人生觀、科學觀、世界觀、宇宙觀；以『論』字結尾的複合詞，一元論、宿命論、無神論、唯物論、唯心論；以『法』字結尾的複合詞，辯證法、歸納法、演繹法、綜合法、分析法。還有以『作用』『問題』『時代』『社會』『主義』『階級』等詞結尾的複合詞，心理作用、精神作用、土地問題、社會問題、舊石器時代、新石器時代、奴隸社會、封建社會、人文主義、社會主義、地主階級、農民階級。如此等等，不一而足。

新名詞如此，學科分類亦如此。以『學』字結尾的學科名，財政學、經濟學、生物學、物理學、心理學、家政學、社會學、冶金學，也都在清末定型。

近代譯介的人文社會科學，不但影響了當時的中國社會，而且業已廣泛融入中華文化傳統當中，幾乎無處不在、無時不在地體現於我們的物質文化、制度文化與觀念文化之中，體現於我們的日常生活當中。倘若不信，你且撇開此類新思想、新觀念、新學術、新詞語，寫一篇文章或者講幾句話試試！

鑒此，我們選編了這套《近代人文社會科學譯著選輯》，選擇不同歷史階段較有影響的譯著，分爲五輯，分類如下：1、人文社會科學總論與政治學；2、哲學、邏輯學、倫理學、心理學、教育學；3、歷史學、地理學、社會學、禮俗；4、法學、經濟學；5、文學、藝術、人物傳記。

鑒於嚴復所譯學術名著、林紓所譯文學著作已有多種刊本行世，本書不再收録。

《近代人文社會科學譯著選輯》第一輯第七册説明

本册選録《自由原理》《萬法精理》與《未來世界論》三部譯作。

《自由原理》，封面題《彌勒約翰自由原理》，彌勒約翰著，馬君武譯，譯書匯編社1903年出版，列爲《少年中國新叢書》的第四種。

彌勒約翰（John Stuart Mill，1806–1873，今譯約翰·穆勒，或約翰·斯圖爾特·密爾），英國著名哲學家、心理學家和經濟學家，19世紀古典自由主義思想家。《自由原理（On Liberty）》，今譯《論自由》，是其哲學名著，寫於1859年，其要義可概括爲：只要不涉及他人的利害，個人（成人）就有完全的行動自由，其他人和社會都不得干涉；只有當自己的言行危害他人利益時，個人才應接受社會的强制性懲罰。

馬君武（1881—1940），出生於廣西桂林恭城縣，政治活動家、教育家。大夏大學、廣西大學的創建人和首任校長。《自由原理》爲馬君武在日本留學時所譯，前有梁啓超序言與馬君武自序，介紹譯書過程。據研究，日本學者中村正直在1872年翻譯了約翰·穆勒的《論自由》，以《自由之理》爲書名出版。馬君武所譯，可能借鑒了中村的譯本，但他根據中國的情況，又添加了原著與中村譯本中都没有的内容和論述〔一〕。

《自由原理》出版以後，很受讀者歡迎。《譯書匯編》爲此譯本刊登廣告稱：『譯文淵雅，義理精要，無非切中吾國時弊之言，誠中國一切政治道德改革之明鏡。』而於吾國前途之文明發達，實大有影響。鄒容在《革命軍》中提到此書，將其與盧梭《民約論》、孟德斯鳩《萬法精理》並提。

《萬法精理》，孟德斯鳩著，張相文譯，文明書局1903年出版。

孟德斯鳩（Charles de Secondat，Baron de Montesquieu，1689–1755），法國著名思想家、法學家。所著《論法的精神》（L'esprit des Lois），出版於1748年。作者在書中認爲，地理條件是決定政治制度和社會制度的基本因素。他以統治者人數的多寡和政府的性質，把國家分爲民主制、貴族制和君主制三種形式，對中國的君主專制有多處具體的批評。他宣揚英國的君主立憲制度，提倡立法、行政、司法三權分立。這一學説成爲法國資産階級革命的重要理論武器，對美國政治制度也有影響。1876年，日本人何禮之將此書由英文譯爲日文。

張相文（1867—1933）字蔚西，號沌谷，江蘇桃源（今泗陽）人。1897年舉人，1899年入南洋公學師

〔一〕曹亞萌：《近代日本與中國對〈On Liberty〉的翻譯與容受：以中村正直譯〈自由之理〉與馬君武譯〈自由原理〉爲中心》，武漢大學碩士學位論文，日語語言文學專業，2019年，摘要，第1頁。

範院，主攻史地，兼教留學班國文、地理等課，同時從該校日文教員學習日文。1903年到廣州等地任教。1905年回上海，編寫《地文學》教科書和《地質學教科書》。後歷任天津北洋女子高等學校教務長、校長。1909年在天津與同道創設中國地學會，並任會長，發刊《地學雜誌》。1912年辭去教職，專職於地學會事務。後從事佛學研究。著有《佛學地理》《南園叢稿》等。《萬法精理》係張相文據何禮之的日文版所譯，分上下二册，這是《論法的精神》最早中文譯本。

《論法的精神》在清末還有嚴復譯本《法意》。

《未來世界論》，渡部萬藏著，秦毓鎏、張肇桐譯，文明書局1903年出版。

渡部萬藏，生平待考，從零星資料可知，他獲有法學學士學位，1889年設立東京通商株式會社。著有《世界大勢論》(1899)、《日本財政史論》(1908)、《法律語彙》(1908)、《現代法律用語史之考察》(1930)等〔一〕。

《未來世界論》譯自渡部萬藏的《世界大勢論》。原書於1899年由東京堂出版，凡六章，譯者認爲其第六章『日本之天職』『措詞過夸』，因此删而不譯。書中認爲，西洋文明已日近末路，白種人將走向衰落，整個歐洲已有衰微之徵兆，世界大勢將日進於統一，將走向和平。

〔一〕關於渡部萬藏資料，感謝日本學者手代木有兒教授幫助查考。

秦毓鎏（1880—1937），江蘇無錫人，1901 年考入江南水師學堂，1902 年東渡日本，就讀日本早稻田大學，與張繼、蘇曼殊等組織青年會，宣傳革命。1903 年，任江蘇同鄉會發行的《江蘇》雜誌總編輯，並組織拒俄義勇隊。後與張繼等回國活動，在上海創辦國學社編譯革命書籍。1904 年以後在湖南、廣西、上海等地從事革命活動。武昌起義爆發後，在無錫發動起義，成立錫軍政分府。南京臨時政府成立後，任總統府秘書。二次革命期間，與黄興等起兵討伐袁世凱。1937 年因病逝世。

張肇桐（1881—1938），字軼歐、翼侯，號一鷗。江蘇無錫人。早年肄業於上海南洋公學，1901 年赴日留學，參與發起留日學生革命組織青年會，次年回國。1904 年他考取官費留學比利時，獲比國海南工科大學路礦碩士學位，辛亥革命後回國，歷任北洋政府工商部礦務司司長、農商部礦政司司長、江蘇省實業廳廳長、山東臨城礦務局總辦、國民政府工商部商業司司長等，參與創辦地質調查研究所、礦冶研究所等科研機構。

《未來世界論》在清末頗有影響。湖北人李宗藩所著《亞東新天地》中，大段引録此書，論述未來世界將歸於統一的趨勢：『世界如何而統一，日本渡部萬藏氏，以德義之觀念，經濟之關係，萬國之公益，人心之傾向，公法之整備，五大端，引爲趨歸統一之证』。沈兆祎《新學書目提要》評論此書，作者之所以要譯此書，因爲近年舉國媚外，實爲喪心，『欲此論救之、鞭策之用，可謂知所施矣。譯筆頗工，能稱其文』

LA LIBERTÉ

PAR

M. JOHN—STUART MILL

少年中國新叢書

第四種

彌勒約翰

自由原理

譯書彙編社藏版

LA LIBERTÉ

PAR

M. JOHN—STUART MILL

少年中國新叢書

第四種

彌勒約翰

自由原理

譯書彙編社藏版

Le grand principe dominant auquel aboutissent tous les arguments expose's dans ces pages, est l'importance essentielle et absolue du developpement humain dans sa plus riche diversité.

Wilhelm von Humboldt, De la sphère et des devoirs du gouvernement.

彌勒約翰

L'auteur de ce livre

梁序

十九世紀之有彌勒約翰。其猶希臘之有亞里士多德乎。論古代學術之起原。無論何科。殆皆可謂濫觴於亞里士多德論今代學術之進步。無論何科。殆皆可謂集成於彌勒約翰。彌勒約翰在數千年學界中之位置。如此其崇偉而莊嚴也。顧吾國人於其學說之崖略。曾未夢及。乃至其名亦若隱若沒。近數年來始有耳而道之。吁我思想界之程度。可以悼矣。彌氏著述始入中國。實自侯官嚴氏所譯「名學」。雖然。名學不過彌氏學之一指趾耳。且其理邃賾。專爲治哲理者語思索之法。畀判斷之力。雖復博深切明。然欲使一般國民讀之而深有所感受焉。非可望也。自由原理一書。爲彌氏中年之作。專發明政治上宗教上自由眞理。吾涉獵彌氏書十數種。謂其程度之適合於我祖國。可以爲我民族藥者。此編爲最。久欲紹介輸入之。而苦無暇也。壬寅獵將盡。馬子君武持其所譯本見示。則驚喜忭躍。以君之學識。以君之文藻。譯此書。吾知彌勒如在。必自賀其學理之得一新殖民地也。歲暮迫人事。未獲卒業。

而剞劂敦迫。僅能草數言以歸之。顧吾以信君武者信此書。深喜天演論以後。吾國得第二之善譯本。以是爲我學界前途賀。癸卯正月十日新會梁啓超

自序

二年前予獲見彌勒氏之自由原論元本。且讀且譯。成總論一章。閒以他事。遂爾中止。後又得見槐特氏之法文譯本。名La liberté。及日人中村氏之日文譯本。名自由之理。壬寅十一月復渡日本。居東京上野之一小樓。北風已至。林木蕭然。獨居無事。復取彌勒書續譯成之。十五日而畢。總計不過費二十日耳。近日自由之新名詞已渡入中國。而其原理未明。遂多有鰓鰓然慮其有流獘者。歐文書善闡自由之原理者。莫如此書。故急譯行之。詞取達意。不求工麗也。壬寅十二月馬君武

自由原理目錄

自由原理（原名 On liberty）

英國彌勒約翰著
桂林馬君武譯

第一章 總論

自由之大旨

此書論自由之大旨。乃解明人民社會之公衆自由。而社會加於箇人之權。如何依法而行。且講究其權之本性及界限。非如哲學家言之僅托空想也。

自由者。不可駁議之名義也。（謂人必當各有其自由無疑）但在今世紀（十九世紀）論其施行之微義者說各不一。至於將來。必成一活潑明晰之問題可知也。

文明野蠻與自由之關係

試觀由最古之時以至今日。其國之文明野蠻。恒視其民所得自由之多寡爲斷。近世占文明多分之新民種。其國民之自由必最鞏固而特不同

爭自由之戰

爲自由而與國中盜權者戰其事不絕書於歷史最著者如古之希臘羅馬及英倫其政府與人民皆有惡烈之戰爭其戰爭之目的卽人民爭保自己之自由而敵君主之暴虐當時君主亦以爲此人民乃予所治理今起而敵我是大逆不道也

古昔之國權

當時諸國或集權於一人或集權於一族其權或由遺傳而來或由戰勝而得而決非由於人民之悅服選舉也故習於用壓制之手段視其所盜得之權爲理所應得之權人民有不服者用兵以摧殺之與禦外寇無異嗚呼此國中之弱民遂如細蟲纖鳥日供禿鷲之掠食而其國中無數之暴君汙吏如猛獸惡禽日以呑噬攫掠爲事絕無人理毒嘴惡爪隨處遇之有不可勝防之勢

於是愛國之傑不忍己國之佔危生民之多艱起而興革命覆政府羣起而限制治國者對國人之權是之謂能愛自由能保自由蓋君權無限未

限君權之法

有不損害國人之自由者也然限君主之權其法有二一

一爲漸法要挾君主得某某之自由旣得之公認之爲政治上之自由或曰政權若治國者背犯此條卽謂之爲大逆不道（泰西所謂大逆不道者不在民而在君此其立政之本也）若實背犯之是爲人民之公敵人民乃共起攻殺之爲合於理。

一爲頓法君主之罪惡貫盈無可宥恕羣起顚覆之集公衆之協商舉代議士以新定極美之憲法與新政府以一定之政權不許逾之

歐州諸國多用第一法逼君主限制其權少行第二法行之者惟義俠勇烈之法蘭西人耳然旣行第一法人民漸々多得政權至終所得者與行第二法者無異試放眼觀今日歐州强國之民孰不以愛自由爲生人第一要理乎雖或攻君主如仇敵或仍存君主之空號其外觀似不同精神實同葢遇君主之無道侵人自由者莫不深惡而反對之也。

人民爲主君吏爲僕

在野蠻未開化之時代人民莫不視君主有無限之自然權可以侵害人民之利益無所不爲及時代漸趨於文明人人乃大悟往日思想之非乃知國中一切君吏不過人民之借地役人或代理使者耳用之革之惟主人之意故政府斷不能妄用其權以不利於人民於是民政乃興人民皆爭得選舉之權選舉短期任滿之君官以代表人民之願欲選舉權者限制君權之大源也歐州國民之得此權也不知費多少死力以爭之此權既得國之公權乃自民出君主盜權以壓制人民之惡習乃漸絕

主治者與人民同一

欲國內之安寧强富非使主治者與人民同一固不可也何謂主治者與人民同一曰主治者之利益即人民之利益主治者之志願即人民之志願若是者人民之與政府必永無爭競蓋天下斷無與自己利益志願爲敵之人也而人民亦無惡君主加乎其上之懼矣法人諺曰君主者人間第一惡怪物也主治者既爲人民之代表而握人民之公權即擔當其責任動作皆視人民

自治

之意向蓋人民以此權托之必不可違犯人民而妄用此權也主治者本無權因受人民之權而後有權人民何故以權授之因集權於中央而後施行乃便利也此等思想在歐州幾成爲公同思想矣

人民立一定之界限俾政府守遵之以行事既如上論矣然亦有某事不能拘定而政府有格外權焉歐州政論家皆許之若一事已經公衆之協議而同聲决定之非時境大變不可改易也

大哉自治乎自治者何自限其權以治自巳是也不知自治而言民政則痴人說夢而巳法蘭西之革命世界上最大之快活劇也而喪心者或指爲簒弑矣因法人之革命而世界上之共和國乃如春草怒生之不可遏今已佔地球上之一大份矣法蘭西之國民誠造成世界共和政治最有力之匠人哉夫惟共和國之民權力最大結合力最固其餘在他等政體下之國民皆莫能及之將來世界各國之政府必皆變爲選舉有責任之

分黨

政府而專制暴虐之政府必一切革除無餘無可疑也所謂自治者Self-government所謂民權自制者The power of the people over themselvs不可不明晰其義自治者非各一人自治夫各一人也謂人人莫不被治於公衆之法律也所謂民志者the will of the people亦非各箇人之意也乃公衆之志或有才智者之志也因是而任何一國皆不可無黨一國之中不止一黨而已衆黨分立以利國利民爲目的此一黨濫用公權則彼一黨敵之防之雖然苟執政權者乃依規矩而行不失利國利民之宗旨則人民必不容有異舉而政府之權必不可缺政府者集權也權集而後國强今日之歐洲有所謂多數之專制焉The Tyranny of the majority多數之專制者黨勢盛則執權大也欲專制之政暴虐之執權者永不產於國中則亦有法焉蓋社會者出產此社會內一切事物之源也社會者聚分散之箇人而成必社會無力不

能限制行政者之所行爲故專制之政出現焉社會者出令者也出令不當乃致產出可驚怪之專制者故欲專制者永不出現也先須改良社會

改良社會

社會者公衆之魂也一社會而有奴隸魂者欲專制者之不生產不可得也苟欲保自由除專制不在敵暴君汚吏也先須自改良此社會中之公衆思想奴隸思想既淨則暴君汚吏自無從生產也且一切行爲莫不受治於思想欲改良行爲不如改良思想之易爲力也專制之政府既成起而敵之覆之費力甚鉅則莫若改良思想使吾社會中無奴隸不合規則之思想彼專制之政府何所藏其形乎

社會對箇之權

人民自主之權與社會管治之權不可無界限也然當立如何之界限始使其權皆合宜而整齊乎曰社會者非一人之社會人人之社會也一社會之中須人人受福凡所行爲皆合法度故首須立定法律焉且以教化輔助行之

風俗

治理民事之規則究當如何此第一重要問題也夫一國與一國不同一世與一世互異故甲國之規則乙國驚之前世之規則後世怪之蓋無論何世何國莫不以自己之習慣爲風俗而不悟其非風俗既成則能束縛其國人之思想浸假而不識眞理爲何物矣故風俗之權最大諺有之曰仍初次之誤而不改將成第二種天性蓋泥夫習慣則處已待人於一切公理皆不深思丁是時也有理學家出焉爲其時之人所崇信然其立教也亦多泥於風俗之習慣多不合眞理者在彼之意以爲世人之行爲皆宜法我而行不知一人之知識有限已以爲是之道理斷不能皆合於公理也世運日進則公理日明當公理未大明之日務使衆人服已之道是教世人法一人非教世人法公理也凡一人之所以爲便者未必人人以爲便一世之所以爲便者未必世世以爲便若是者非公理也

公理

公理者無定而有定逐時而明逐時而變此其無定也以利一世之人爲歸結此其

有定也於此有一人焉著一己之意見爲一世之倫理道德務使舉世之人奉爲不可違之大教是大賊也故一人之意識或好或惡苟專恣自尊而使天下之人屈從之者皆與公理大反也

野蠻國之道德

野蠻國之道德非道德也服從居上位者之私欲而已蓋野蠻國之道德常不本於公益而爲居上位者之所提倡建立居上位者所建立之道德其不合於公理者多矣特本於忌嫉驕傲之私圖便已欲借道德之名以保自己所處地位之利益而已有若勇敢者對奴隸之道德殖民者對黑人之道德君主對人民之道德貴族對平民之道德男子對婦人之道德可謂之道德乎有强權者圖一己之私妄定一種無理之規矩謂爲道德道德乎道德乎何其偏護强者而不利於弱者也是無他野蠻時代之道理固徒爲居上位者建設而已如有一人先據上位後又失之而居下位則彼必自覺其向日所以爲便之道德今日忽大覺其不便而不可忍受

反悖居上位者之壓制無道矣

居上位者之勢力

居上位者之力甚大彼所提倡之一種道理必易通行於人民之間而爲一切行爲之法則焉或立爲法律或成爲輿論以力壓人於是一國之利益遂爲居上位者所占盡而下等人民不能不服從之下等人民知識本淺常誤認居上位者所建設之規則爲眞實之道理於是下等人民遂永爲此等妖邪之道理所束縛而不易脫除矣

社會之公益

夫以正理論之社會中之公衆利益人各有其一分道德者所以保此一分平等之利益者也自居上位者所建立之僞道既通行則社會惟現可憐可惡之象夫此可憐可惡之象所由生即原於居上位者以私意及强力建立道德而不顧社會之公益也

人間社會無論同不同其一切行事皆有一定習慣之例以制限之或以法律或以輿論於此有人焉欲其社會之思想意識變遷進步挺身與其

宗教改革之功

舊有之不合理而有暗害之道德挑戰出死力以更正法律改造輿論是時也其國人已久陷於異教而不知自保其自由國人之思想莫不爲俗尙道德之所束縛既爲宗教之所迷復爲習慣之所限其時之所謂道德云者多屬極可惡之汚穢神學而已時人之已爲神學所迷者莫不執認爲是固最高等之道德也偉哉宗教改革之功乎宗教改革以來雖無赫赫之功乎而其縛束之寬假已多矣

一人與社會挑戰

事之確有濶大之道理者雖一人可與社會挑戰社會莫不狃於舊習累世而後常有造新時勢之英雄與社會開大爭端而進之於更善者此社會改良家之所爲也

宗教信仰自由

近世之大著述家無不主張宗教信仰之自由蓋思想自由者人類決不可無之權也各有思想即各有信仰信仰一事斷不可以强人以苟同然歷史纍纍神學之戰常見而不息者何歟蓋在信教者之意以爲信仰自

由之權苟爲人人所共有則宗教之勢力必大減故不可不嚴其約束焉天主教及一神一體教 Unitarian 束縛世人之思想尤甚惟許人信上帝及天國而已人智既開之世人性常不樂於服從而受人之縛束其激起而興奮勇之戰何足怪也

英國社會之特質

英國有特別之一境於此蓋英國輿論之壓力或較別國爲重而英國昔時法律之壓力則較別國爲輕讀英國之政治史可知也英國之立法權及行政權不許干涉及於人民之私行英人莫不視政府爲圖人民之利益而設不許政府損害人民獨立之權英人初亦不知政府之權利即人民之權利政府之意志即人民之意志也徒恐箇人之自由被政府之所侵害而已此俗既成故英國人民常有本然之人權擇善而行擇惡而改不許政府有一毫干犯人權之事積時既久遂成民政政府不能不從民意而保人權人民所是政府不敢不以爲是人民所非政府不能不以爲非

政府對箇人不能用强力壓制

是爲人間政府建立之原理天下之民政皆於英取法焉反是者爲惡政府」此書所論之理單簡言之即闡明政府對箇人不能用强力壓制之理壓制不同或以法律之刑罰焉或以通行之道德焉雖然人當自護其固有之行事自由權阻他人使不能來相妨害政府管理人羣之權無他保人民平等之自由而防止其有害於他人之行爲而已凡一人有一人之身體一人有一人之道德不受別人之主持也作一事而誠有益有福也他人固無權禁止之或使之另作一事即他人自謂更智更合理亦不能强行事者以必從徒可勸諫之比喻以曉之不可强迫也其不得已而有强迫者必因由是將生惡害於社會箇人者社會之一小分子也故與他人不能無關係而於一國之公事一人斷不能有無限制之自由權焉人之有無限制之自由權於一身而止蓋身也心也實服從於有此身心之人而有無限制之自由權焉非他人所能干預也

童子無自由

雖然自由之理止可爲成人者言不足爲童子道此人所易知也蓋童子之年既幼稚方須他人之留心保護防其自己之行爲如防外害焉以同理論之凡一國方在幼稺之年者必不能無所發起扶助而能自然進化也當是之時其國之管治有司苟眞有進化之思想可用不一之方法以圖之故專制者誠最惡之物當開化野蠻之時亦爲合理之政府焉但不可背進化之宗旨乃爲善耳

野蠻無自由

自由之理非爲野蠻而設也必俟人類進化有普通明遠之知識而後可受自由在野蠻之時代有阿克把 Akbar 沙爾曼 Charlemagne 出於其國誠其國人之幸福也至於國已進化則壓制之擧如刑罰苦痛之類萬不可行專制者非可長久用之只爲權宜之計耳且必其心眞將以謀他人之利益若爲自利而害他人則用專制者固不免爲民賊也

利人之學

論自由者不可不知利人之學利人之學道德學最大之一問題也利人

政府所以保護人羣

之學者講明爲他人圖無窮樂利之學也是學也亦隨世運而常進步人在社會之內固不能無交涉有交涉則必重視他人之利益一人之行爲有害衆人者必罰之或罰以刑律或與衆共棄之。利人之事多端人人可隨其份地合理爲之。或作有益於社會之事或作有益於箇人之事如救一人之生命。阻不善之行事。皆箇人對其社會之義務也一人加害於他人。不但以行事。亦可以不行事焉。政府亦然。政府加害於人之大者即不阻止惡事之流行是也政府者保護人羣團結之力也一切事之有關於箇人者政府當盡其責任而不可坐視不理夫不理民事不圖民益不防民害者爲不盡政府之責任不盡責任之政府人民固有權以改易之也。

任一人之生命行爲。各有其人之專意。他人不能越分干涉之。其有干涉者。必當出於其人本心所自願。而請他人以來干涉也。人類合宜必需之自由。大要有三。

思想自由
言論自由
出版自由

擇業自由

結會自由

第一思想自由。任一地任一事人人皆有思想自由之權於學問於道德於宗教人人之會心不同而各有一己絕對自由之主意焉不可强從也言論及出版之自由與思想自由稍異因思想自由與人無關涉而言論及出版之自由與他人有關涉也然言論及出版皆所以發布其思想於外界也故亦當得同等之自由

第二好尙職業之自由。各人隨其性之所近而擇職業如己之意志爲之他人不能相阻我之所爲苟無害於衆人雖衆人謂我愚蒙謂我刀詭謂我錯誤固無傷也

第三結會之自由權。此爲普通箇人之自由權苟無害於衆人則結會聚合之事固不許用勢力以禁止之

任一社會任一人民皆須有此三自由權且此三自由權當絕對而無所制限自由者依己之法圖己之利不侵犯他人他人亦不得侵犯我也人

各有身體各有心理各有志氣必各有法則焉以圖其身體心理志氣之發達安寧固不任受他人之干涉壓制也

自由之空氣

社會中無論何人莫不當吸此自由之新空氣凡社會公衆意志之傾向力量極大不可阻抑也雖然苟關於人民之德性及社會之幸福則出大力焉以阻遏一世之風潮亦合於理

共和政體

古昔之所謂共和政體非眞共和政體也古時人民之私行咸爲公權之所干涉國家有大權以監制其國民之所爲當其時之哲學家亦不以國家之干涉私行爲非反從而主張之故古昔之時人民之自由極不完固有如蕞爾一國四面有大敵環而攻之其民所得之自由亦少矣及至於今文明之國家設法律以保全公衆之利益爲目的而不干涉人民之私行其最侵人之自由者惟宗教而已

宗教之弊

宗教之弊在縛束人民之道德心而必使之出於一軌以一孔之理束萬夫之行故路德之徒出而改新教使自由復生功誠不細然猶有宗教之

界限焉猶未極思想之自由也善哉法儒孔德（Comte）所著行政制度之言曰古昔之理想家皆社會中之專制怪物耳因彼所主張之理多助政府以侵箇人之自由也

社會之權限

權勢與道德

社會對箇人之權不可無限社會有立法之力又有造輿論之力苟無界以限之則受害者必多矣社會中任一人無論施治者或被治者苟以力强人服從己之意志而行事皆有害於人類自然之天性雖然貪權勢者人類之本性必賴有道德等以限制之事理愈明道德乃興道德既興人事之失誤乃鮮矣

自由之大綱即思想自由也由思想自由發爲二枝即言論自由及著作自由也宇內萬國皆當以此三大自由爲政治道德之本原有此本原而後其國乃有自由之制度而不受宗教之獘此三大自由之出現於世也三百年以來矣議論紛然莫得要領故予於此書反復申明之

第二章　論思想及議論之自由

出版自由

大哉著述出版之自由乎此誠人民最不可少之權利而當與腐敗暴虐之政府力爭以求其必得者也國中立法行政之有司苟不與人民同意而許其出版之自由則人民可視之爲公敵以力强之使必服從人民之公意而允許出版之自由而後止大儒著書論此旨者甚多不俟贅言今日英國之法律於人民出版自由一節許之甚堅是乃起於民黨革命之際人民奮大力以與政府爭驅除舊日之大臣刑官而代之以新者建英民出版之自由以至于今今世之下凡有憲法之國而對其人民有責任之政府莫敢壓制輿論者其敢於壓制輿論者必其自願爲人民之公敵者也

英國出版自由所由得

政府及人民

政府者因人民而後有故當與人民合一而不當與人民相岐異自除去

人民之害惡以外無所可用其壓迫焉苟用壓迫之手段而不合於理則誠世間最惡之政府也

禁制公論之害

凡壓迫公論者較之徒反對公論者其害更大羣羣人類之中一人之論固若渺乎小哉然無謂其小也天下最大之勢力莫若輿論夫亦常有以一人之力喚起輿論者矣人各有志持論各不同阻抑一人之論其害似僅在一人然其害實廣被於衆人不可不察也蓋人間之事業全由議論而來苟其國之政府禁制輿論則人人皆莫敢發言於是則其國之事業不興政俗守舊日趨敗壞是弱種之道也任何一人之言論皆不可禁制使其人之言而果是耶是阻遏天下之公理不欲世人之矯時正俗也使其人之言而果非耶則非者亦未嘗不與世有益蓋世間之眞理每因有僞誤者反映而後益明謬誤者產出眞理之母也

禁制公論之謬有二說

吾今有二說於此以證明壓制輿論之謬

以習見決斷事理者人之不幸

一　人必不能決定一種議論確爲謬誤而壓制之

二　人雖決定一種議論確爲失謬而壓制之舉即是大惡

第一說　執國權者所壓制之議論未必其非眞理也其所以壓制之者彼固謂此論爲失謬也然難必其無誤何則因執國權者固無權以決斷人類之一切問題遂執已意爲是而謂他人決無推斷之能也執一人之意以息萬人之論非天下最可惡之專制者不出此

人之不幸莫甚於以素習之見識決斷事理矣世人雖有自知其誤者而能預防者終鮮故其所斷之事理自謂必無所誤者或即爲誤之大者焉專制之君王及等等放恣自專者常以已意爲是而强其人民共服順之辯難多則眞理見由非見是由僞見眞事理之常固如是也一人所斷不及天下人所斷之公也箇人者世界之一小分子也人自有生固已與其國之黨類其國之敎法其國之敎堂及社會有密切之倚點矣故常泥於

非大哲人莫不泥於現在

眞理難確定

已之國俗已之時代而不易脫除自非大哲人莫不泥於現在而能自脫於時代國俗教法教會者卒鮮彼此相反相攻自是也則必非人倫敦之耶教徒與北京之儒生僧侶决難相合此異國相反之證也此一時之輿論至彼一時而變爲無稽誕說者有之不徒以爲謬誤而已由是推之今世之所謂公論者至移世而變棄無餘與前世之輿論爲今世所變棄者同蓋必至之勢也此異代相反之證也

以公權禁止社會流行之非失固爲當理然不可無分别焉人莫不有决斷性既有其性則人人可用之以决斷事理雖用之而誤他人固無權以禁制之徒可安止之而已何則苟吾儕自謂已意有誤遂决不立一意行一事是放棄自己之利益荒廢自己之義務也

政府也人民也莫不有權以正已之心誠已之意而無權干涉他人之心意焉有之必惟確覺其事之非是而大有害於人類者耳然此亦最難確

定者文化未盛之時代雖今日之所謂眞理者亦嘗被其時人所禁制焉」政府苟科不經之賦興不義之戰人民可不納賦不與戰乎是一問題也曰是難定也總而言之人類當善用其天才以保全生命之安寧一人之志意苟合於眞理亦徒爲一人行事之嚮導而已無干涉他人之權也

眞理難定以辯論而後出凡論一事之是非當有多種之論興焉議論多則眞理明人人有完全之自由以論事理不可禁也所謂人類之天才者 human fa culties 固一切眞實公理之所自出在善用之而已人類遺傳之力亘哉有一事於此九十九人皆不能決也而最終第一百名之人能決之非其人之決斷力獨亘也其所以能決者因有前此之許多比較也前此九十九人之意旣皆謬誤最後之人得之以資考證焉心才雖同等而已有前事之可鑑故能改過善斷也

比較

辯論與試驗

人之能改其過不徒賴試驗而已必兼資辯論與試驗二者方可辯論者

智者立說望反對者之多

試驗之鏡也由過失而後有辯論由辯論而後有事功辯論者事功之母也故人類決斷力之所由生必由非而見是是非者對待之辭苟無非與是比較則是亦不見由非而生之是乃眞是也

眞是之所由生必經衆志衆行之批判而後出焉必經衆難紛乘僞誤盡見而後出焉衆情之洽實驗焉而果無不合也斯之謂眞理

所謂智人者其得智之術除試驗辯難之外無他道焉固無所謂生知也已欲決一眞理改一僞說不藉自他之考驗不可經無數之疑惑躊躇而後始得一的確不可搖奪之眞理阻難者眞理出世之引線也故智人之立一說也必望阻難之大興而必不欲避免阻難避免阻難者是自欲永居黑暗之域而不願眞理之出現於世界也

所謂大智人者必不專倚一己之考思定斷爲已足必謀之於智少愚多之公衆焉羅馬加特力之教會者最不能容忍異說之教會也然苟欲贈

其教徒以聖人之號。必縱惡鬼（指反對者）使之議論盡致。既聽一切所有之異說。斟酌駁議。乃封贈一人爲聖人。奈端之理學。似無可駁矣。而攻難之說至今不絕。故凡欲得吾說之眞是。必乞望世界之人。顯言之。遍乞其辯駁而受其議論。取他人之是。以改吾說之非。決不容慢易一事一物。以致失撿索眞理之機會。必求得眞確之理而後止。務虛吾心以接納眞理。不可忽也。夫欲免人心之謬誤。以求得確實之眞理。莫能外此道矣。

所可怪者。世人之習。凡立一說。雖許他人之自由議論。而多不欲受至極之辯駁。如是其道理之善否。究未定也。又可怪者。凡於可疑之事。雖許他人之自由議論。而自以爲已有一確實道理。而不許他人之疑問焉。凡不容他人有異論者。必其事理已確實也。雖然。徒聞同於吾說一面之論而不聞與吾說異者彼一面之論。則其事理之究爲確實與否。必不能擅定他人之辯駁。縱不確實。而亦不能不許之。蓋自己一人之判斷。必不可

以爲信據也

此章之理從未發現於中國周秦諸子之辯論徒尚意氣而不求合於事理自漢武定孔說爲一尊而中國微矣

爲一事而必能增人之福祉雖不可必信而保護社會之一切利益固政府之天職也顧盡此天職之法必以人類之公意爲意焉放棄此天職者命之曰惡人惡人者不可不禁制防止之人也

立言以開辯難之門

凡自以爲是者皆不知天下之所謂是者其點固不定也一人既立一意不可不容人之辯論也立言者乃以開辯難之門而得辨難之益也衆辯既興眞僞乃見不能指反對之說爲異端而禁之也

夫自信太堅掩耳而不欲聞他人之議不惟無益而且有害也何則是其阻人之言論自由有二途焉一曰背眞理二曰棄利益

近世以來常有反對上帝及天國之說者信教篤者攻駁甚力然適足

一說獨尊者進步之阻力

以反與敵人以利益而已夫固執一理此理未必即是而遂可定著爲例以阻塞敵人之口也夫固執一理爲是而惡聞反對之言不惟有誤而且有害不惟有害而且與道義之意不合夫立一說而甘與道義不合與公理相背則雖持之有故言之成理亦何爲乎夫一國之中惟一說獨尊而不許有反對之說起而相難則其關係不僅在一人而其國之進步未有不受其大阻力者也

雖然亦有倡一新說而國人攻之舉世攻之甚至據其時不公平之法律除其人毀其書而其人本最良其道本最善則其人雖受一時之禍以至殺身而移世之後其道後大爲世人所崇信尊重焉讀累世之歷史其迹蓋往々不絕也

蘇格拉第

不記夫蘇格拉第之事乎蘇格拉第者可謂希臘之聖人矣徒以其道大反當時之公論又與官府之意相反而大抵觸之事起焉修身教大家柏

拉圖及理學大家亞里斯大德爾皆傳瑣氏之學者也。不寧惟是。凡後世聰識之人。道德之士。莫不仰瑣氏爲泰山北斗。瑣氏之名。至二千年後而益彰。因瑣氏之生。而希臘之名。於宇宙益揚。悲夫。殺瑣氏之國人乎。經公會僉議之後。謂瑣氏不信神道。妄唱邪說。斷處死刑。所謂不信神道者。因瑣氏唱無神之論。與其國人信神之教大背也。妄唱邪說者。謂瑣氏唱異論新說。以敗壞少年之人心也。以生民以來未曾有之善人。經五百人之公會定爲罪人而殺之。

瑣格拉底死未久。而加滑累 Calvary 地方有一不公平之定罪繼之而起。其罪名曰「不賴司非墨」Blasphemer 即瀆褻神明之意也。嗚呼。時人不良。以恩爲仇。定此罪者之人。實即瀆褻神明之人也。定此罪之人。未必即惡。乃反對而適致誤之人也。因其時人之宗教思想道德思想愛國思想。皆與之反對而不相容。遂誤斷善人以死罪。其人爲誰。即最誠虔而有

保羅

馬枯司

宗教道德感情之猶太國人。爲傳耶蘇教最熱心以致殺身之聖保羅其人也。

亦有智識道德最高之人。作事亦陷于惡而不自知者。其人本有大權。又自以爲是文明之善人。時人莫能及之。若羅馬皇帝馬枯司奧果留司 Marcus Aurelius 者。即其人也。馬枯司之心仁愛處斷百事。公正不頗。雖有過。常失於過於寬縱姑息。且能著書。見識甚高。其垂教於世也。與上帝道之旨不多異。且其爲人胸襟開豁。度量寬弘。品行甚美。常與上帝道合。顧彼乃深惡上帝之道。驅逐之而不相容者。則以其誤視上帝之道。以爲於斯世無益而有害也。且馬枯司常痛悼世俗之惡。而務以結合人民爲已任矣。獨以爲上帝道非眞教。死於十字架諸事。出於教祖之所記錄。其事怪誕而不足信。且上帝道。解散人民結合之道也。於是而溫良慈善之君主之理學家若馬枯司者。遂若以禁上帝之道爲其天職。而酷虐之

君士但丁

事興焉是誠歷史上最悲哀之一大慘劇也

至君士但丁爲羅馬皇帝時始崇奉上帝道爲羅馬之國教苟當馬枯司之時羅馬已崇上帝道爲國教則上帝道在此世界之情形不知當如何雖然馬枯司之深惡上帝道而禁之也亦如奉上帝道者之嚚主張無神論Atheism者爲異端而嚴禁之同一理耳葢馬枯司之心實以爲上帝道乃非眞教而必不可信信之適以離散人民結合之心故視之爲僞教嚴禁焉而不相容也馬枯司於是爲不能識別善惡之人矣凡一新說之興必不免驚世而駭俗非有卓眼遠識之人莫能察也以馬枯司之善良猶不蔽於舊俗而禁新異之說豈不悲哉由是觀之自今而後凡一新意見新議論初傳播之時決不宜以刑罰嚴禁之宜謹自察省不執舊說惟從眞理決不可漫指新出之說爲謬誤雖其人之智識勝於一世亦決不可執一己之說爲是劇下斷案夫以馬枯司之大賢猶不免陷於不幸之大

宗孫之言

謬而不自知可不愼乎蓋上帝之道固賢於羅馬舊時多神之教也後之論者未有不非馬枯司者也蓋以馬枯司之所爲徒恃壓力而大反信教自由之公理也宗孫 Dr. johnson 之言曰壓制耶蘇教者是也任一眞理出必有大壓力逼之迫之而後盛焉眞理者灌之以虐政之血而後成立者也公理之權極大世間無權可以敵之敵之者徒以益之而已宗教亦然一宗教苟不受大壓力必不盛也

眞理與壓力

眞理固不可無壓力以壓之也壓力必不能爲眞理之害眞理甚新壓力何能爲之敵乎施壓力於眞理是加大惠於眞理也宗孫之言不亦宜乎有加大惠者必有報償焉殺身流血以護眞理之人乃代眞理以報償此大惠者也獨夫民賊何必爲等等可哀憐之過擧以壓力爲眞理之大恩惠乎夫爲一最新眞理之代表人惟知有眞理守新法而已懸繩於頸以待壓力虐政之來夫何懼乎施暴虐以壓眞理適足以興眞理則彼固眞

宗教革命

理之恩主世人不察不謂之恩而謂之虐亦不深思矣

眞理之與壓力戰也眞理常勝壓力常敗乃自然之勢隨處可驗其迹也讀累代之歷史眞理雖常爲壓力之所勝乎然歷世而後壓力固未有能爲眞理之敵也今試即宗教一端論之耶蘇教之改良也路德以前爲舊教之所覆者既二十氏矣布累西亞 Brescia 之亞婁得 Arnold 敗夫拉斗西宴 Fra dolcino 敗沙屋拿婁拉 Savonarola 敗法國之阿爾比黨 Albigeois 敗瑞士之浮得黨 Vaudois 敗婁拉特 Lollards 敗司拉夫種人哈斯 Huss 黨經大戰而又敗嚴刑峻罰以禁異教至於路得時機既熟壓力之運既終而宗教改革之案始告成功焉至於今日地球之上除西班牙意大利夫朗德奧斯太利諸國人之外無不信新教者英國之馬利死而以里沙伯生亦信新教焉此誠壓力不敵眞理之確證也羅馬之壓力甚大既不能禁景教之流行而爲所屈矣盖壓力之命必不能長

虐待異教之澆風

眞理必不因壓力而有一毫之損害反因之而傳布益遠焉監獄雖暗刑架雖慘固無如眞理何眞理者不可磨滅之物也經一世二世以至數世不損益彰雖湮沒累世必有後昌之一日焉固非暴虐之區々壓力所能滅也

論者輒曰今日之世倡新說之人固已各得言論自由之權而不至於被刑慘死矣不寧惟是古昔之先覺有因倡新說致死者吾儕且爲之建墳墓以報之焉雖然吾曹雖不置倡異說者於死地乎而刑律之待之失平者固已多矣則吾儕猶未能脫古昔虐待異教之澆風也不記夫千八百五十七年之事乎是年之夏康瓦爾 Cornwell 有一人名仲馬司不雷 Thomas Pooley 者平生行事無過惡徒因常書反對耶教之文於門上裁判所判之監禁二十一月同是月中老彼累 Old Bailey 又有一事是處有二人一名佐治侯勒屋克 Leorge Yacob Holyoake 一名愛德瓦特

魯納夫。Edward Truelove 皆以昌言不信教得罪其一人爲刑官及一教會員所大辱同年又有一外國人名巴龍得格累臣 Baron de gleichen 者被盜刼刑官以其不信教也拒不爲理不寧惟是凡英國地方之法尙不信神及天國者訴訟皆不得直屛其人於法律之外不得受地方裁判之保護雖被刼掠不爲申理蓋謂其人旣不信天國不畏地獄則其所發之誓必不可信而不信教之人必不能垂令名光榮於歷史也英國之風常視不信神者即虛謊者而衆心輕之是誠古昔虐待異教之遺風不可不革也夫善待信教者薄待不信教者謂信教者常誠實不信教者常虛謊也是說也何所據乎新學漸興天堂地獄之說將爲通人所羞道移世而後人其盡虛謊乎嗚呼是誠信教者不通之思想也

虐待異教之事大盛於古昔英國亦然其遺俗流傳至今不可猝脫故英國人之腦中莫不留有虐待異教之暗影誠可異也夫生今日之世而以

印度之事

宗教復興爲誇榮者此誠不學之士下愚迷信之徒也英國中等之社會尤不能脫虐待異教之習是以在印度激成西標 Sepoy 之大亂葢英國人之治印度也凡公財所立之學堂皆限讀耶蘇教經服公役者非耶蘇教徒不與也回教徒不堪其苦振臂一呼亂者四應雖英國終用大力以平之其損失已不少矣故信教自由者誠無國無人不當有之權也

信教自由與思想自由

一國之人苟無信教之自由也其思想必不自由社會之汚點莫大於是英國之人言論之自由權已較他國爲重矣而猶如是夫箝制人心不使有立意自由最有力者莫如法律立腐敗之法律以束人思想之自由是不欲其國有新思想新言論也國焉由興嗚呼人無遠慮泥於俗而不悟虐視異教誣爲邪說妨國病時莫甚於此矣

人能置蘇格拉第於死地而不能滅其哲學蘇氏哲學之在今日固如皓日之中天哉凡智識界之空氣莫不被其光燄也人能投耶蘇教徒以飼

攻異端者最愚之事

獅子而不然滅其教耶蘇教堂之在今日固如綠樹成林經嚴寒而愈盛也奇人不可殺殺之愈多新道不可禁禁之愈甚殺之禁之適以助其散布而已攻異端者最愚之事也夫與已不同之道輒誣之爲異端是誠思想學術家之所深恥也是黑暗世界之暗影也眞理自眞理豈因人之誣以異端遂有所加損耶信理既篤之士雖加以縲絏桎梏而彼之信理自若不爲所擾也彼以爲殺身者固理學家所應納之價値獨立晏然而無所懼思想界之人物既莫不然矣信理既篤者其思想其利欲迥出乎常人以外勇猛精進泰然自足其心力强大游行自由懷抱極高固非尋常人世之刑罰所能禁止也嗚呼民賊獨夫不知此故用嚴刑峻罰以禁新學殺新士者亦可以不必矣

禁制異端者徒能止其傳布於一時而決不能滅之使不見此一定之勢也如是則禁制之舉動果無所害乎曰否禁止異端一事於國人心才之

心才發達之礙

發達大有所礙是能使人畏怖而失其理性不可不知也蓋異端之禁旣嚴則國人無强壯獨立之思想而性情流爲柔懦智識遂不發達苟有新思想出不謂之爲反宗敎卽誣之爲戾道德丁此時也生於其間之人雖最富思想力者亦僅發而爲曲藝小技而止不能蔚成一大思想家且亦不知思想家爲世界智識進步之導師而思想自由固人類之天職然也

中國自儒術一統後國人之思想極不自由人材日下凡詞章攷据等科之傑才皆因爲思想界之所限遂旁發爲此曲藝小技也可悲矣夫

思想自由之國

思想之大家必出於思想自由之國思想自由之國人類各盡其天然固有之心才而發達之故國人之智識遂蒸蒸然而日上思想自由者天職也發達箇人之思想以獻之於普世界不可避也自有異端之說興而人民之心才遂爲奴隸思想之境狹辯論之事息人類之問題消滅不興箇人之天才遂無由以見矣

歐洲思想發達之三級

人民之心才固不可不激發衝起之以發其高貴之思想力也觀於歐洲之往事可知也歐洲當中古加特力教最盛之時思想可謂極不自由矣自路德改教之事起而人民之思想各得自由是爲第一級至十八世紀而歐洲政法哲學等々之思想大發達焉是爲第二級至後日耳曼荀爾特及費息特 Goethe and Fichte 之學出而思想自由達於極點是爲第三級經是三級以後昔時心性專制之俗脫棄將盡不受君主教主之範圍心性政制煥然改良遂造成今日開明之世界嗚呼世界之開明豈非以思想自由爲大本哉

一新說興必勿劇非攻之必詳察其眞値焉雖立說之人素與我反對者亦不可劇非攻之其人雖與我反對而其思想或合於眞理未可知也眞理者活物也定見者死物也人固不可以局於死而不知活哉

於此有人焉已之心才不高不足以立一說標一義雖信一理爲眞亦無

自信力

大力以抵外來之辨難當辨難之來即無詞以自堅遂失決斷之力而游移變換焉是謂之無自信力自信力者獨立而無所倚毅然不受外阻力者是也有自信力者既信一理之後雖百折而不搖無自信力者反是

智識與決斷

人類所當修者二曰智識曰決斷初興耶蘇新教之人即其代表也彼等既信此爲眞理遂執守一己固有之意經百折而不曲卓哉有智識及決斷者固當如是也

既信一理即當固執以爲宗信之既眞經一切之阻撓而不變是之謂自信力然猶有辨焉或曰「凡人既樹一義必明徹其理由學形學者不可徒記其題而已必討習其解證焉不可因無人設疑以駮形學遂瞎記其題爲眞確遂不復加討習之功也」是則固然矣雖然天下惟算學有一定既是此問即是此答不能不出於一故算學獨有定除算學以外皆無一定也知此理則知天下之事意見紛歧固不足怪意見愈歧辯論愈多

眞理乃可見焉即如物理學亦常有同一理而有二解者有地居中之說而後有太陽居中之說有火質之說而後有養氣之說必屢經辯難證據顯然乃能定一事爲確實不可徒執己意也不惟物理學而已若道德學宗教學政治學社會學生計學莫不各樹一說爭難不休而互相勝焉天下最大之雄辯家必先盡知其反對之說而一一有以折服之故爲大也往古有名之論理家西昔路Cicero嘗熱心學習一切抗己之案件彼獲勝之術恆由於此苟徒執己意則所知甚少既不知敵人之意爲何何從折服之乎必博採衆說下斷定己所覺爲最宜者乃定之以爲宗然又不可融鑄衆說以圓己說也必擇一最眞之理從之乃可以經衆難而彌堅雖百人之中有九十九人皆已受教育者同執一說其說可謂眞矣而或亦不免於僞焉盖在此百人之外必有懷反對之意見者焉不可不知也各有心才即各有議論不可強同而徒執一偏也衆辯既陳二理互競必

西昔路

真理由異說出

經均度平量其尤有力之理乃勝焉所謂人理所謂道德莫不如是苟遂無反對之說以來相攻則必自設強猛之駁說自造詭巧之缺典以自駁難蓋眞理必由異說而出乃一定之例也

反對言論自由者之說曰古昔哲學家及神學家之說不宜駁也夫暴前賢之失以樹敵非常人所當爲應之曰惟其爲古昔哲學神學家之言也故不可不注意而人人得自由駁論之苟其有誤足以害一世誤後生不可不防也彼恃一人之才力固不能盡見眞理夫強衆人服從非眞理是率衆人入於愚僞也非欲衆人練心才以進於開明也

知一眞理則當信受是固然矣然討論之自由仍不可忽蓋雖此理極合於人情一切非難之來旣皆有辭以答之而人或不非以口而非以心此世界一切哲學家神學家所必遇之事也欲免此難則莫若置其所主之理於光明之域任人之自由非難而受其利益庶幾可也

路德之說

加特力教會分其教徒爲二一爲能由自己之斷定以確受教法者一爲倚賴他人以信受教法者於是有僧 clergy 與俗 Laity 之分焉二者皆無別擇之自由而僧猶稍愈於俗蓋僧則許之聞反對黨之言論以爲抵拒之備故許之讀其所謂異端之書若俗則非受特許者不能也由是觀之加特力教會之此許聞敵人之議論者皆彼中高等之教師也若是雖不能使之思想自由而固爲修養其思想之一法無可疑也雖然人苟無思想之自由欲其思想能修養盡善必不可得路德新教之說曰人之有生也莫不有擇教之自由而必不許爲教師之所禁制在今世之國家欲禁人不讀異端之書不知敵人之說乃決不可行之事蓋學者之書議論中理人人得自由讀之必欲禁俗人使不讀何可行也所謂人師者乃多學之士以牖民訓俗爲己任者也既有是心則當發抒之着述自由出版自由而無所忌諱一世之人不容有禁制之者嗚呼苟非人間極殘虐之

言論自由與眞理之關係

國極野蠻之人焉有禁制人之着述出版自由者乎言論之自由既亡則眞理亦不能存何也一理之根源必由其性情觀之而性情必需言論而明言論不興則性情不見性情不見則根源亦漸不可曉矣及其終也所謂眞理者不過留寥々少許之殘章斷句於人間竟無一人玩味其旨而發生活之信仰者精質既亡徒留皮殼將安所用之哉讀人間之歷史其事既莫不然彼孔道之所以陵夷佛教之所以澌滅尤其顯著者耳

道德及宗教之力亦大矣哉既信其道者則必崇服創此道之人終其身不改且以爲一切外道皆莫及焉無論此道傳而遂遠或傳之不遠信之者莫不服膺弗失且一經人創始之道而非因襲他人者必分爲多支而漸與其初相離異亦莫不服膺其師說以自是而非人夫一家之說既興苟其後人徒知尊崇之失其眞義而不知辨駁推闡之以補其末及則衰

微隨之誠立說者之不幸也

受動之教與主動之教

創教之人必欲其信徒崇而弗失誠難事也衆教並立必爭競而後自存各教不同其道各務推闡其原理以集人之思想強者既勝傳而遂遠數世而後已爲受動之教而非主動之教矣若是遂多不免以勢力助其教之推行漸久失眞信徒遂忘其原理而徒記其定例其終也所謂教所謂道者遂痲痺而無効力全以人力強行之而教亡矣教亡而信教者亦僞矣嗚呼世界上之所謂宗教者大略如是各尊其空名而忘其眞理人心之與宗教既實無連合力矣徒襲空名曰信教信教豈不異哉

死迷信

所謂死迷信者謂世人托深信於宗教而已實無思想覺識存乎其間也如耶蘇教之無數信徒是也彼信耶蘇教者豈不皆信新約爲聖經而羣尊之爲不可犯之法律哉然以余觀耶蘇教徒千人之中其能實行此法律者常不得一也人莫不溺於已羣之習俗而謹奉其政府之規則此所以

易爲俗諺之所縛而有眞信仰者終少也新約有曰虛心謙遜之人及受壓世虐遇之人必獲天國之福又曰富人入天國難於駝駱之穿針孔又曰勿非議他人上帝將非議我曰勿發誓曰愛他人如愛已曰如人奪汝之外衣汝亦以裏衣與之曰勿思想明日之事曰盡售汝之所有以與貧人信此等法語者當見之日用常行乃謂之爲活信仰苟徒執陳言而不見諸實行則其心性與道理兩無關係亦何貴有若是之信徒乎

雖然耶蘇教初興之時固不如是也若耶蘇教初時遂如此其何能由卑賤之希伯來傳入羅馬帝國成世界之大宗教乎當時之教徒彼此相愛甚深且能活解教書之意味傳播至今一千八百餘年徧歐羅巴人及苗裔莫不食其賜也

熱心宗教者必求明宗教之眞意非如尋常教徒而已若加爾文 Calvin 克斐格司 Knox 之徒是也彼等以爲耶教存在已心非徒聞他人之

宗教與駁論

言溫和含默而遂已且一教理之所以活潑興盛必賴有反對者之駁論及服從者之辯護焉兩者合而教理乃昌不然者信教之徒若師若弟因無仇敵之來攻也莫不高枕安寢而教理遂微矣

不惟教理如是凡關於人生智識之理學及道德學皆然凡語言文學所載之法語格言人人所慣聞習誦者苟非經困難痛禁之事親試實驗必不能覺此箴規眞實之意味故人往々罹意外之禍逢失望之事乃憶古語箴之不我欺雖平常口癖習慣之語至此乃覺其眞確憬然悟曰苟早知此義何至有今日之災乎吾如此得一理焉凡眞理固須辯論而後見尤必須實驗焉而後可眞保有之苟徒知之而已誠無當也即慣聞眞知此者之辯論亦無當也徒信而無疑則必至失人類之思想力而致謬誤今世之著述家有恒言曰定見之深睡謂旣立一定之見識必更無思想而易入於謬誤遂永無覺悟之期也

人類進步賴異說大興

或問曰不能得世人之同情之認許者固眞理必有之情形乎人類之中固必有執迷不悟不信眞理者乎一教理既爲世人所通信即其將衰之兆而疑難交至固必需之事乎人類同情信一眞理乃反以亡此眞理乎人智進步達於極點眞理大明亦有衰亡之期乎苟一理獨勝其勝也即其致衰之道乎

應之曰否人類之所以能進步者必因道理大興派別紛歧加增不已斷非尊一聖崇一說之所可致也欲知人類之福祉何如視其現存道理派數之多寡而可知也派多則福祉增派少則福祉亡此一定之例不可駁也派別既多爭競既甚固必有止息之一日爭息而眞理勝則爲人類之福僞理勝則爲人類之禍雖然眞理不可亡也眞理之亡乃一世之羞故世人莫不有保護防衛之責焉人類之教師乎不可不興諸等之難問題以激發學人之思想諸理并陳以資考覈是予之所望也

中世紀之學校

蘇格拉第之理論得柏拉圖之辨證而益明蓋理學及人事之大問題必經辯難而後其全能乃見苟徒順受焉而不深知其旨固不可謂之眞知也欲得眞知托深信則不可不明瞭其道理之意象至無一毫之疑而後止中世紀學校之辯論即此旨也蓋中世紀之學規務使學生瞭然於一己之理及反對者之意而毫無所疑苟徒執一人之論而不究本然之理誠大誤也凡學人或受教育於師或得之於書皆不可不知兩面之論以禦敵而自衛其學乃能達於優等今世之俗學人多不願聞反對之理論者不求眞理非大誤而何辯論乃一切眞理所自出除算學及物理學以外皆不可無辯論智識由辯論生辨論由反對者出反對者誠求智識不可少之人也反對者非仇我乃惠我者也我當傾耳以聽之降心以謝之樂之不暇厭于何有即已無反對者之辯難亦當自求缺失自作駁說乃求眞知之術也

能自成一家言者必有其理

輿論革命

學派愈歧人類乃益進於文明其故何也蓋學派多則彼此互爭莫不各自以爲眞而詆反對者爲僞爭競不已而折衷之說出焉能祛前此二說之弊而更標眞理不寧惟是凡能自成一家之言者莫不各有眞理焉而謂一家之言遂能盡賅天下之眞理則亦不然每一家之說必各得眞理之一分雖大小多寡固自不同然莫不與眞理有牽連附會之關係界限焉雖全與眞理相反對之議論亦莫不有益於世因有此相比較而眞理乃可見眞理見而僞說自滅僞說者亦輿論革命時代不可少之物也輿論革命之時代必議論繁興變幻淆雜各執一偏以相非詰漸久而眞理積聚集衆說以成一完全之學說由此學說又生無數之波瀾焉此人類智識進步之由也

中國戰國時代諸子幷興孔子集其大成誠智識進步一大關鍵然自是遂戛然而止者因更無非難孔說者出也

謬矣哉世人之習每多求全責備之獘也夫一人之說其力有限苟有眞理之一分存乎其間可爲積成眞理之材質已難能可貴矣不可因其有誤謬之理雜乎其中遂幷其眞理之一分而幷埋沒之也

盧騷之勢力

十八世紀開化之迹豈不可驚乎無論學者未學者莫不受其風潮而遂造成今日文藝學術哲理之新世界以今人與古人較其不同之度自是而差異甚大蓋幾盡掃古人之說矣其主動力實惟盧騷盧騷所唱奇異之學說如砲彈之爆裂於人世凡自來流俗一偏之見皆爲此所破散而無餘經此大震動舉世人莫不有健旺之精神焉夫流行斯世之學說非無更善於盧騷者然自盧騷之新說出乃如大潮滂湃小川無聲大唱人權天賦之理盡掃舊社會之獘俗而一空無餘蓋自其學說出而革命興革命興而新社會出百世之下莫不食盧騷之賜言論者事功之母其効力豈不偉乎

保守黨與進步黨

至於國政猶不可無反對之二黨以維之大約其一爲保守黨一爲進步黨二黨之元素固以圖國家之利益爲主國家之行政或者當保存焉或者當改革焉有二黨不同之議論調劑焉而後得其平互攻其缺失各得其利用大要不踰道理之界限而保其健旺之精神葢世事固多以兩相反對之說鈞合而成者也如一黨主共和政治一黨主貴族政治一黨主貴賤分等一黨主貴賤同等一黨主同心協力一黨主挑敵爭勝一黨好奢華一黨好儉約一黨祖社會一黨祖箇人一黨好自由一黨好檢束兩相對敵各逞同樣之才能勢力以務自行其說如天秤然双方加重互持其平。有反對之二說而後有比較有競爭不善者改之善者從之國政乃能日進於良英國議政之黨派莫不以容納異說爲宗旨國政者公事也必經公意而斷公意衆多欲其議論齊一誠至難之事公衆之中不可有一人

耶教與歐洲之道德無關

默然不盡伸其意者蓋一人特異之論或即爲眞理之所存未可知也

或曰耶教之道德宗旨甚高與眞理最近反於耶教之道德其皆僞誤乎應曰不然所謂耶教之道德者其指新約乎新約固不能賅人道之全也耶教所傳到之國莫不先有其道德焉耶教必不能全取而代之且耶教之道德多本於舊約舊約之道德固野蠻人之道德也且耶蘇之道理猶太之禮儀至保羅而改革已多耶教傳至希臘羅馬之日二國固已先自有其道德焉耶教惟去其奴隸之制而已且所謂耶教之神理及道德者非耶蘇及使徒之所倡多爲加特力教之所增益至路德新教出而又改良之蓋皆爲中世紀之所加各教派之所補各國人性質之所變苟謂人類之道德全出於耶蘇及其使徒此余之所不敢認也余敢倡言曰耶蘇教之道德不全而偏於一方之道德也今世歐洲之道德多由歐洲人種之性質事業所建立耶教何與焉

所謂耶教之道德何在乎。其大功惟在破除多神教而已。如耶教者。謂之爲積極。無寧謂之爲消極。謂之爲主動。無寧謂之爲受動。謂之爲高尙。無寧謂之爲潔白。謂之爲勸善。無寧謂之爲懲惡。彼常教人曰。汝不當如是。而少教人曰汝當如是。耶教蓋禁慾主義也。其最大之虛賞罰曰天堂地獄。是其在古昔固爲佳法。而在今世則爲誑言。人世之道德不可不闡明人羣關係之利益而定其義務。天堂地獄之說。卽眞亦徒言箇人自身之關係而已。托虛言以立禁。是徒受動順從之道 A doctrine of passive obedience 而非主動順從之道也（謂非出於自然而托術行權也）異教之國之格言常有良於耶教而能指出箇人自由之眞理者。回教哥蘭 Koran 經之言曰。國主受一人以職。苟更有他人焉。其才勝過此人。而國主不知擇。則國主有犯上帝及國家之罪。此言也導源於希臘羅馬。而耶教之所無也。不寧惟是。凡一切私德如寬大之量。高尙之心。及夫自尊敬自貴重諸德。莫不由人道教育出而宗教一毫不與焉宗教之所謂道德惟教人順從而已」更有謂人倫之教範耶教之道德亦盡包之無所遺者又有謂雖不盡包無遺而實一切自耶教出者余敢昌言曰謂耶教能盡包人倫之教範云云實大謬之論也耶教不過得眞理之一小分耳人間一切高尙道德之要素皆爲耶教之所未備耶教者救人靈魂之事與人世道德之制度毫不相關若指耶教之道德爲吾人行爲之教範是大誤也耶教之界域甚狹決不足爲道德教育之用道德之教育皆思想高尙之學人所倡興耶教何與焉余更懼羣天下之思想心才皆受縛束於獨一之宗教而遂廢棄人類之良知也誠如是必至使人類之性質日趨於降下鄙賤卑劣自屈失其自由以順從上帝之欲希望上帝之福幾何不爲奴僕之國民也歐洲之道德出於耶教者甚少逐時改良以進人羣之幸福固不盡以耶教爲大範也眞理之所由出必以議論之衝突爲大源固不可以一教之

旨爲限限人羣以一教是毒人羣也苟徒執一小分之眞理爲全分遂自保守而攻其他不免可悲蓋諸教幷容衆論不一乃人羣進化之要需也耶教之有功於歐洲之文化固不可掩然是乃救靈魂之事非肉體之事永生之事非今生之事謂人事之教範盡備於其中非大惑而何

宗教及哲學之宗派愈多意義之發抒愈自由當無界域焉以限之人莫不執己說爲眞理互相辯難其終也多不僅爲議論之自由而爲激烈之憤爭結反對之仇敵焉是不可謂之爲不良之現象也眞理之好結果皆自此出爲眞理而爭競非惡也一世安於含默而無所發抒乃爲大惡世俗之議論常欲人民安靜而無所爭是不啻禁制眞理使無從出也謬執甚焉異說既興各執一方之問題每其一方必有眞理聚各方碎件之眞理而一大眞理以成然此非所望於禁制異端之國也

思想自由及發抒此思想之自由爲人生一切福祉之源既於此章詳論

之矣。此章之旨大略可分爲四段。茲略復單簡言之。

第一　論苟余禁制一種意義。使之默息。苟此新義爲眞理。則我有禁制眞理之大過。

第二　論雖余所禁止之意義爲謬誤。然必含有眞理之一小分。爲世間任何一種意義。多不能全屬眞理。而恒含其一小分。必經衆義衝激。眞理乃有機以自見。則余之禁止任何意義皆過也。

第三　論世上通行之理。人皆視之爲盡眞無誤者。亦不可不與駮義。駮義愈烈。眞理愈見。

第四　論所以畏駮義者。蓋恐固有之理危險亡失也。雖然。必自己本非眞理。而後有危險亡失之患。自非眞理。一經駮義。必全失其效力。而前此所謂善者。皆不驗。而盡失其地位。阻其生長。蓋本非眞理。必不能適於人性。一經實驗。即見其誤。此其所以畏駮義也。

論思想自由之理。至此將畢。附論一事於此。常人有言曰。凡達此思想之自由。皆不可無溫和之禮式。而過公平議論之則。雖然。此所謂則者。乃設想之虛境。其位置不易定。倡此論者。無非因自己之議論被他人排擊太甚。反對者相逼太急。已無辭可答。故倡此溫和禮式之說以自救也。雖然。溫和之禮式。亦不可無。常有人所主張之理雖眞。而亦被世人之阻難誹責者。坐無禮式也。所謂禮式者。如不爲巧詐之議論以壓抑他人之實證。或倒置事理之本原。誣枉敵人之意見。皆是也。議論之惡禮式。既通行於世。雖才智卓絕之人。其能立於恰好之地位。而不爲過甚譏誣之論者甚稀。雖然。若因是而遂以政府之律法干涉議論之禮式。則爲踰分。大不可也。

所謂議論當有溫和之禮式者。謂謾罵譏諷攻擊之風不可長也。倡此論者。多爲保現世通行思想之故。若私家之爭辨。禮式如何。彼固置之不問

議論雖不合禮亦不可禁

也然此論之弊正不少一世甚廣不可徒欲保存現世普通之思想而不許人發奇異之思想也議論雖不合於禮式亦不可禁之人人各有良知或是或非自有决擇有信宗教者即有背宗教者何罪之有執國權者兩付之於不問可也是箇人之私事其因决擇之故而固執剛强破壞禮式亦不可不容忍之各有思想各求其眞彼固不受他人之干涉也是之謂公議之眞道德余甚樂斯世之多反對者各相抗爭以增人羣之幸福而不願世人之相安於含默僥々然自以爲能守禮法也

第三章　論箇人爲世間福祚之一原質

思想自由之所以爲人類不可一日無之天然權以至於發抒此思想之自由如言論自由著書自由亦同爲人類不可一日無之天然權既如上所論矣盖人類天然之道德智識必如是而後能發達斷不可被外力之

所禁制也然人既莫不有思想自由矣其不本此理以得實行此思想自由之權而爲完全之行爲自由權者何故

苟人人有完全之行爲自由而無所防制同羣之人亦不立德制 Moral hindrance 及形制 physical hindrance 以限之其有害於此世也必甚行爲斷不能如思想之自由此實天下之公言也不寧惟是有時因發抒一人思想之自由必致興起不良之行爲而實足爲一羣之害者則不能不暫時禁之而失其發抒思想自由之特權焉如謂米商爲餓死衆人之罪魁或謂私有財產者爲盜賊此等議論苟徒筆之於書持之有故本不可禁苟聚大衆演說於米商之屋前或揭告白於叢人之通衢則是顯然犯害他人之行爲不可不本人類安全之天則以禁制之也箇人之自由不可無界其界惟何即不犯害他人是也至於甘屈一已以行一事或屈他人而他人甘受之則亦如思想之自由不可禁制

意見紛歧人羣之福

人類之所謂眞理者常徒得眞理之半必經衆說繁興有反對之說相比較而後完也意見紛歧乃人類之福而非其禍意見紛歧者進步之梯也今日者世界之開化方始歐洲之乾坤與至善之境地相去極遠斷不可無分歧之意見以改良生活之行爲變化人類之性質以日進於改良而不已焉一新意既興必滋世人之疑怪要在箇人持之甚力而已由各人之性質發爲種々之品行而不當爲古昔遺言風俗之所拘是乃人類幸福之原社會進步之本也

箇人之自由發達爲世間之福祚

世間之福祚必以箇人之自由發達其品行爲之原此人之所易知也若開化若敎育若修養亦同爲不可少之要分諸分皆全自由乃完箇人及社會管轄者之界域乃整齊而無偏過

人世之大惡莫甚於不知發達箇人之思想以造出自己之品行矣俗人之常情皆視現世界之現象爲已足而務保守之決不思現世界之現象

漢保德之言

何以尙未能盡善盡美而務發箇人之天才以改良現世之道德及社會遇有出力以興改良之事業圖人類之大福者反嫉妬而抗阻之誠可怪也

曰耳曼人之知此理者曰漢保德 Wilhelm von Humboldt 最長於博物學及政治學之人也其言曰「人類之最大目的 即發達其心才於無極而不以暫時未良之現象爲已足是也有此目的而後可發達其權力至最高極善之域乃可望有臻於最大幸福之日」又曰「人類當自强不息各務發達其心才而不爲其同類尋常耳目之所欺是之謂箇人之權勢是之謂箇人之發達吾謂達此目的不可無兩要件一曰自由一曰能變二者合而箇人之精神力量及許多之殊異皆發生焉此誠團結衆人以達此目的之原本也

人不可以法古

既知漢保德之理必須思箇人之價值甚高勿沈滯於今世界之程度而不圖更有所進也世俗之論動曰法古此最不通之論也若是是教世人

獨斷獨行不依賴古人

不可法古有三說

空無所爲徒抄襲古人之成本而已世俗之論動曰勿自作聰明勿輕下論斷此最不通之論也是教人失其生活之方法棄其適宜之行爲廢其箇人之性質也雖然若謂世人當茫然不知此世界已往之事則又不合理考世界已往之事方知前人存活之法行爲之序而後一已有所決擇也故幼年時代必須受教育以知人類所已經歷之局焉至於年歲已長心才已熟則當有特權全依已法以行事依自已之境地及性質獨斷獨行不可有一毫依賴古人之心以古人之遺言遺俗爲鑒而不以爲法然前人之遺言遺俗所以不能爲後人之法式者其故有三

第一　前人之所歷驗境界甚狹或解說多誤

第二　雖前人之歷驗解說不誤至於今日已不相宜常有前人之風俗與前人之境地性質相宜至時勢遷移後世之境地性情已全與古異斷不可猶執古俗以繩之

不效他人

第三　雖前世之俗與今人猶甚相宜是特風俗而已人固各有其天才焉修育之發達之各如其所能是乃天賦靈貴之才風俗固無權以蔽之也

所謂天賦之心才者如思想才決斷才辨別才皆是也一切智識道德當全由我心才以揀擇之如此有人焉行一事而無揀擇問之則曰吾依風俗而已茫々然不知何者爲善何者爲惡是謂至愚智識及道德亦如體力焉用之愈出以進於善善用心才者必不人信亦信人爲亦爲若奴隸然也奴隸依人而失本性者也人各有思想焉各有性質焉凡作一事必求其合於我之思想性質其心才乃日活潑靈敏不然必致天賦之心才麻痺死滯成一完全之奴僕禽獸而後已

人既生於地球而據有此地球之一分則當各揀擇一已生活之方法如猿然自用其心才以自爲無事沾々然效他人也用觀察之才以爲視用

人不可如機器當如樹

理論及判斷之才以爲預知用靈敏之才以聚材爲定斷用精明之才以爲定斷既定斷矣則用剛毅之才及自治之才以守之已有是才則當用之恰如其分凡行一事必合諸自己之决斷思想就善避惡自闢新路人類之所以能超出萬物者在是矣

今將以一物比人類之價值可用何物以相比乎是誠要重之問題也人之作工也誠完全而美妙矣然不惟人能作工機器亦能之如造屋如種穀如戰鬬如審訟如建寺如祈禱等事皆可以機器爲之代人作工今天下最文明之國之男女其作工或有不能及一機器之善者然機器者死物也依一成之式而不能自變人類則不然人類者斷々不可依一成之式以作一件之工者也人類之精神當似一樹春日既陽生長發達自由無礙如其內力之所向其生機活潑而不滯也嗚呼人類豈不當如是哉」人固不當茫々然如機器然爲風俗之所縛而當尊己所知以定從違既

法敎與理義

如上所論矣於此猶有說焉知識者己之所有也至於嗜慾所沈溺血氣所衝激每有本心不能自持而隨之以徃遂以敗事陷身者然嗜慾也血氣也固此身之一分而人人尤必有法敎之信心及理義之檢束焉二者相劑相制乃不爲害人之惡行非由嗜慾之强而遂生也嗜慾强而又無良心而後生雖然凡人之嗜慾感覺較之他人强者謂之人類天然材質較他人多是人也必較諸常人爲優而不爲劣至於血氣衝激者即能力之別名也能力energy 亦可以用之爲惡但能力之天性常向於爲善富於能力之人必較之怠惰愚蒙之人爲優天然感情 Nature feeling 獨優者常能修養之使之最强其感受性 Susceptibility 亦必優因是之故其人遂常活動有强權其愛道德能自治亦必較之他人爲獨勝故天然材質獨優之人苟能修養之其對於社會不徒能盡其義務而已且社會之

英雄

利益反常資其保護焉卽世所謂英雄是也由是言之嗜慾及血氣者人

古昔歐洲箇人之力甚强

類所固有旣有修養以發達變化之則爲其人之性質人而無嗜慾及血氣者必亦無性質人無性質與汽機何以異反而言之苟人之嗜慾血氣獨强而又能受制於獨强之良知其性質必獨强能力必獨優此誠社會中之英傑不可反以爲病也

古昔歐洲社會之國家箇人之力甚强社會之握主權者欲屈抑箇人管治其身心使之順從其勢甚難破此難之法有二曰法律law曰教條discipline當教皇之初與歐洲皇帝爭權也欲已之權力出於一切人之上謂已有權以管治一切人之生命性情當時之社會多不從者因箇人之力强也是時人民之天性常興戰爭以抗國立之法律及勑諭而保社會之安寧至於今日人民已由最高之級降至最低日懷畏懼之心其關係於他人者無論矣即關係於彼自己者亦不問其事之合於一己之性質氣禀與否又不思何者可以致已於發達興盛之域以得最高最良之地

心靈之軛

位馴致自己茫無目的惟風俗習慣之是從夫人而至於茫無目的徒茫茫然從風俗習慣其心性之受軛已甚矣甚至日用常行之事亦不辨何者爲樂何者爲辱問之則曰吾從衆而已是其罪莫大焉因是必喪其天然之才能才能既萎死乃至無嗜慾無樂意甚至其家室財產之何如彼亦無意問之遑言國家遑言社會嗚呼其何使我人類之喪失其天性至於此極也

加爾文之僻說

加爾文（助路德改教者見前）之論適與余論相反彼謂人不當從己之意從己之意爲罪而人類之天職惟順從而已苟從己意而有揀擇必致壞其天性而其罪至不可救贖人之心才能力感性皆不可恃惟皆順受上帝之命惟謹。加爾文之論如是其論頗能博世人之信從從加氏之論者惟知順從而不知揀擇以適其生活流弊甚大不可以不辯。

從加氏之論必至狹小人羣之生活縛束人羣之性情而至人人莫不牽

制墜落徒徇一虛空無憑所謂上帝者之意是猶種樹者不務順其生機之自然而剪刈刪截之曲其形以象禽獸縛其枝使之整齊而樹之天性失矣彼信教最篤之人何異於是人之有天才也當修而適之而不當軛而壞之人類之思想乃日富行爲乃日良福樂乃日增從加氏之言是軛人羣也善談耶教者當取其自治之名理合諸柏拉圖自治之理乃與希臘古賢人類自趨發達之理相合與其爲阿西比德司 Alcibiades（希臘古賢）無寧爲婁克司也 John Knox 又無寧爲培里克爾 Pericles 之爲猶愈也（培里克爾亦希臘古賢）人類之所以爲尊貴美妙者不在束縛之卑屈之使順從一教也惟在修養其性質活潑暢適其權利皆以他人者爲界凡是人羣之生命莫不富麗莫不分岐莫不興盛又各有高尙之思想深遠之感情合如是之箇人以成一種族此種族之美豈可量乎所謂箇人之發達者謂人人皆知自

人人自尊自重不受束縛所謂發達

尊貴各有與他人爭美之心是也一羣之人莫不有爭美之心其羣之發達也必極速一羣發達之源必其箇人各有目的而各求達之不爲他人之所阻礙彼此爭爲發達而不相妨一社會之善發達者必其社會中之各分大畧有相等之發達其箇人相對待以正義而不以私曲箇人之感情及能力既優其對待他人未有不善者反此而論苟一社會中之箇人彼此皆牽制拘束不知自重其現象必愁慘而發達必終無可望葢箇人之性質既不活潑而盡喪失其天性欲其社會之發達何可得也誠欲社會之發達當許各異之人顯其各異之品行圖其各異之生涯

專制政體之毒

不觀歷代已往之陳迹乎專制政體者乃敗壞箇人品行性質之一大毒藥也屈萬人之心以從一人之欲故專制政體下之人民斷無能發達之理而信教最篤之人民亦決不能發達因彼既篤信上帝之教條其人群之本性必已失壞其被禍葢與服從於專制君主之下者同也

箇人之修養乃爲人群發達之原其理既如上所論矣然猶有說焉人群之日趨於發達乃自然之勢其所以不能發達之故惟因其放棄自由不知自貴重非他人所能阻其發達乃自阻也

人事之興必有其始人事之始即始於人非始於常人也乃始於能言之人與能行之人能言之人者發明眞理之人也能行之人者實行眞理之人也今世界之尚未達於完全無缺之文明域此人所易信也是必賴少數傑出之人造起未來之文明趨此世界以向於進步此少數傑出之人如地之有鹽染之者莫不有鹹味人群蠢々智愚不齊苟無此少數傑出之人以爲之創始而鼓激之則彼皆將爲迂滯之池沼矣創造未有之文明者英雄也保存現有之文明者亦英雄也世界苟無英雄則無事業人群之智識亦幾乎息矣守舊者畜道也非人道也機器經久用而亦壞人事亦何獨不然是必賴人傑相繼而興除舊布新而不爲習慣之所拘古

能言之人與能行之人

守舊非人道乃畜道

豪傑與自由國

社會之大表記

時之習慣皆死物也不可以之爲新世界之妨礙而壞人類之文明如比洵廷 Byzantine 帝國然也（按羅馬自君士但丁爲帝之時代起至一千四百五十三年君士但丁羅布被土耳其攻破之時代止皆謂之爲比洵廷帝國） 人則充世皆是而豪傑不世出豪傑固常居人類之少數乎欲豪傑之產於其國則不可不豫備產豪傑之地豪傑者惟呼吸自由之空氣者也故常產於自由之國豪傑常顯其箇人之天才以自適而不爲社會固有之模範所限每一社會皆有一模範以限制其社會中之箇人而鑄成其性質天才稍弱之人無不入其社會固有之模範中其天才遂日趨於低狹豪傑則不然豪傑之性情最强常能破除桎梏毅然以已勿爲此社會之大表記此大表記者固前此此社會之所未有故當此大表記初出世之日 一世皆驚 常有誣之爲荒野謬誤者嗚呼 是猶尼加拉 Niagara 大河經荷蘭之曲岸以赴大西洋澎湃震盪欲其安流無聲固

不可得也

思想自由與行爲自由

英才之所由生需二事焉一曰思想自由一曰行爲自由今有人作一佳詩繪一佳畫則世人莫不贊其有英才矣然此佳詩佳畫固莫不自思想及行爲之自由來也思想與行爲者萬事之所自始無始則無事始也者所以開拓世人之目而人間一切福樂皆其所生之菓實也始（Originality之爲義大矣哉

歐美公論之弊

讀古昔之歷史其自封建時代以至今日箇人固莫不有其自己之權且若莫不有卓越之天才而在社會所占之地位甚高者然其實不然試以政治論之今世界管治國家之主者豈盡出於公意乎文明之國美其名曰政府者集公衆之權而代表公衆傾向之機關也然不過徒有其名而已非盡出於公意也其在美洲操政權者惟白人而他族不與焉其在英倫操政權者惟中等社會而他級不與焉可謂之爲集公權乎且所謂公

意者不在教會不在國家不在名士不在書籍而惟在新報今日之人心尙得謂之爲高尙乎不發達甚矣

無論平民政治或貴族政治其組織政治之行爲議論及材質凡中等之人常爲一人或數人之天資優勝學問超卓者之勢力能引導天地間睿智貴重之事業其初也多自一箇人發起之衆人覺其良也而從之則人間睿智貴重之事業以成徵之古今莫不皆然所謂英雄者即英才獨優之人出其勢力以風靡一世據世界上之政府而自由操縱之雖然古來之英雄多自覆者則因其縛束馳驟太甚大妨他人之自由及發達也一羣之權不可不平權平而後人人寬舒無所妨害爭琢磨自新以與衆相表異是非徒求異而已乃求異以進於更善也今世之人所以多爲風俗之所縛者則因有輿論爲其專制君主也輿論何以能爲專制君主乎吾見今世之人偶爲一二畸異之行則羣咻之爲怪物夫必是人之性質獨

英雄自覆之故

輿論之專制

强而後能有畸異之行畸異之行者英才所自以表見也是人也必能勇於進德捷於得智自有輿論專制以爲之桎梏世人遂多默然與俗無忤畸異之行息焉是誠此時代大危險之現象也

風俗爲自由之害

惟不爲風俗之所拘而後其人乃得完全之自由憑已所固有高尚之心靈以行事獨往獨來而無所依倚是之謂大勇人羣之庶不必使之行爲同一如自一摸範出也人亦不必盡與古俗反也苟古人所經驗之事擇以余心而亦覺其合理而法之亦不爲過因既經已心之決擇是非以我從俗乃以俗從我我自有道不爲俗移也

人非羊

人固非羊之比也羊且各有分別而不相同何況人乎甲不能衣乙之衣乙不能着甲之履因體度各不同也衣履尙然何況性質及志氣乎由此可知人羣之品行固必當互相岐異而不可以一模範相拘束也樹木之種不同者苟植之於同一地質同一天氣之內必不繁茂人類亦然人類之數既多其心才發達之情狀

人不可以限於一定之法則

必不相似必不可拘之以一道也同一道也能助甲發達其最高之天才用之於乙或反阻其發達焉同一生活法也能助甲之康寧使其天質活潑秩序井然施之於乙或反擾其生活而貽之以重累由是觀之人類苦樂之原固各不同其身體之作用德性之發動彼此互異故其生活之方法固不得不任其異苟限以一定之法則其智識德性必不能發出自然之美以享其福樂也

人生日用遊戲之事有好此惡彼者有惡此好彼者而其社會之主治者不因好惡之不同遂加禁止也乃無不幷容之如棹舟如吸烟如奏樂如角力如奕棋如弄牌如讀書人之好惡雖不同而爲之者皆可以無罪至於有人於此爲世人之所不爲或不爲世人之所爲則世人無不控之爲背禮儀犯罪戾加之以無狀之誹謗甚至加以發狂之罪奪其產業以與其親戚是何也

奇行不容於輿論乃今世之患

今世之大患即箇人之奇行常不見容於輿論是也是不惟人羣之智識受其節制而已甚至尋常箇人之嗜好亦不敢自專一舉一動謹守風俗而不敢背充其弊乃至不識己身爲何物誠可痛也嗚呼今世之道德其必不可不改良進步也明矣改良之法不在多立規矩以爲世法而在發起世人之精神使知自貴自重自闢新地若猶立規矩以强人之順從是猶支那纏足之俗凡是婦人莫不小其足焉傷天理戕人性誠世間最野蠻之修也

道德改良

支那纏足之俗傷天理戕人性

立規矩以繩世人其弊必至除絕上等之人而生出下等之人上等之人常以最强之理論導其最大之能力以最良之心志束其最壯之感情下等之人則感情與能力無不皆弱馴至無理論心志爲其行事之導惟知服從流俗誦法古訓豈非下等之甚乎今日者英國人民之精力微矣惟工商之事業差强人意蓋英國之工商尚知自用其精力自行其嗜好也

立一定規矩之弊

然亦僅矣。今日英國之所以不失爲大者。惟在總體聯合之上。其存在箇人之力甚小。今日英國之道德家宗教家。多黯然滿意於英國之現勢者。嗚呼。致英國今日之盛大者。非今日之英國人之力也。其將致英國於衰頹者。則實今日之英國人。不可不防也。

風俗之威權與自由之精神

風俗之威權可畏哉。人群進步之孽障。未有甚於風俗者也。能敵風俗之威權而免其害者有一言焉。曰隨境變化而不拘滯。隨境而變者自由之精神也。亦進步改良之精神也。雖然。改良之精神與自由之精神本不可混同。而自由者實改良之最不腐源泉也。一箇人者實獨立不倚之改良中心點也。愛自由愛改良悍然與風俗爲敵。而解脫其軛者。又人群進步之原理也。讀人間之歷史。其往事既莫不然矣。嗚呼。苟風俗之威權能遂專制一世。而人群莫或能破除之。則世界之歷史。或幾乎息矣。

東亞諸國拘於風俗之害

不觀於東亞諸國乎。東方諸國每以風俗規矩爲最後之斷案。其所謂正義所謂公

變遷所以進化

理者即指風俗而言風俗之勢力極大無一人敢抗之惟其國中之暴君有製造風俗之權夫東方諸國者非世界文明起源之域乎其美術文藝高宮宏寺巍々乎垂於世間不朽而既爲西方諸國文明之先導矣惟因溺於風俗之故遂與自由及進步相分離其文明戞然中止吾歐洲所以能有今日之文明者因吾歐之國民受風俗規矩之害不若東方諸國之甚故能變也吾歐洲自羅馬傾覆而後諸國繼興勢力相競有一歲之中再三變遷而棄其前人之式俗者變遷不已以求進於美善歐人知惟變遷乃能進化故能創造機器發明新理若政治教育道德之屬莫不務爲改良彼國既改此國亦相隨而改故其影響最大而速歐人者誠世界上最能進步之人種非虛誇語也變異者天則也此分既變而良彼分效之而皆良焉此進化之公例也

嗚呼我歐人不可不以支那爲鑒支那之國民天才甚優智識甚高其發

支那受病之源

達最早能創出比他國較善之風俗事業其哲學宗教爲吾歐洲之所無支那之在古昔固嶠然能進步之國哉何以不能爲今世界進步國之魁首反止息孱弱爲將亡之國其國中一切政教藝術與其數千年前之形狀無少異是其故何也曰是風俗之爲害也支那之人莫不崇拜其國中之古聖賢而謹守其遺言一切思想行爲皆以古聖賢之格言爲大法而莫敢稍異此其受病之大源也我英國之道德家不鑒此弊不知獨一與殊異二者乃進步之源反欲立一定之規矩爲一切政治教育之法則吾恐信奉耶教之國將變爲此世界上之第二支那也

第二支那

欲救歐羅巴使其不爲第二之支那使歐羅巴之國民進步不已而無時停止則亦有道乎曰有即激勵其精神使之各有歧異之性質歧異之教養而已各箇人異各等位異各國民異充其極量至無一相似者而後已互相衝激而路塗殊焉各由之而各得其益彼此相容不强他人之似己

倫克咮之言

强他人之似己是阻他人之發達也今歐洲之通患即在路途不多故發達進步不盛吾懼其後必至人人相似治化衰退而爲第二之支那也法人倫克咮 M.de Toqueville 之最後著書深嘆息於今日法蘭西之人彼此相似。無健旺之精神。不及先代。吾英人實較之法人更無精神也。漢保德所謂人類發達之二因。一曰自由。一曰能變。能變者謂國人之地位當互異而不相同也。吾英今日之人民地位差異之度日以減少。箇人之性質日漸近似。是大可憂。昔時英國人之品位各異。鄰地各異。商業各異。藝術各異。可謂之爲各異世界。今世大反之。誦讀同樣之書。觀聽同樣之事。來往同樣之地。其所希望恐懼者。皆同樣之目的也。且人民之權利及自由亦莫不互同。似漢保德所謂發達之第二要素地位不同一事。既已缺矣。

歐洲國民所以致有今日之同似者。其因甚遠而多。每政治一變。則降高

箇人分異主義乃救今世之良藥

者爲卑升卑者爲高此政治上之原因歐洲之敎育驅人民有同等之感情此敎育上之原因火車輪船電船既廣達交通便捷轉徙無禁此團體上之原因商工既興人民之日用便利各欲求富先則爭競後乃同一此工商上之原因是數者固爲致人民於同一之原因矣然猶有其大原因焉即凡自由之國莫不重公同之意見是也所謂公同之意見者未必皆高識卓見也是常不合於英傑之心或且大與之相反焉且英傑之人既嘗被挫於輿論其特異高卓之論漸降爲卑平實習之政學者抵抗輿論之心日少嗚呼特異高卓之論不見於社會此豈社會之利也耶

以上云云皆致人民於同一之種々原因也諸原由既合聚而與箇人分異之主義爲敵其勢甚大箇人分異之景象何由而見蓋是主義幾無其立足之地矣今欲重建箇人分異之主義非公衆有智識之一分深知箇人分異之利不可箇人分異之主義乃救今世之藥也不可不提倡也苟

人人相似極其獘必至合世人爲一式指分異之箇人爲離經畔道斥之爲怪異不合天理則人羣之後禍有不可思議者

第四章　論社會之主權對於箇人上之界限

箇人之主權。其加於己身者。以何者爲正界。社會之主權。何自而起。人羣之生命。其歸屬於箇人者幾許。歸屬於社會者幾許。其歸屬於箇人者。箇人利之。其歸屬於社會者。社會利之。各得其正分。以定其關係。是皆切要之問題也。

箇人對社會之義務

社會之組織雖不實本於契約然存在此社會中之人莫不各有其義務焉人莫不受社會之保護則莫不當有以報其恩報恩之道奈何即箇人在社會中之生活行爲各守其界線而不侵害同居此社會之人是也社會之主權者有保護箇人之義務苟放棄其義務則與侵害他人之罪

二則

自由與自私不同

同各箇人之行爲本下二則

第一　人各有一定之利益不得稍相侵害其利益或爲法律所明載或爲衆心所默許皆人權也

第二　存在此社會之箇人各視其分出同等之工力以保此社會及此社會內之人免於一切傷害困難

社會內之箇人不能圖自己之安福致犯他人之權利犯者有罰或按國律罰之或按輿論罰之社會之刑律即爲罰箇人行爲之犯害他人之利益者設也至於其人之行爲只與自目己之利益有關涉而不干及他人或由他人自請干涉之遂致有干涉則其人有完全之行爲自由社會及法律皆無權以干之

自由之理與自私不同不可不明辯也誤會自由之理者以爲是與自私無異遂謂人類不當干涉他人生活之事遂於一切有利於他人者舉無所爲惟知自利而已是非自由也自由者利己而亦利他甚至忘己而專

天然性

利他人以眞實之仁心崇人生之福祉進風俗於善良其效力較之刑罰鞭笞之力及文章勸化之力更大若夫獨善其身拘謹自重之人最予之所輕視者因其於社會無大益也是不過爲教育之力所迫而然至教育之力已過則或亦自放縱矣人類天然之性常需彼此互助以進善而去惡互相觀感以激起其天才加增其感情勉求智識而不爲愚日向上進而不低下其目的乃日遠思想乃日高雖然人之年歲已長則有决擇性焉擇事而爲以自求利益然所謂利益者各自不同隨其人之思想而異有同一事此人視爲利益而他人視爲非利益者箇人之利益之在社會也其細已甚不過九牛之一毛耳然自此箇人思之則得之爲大益不得爲大損人之感情境遇固各不同也故箇人之斷定及一切只與其已身有關係之事社會不能干涉之干涉之則爲不合理且社會之主權者有其一定義務焉苟於箇人之私事將一一干涉之固亦勢之所不暇也

勸善規過之自由

人群之事。箇人各有其一己行爲之專權。至於涉及他人之事則不能不守公例。公例者。凡此社會中之人所公守者也。其非涉及他人者自隨天性所安行爲自由。若夫本一己之審斷以獻忠告於他人固無不可。然擇而用之與否存乎其人拒忠告者過也。壓制他人使必從我之意其過尤大所謂自信力者自以爲是則自爲之不必瞻徇郤顧懼他人之毀議我也蓋內省不疚於人類之本性完全無缺則自然愉快何懼夫他人之議論至於本質已虧則他人誹毀之來固勢之所不免蓋其所居之位度已卑下雖其行爲無損於他人而自不能免他人之厭惡蓋同居一社會感情相引見其下愚則莫不欲其改免而警戒之以使此社會完善無缺點也蓋人莫不有勸善之自由即莫不有規過之自由規人之過而人知改之豈不善乎此其故不僅於有過者有關係而已彼既爲此社會之一箇人彼而有過公衆之社會皆與有不美焉我亦此社會中之箇人烏可不盡吾意以規戒之乎不寧惟是苟有人於此其談論形式苟將有害於同居此社會之人而我能先事預防之不惟合理而已抑亦我之義務當如是也故我必有警戒他人不爲惡之權及其能改而止至於人之過行苟不僅在彼之一身而與他人有直接之關係者則必受嚴罰焉刑罰者過行天然之結果也彼所自取不可逃也所謂過者如躁卒如頑固如驕矜如浪費如徇私慾損身軀縱肉體之樂不顧心靈之害有一如此必爲他人之所蔑視厭惡而刑罰隨至不惟法廷所審判乃謂之刑罰也一切喪名傷身敗事之類皆刑罰嗚呼人之生也即與社會有關係固當堂々正々盡義務博大名於世間爲萬人之所敬愛舍此不圖徇慾取病亦何必爾上所云云惟箇人之過行只屬一己而與他人無關係者故僅受誹議而已至於害及他人之行爲又當別論如犯他人之權利加他人以危險與他人共事而用詐僞欺騙與他人均占之利益輒取其多者與他人共處

道德之所禁

患難而私自免凡此之類皆道德之所禁其甚至受干犯道德之大罰不寧惟是苟人之外面稍現不合於道德之象即易爲他人之所厭惡如形狀殘虐天性不良疾世忿慾忌疾詭詐不誠易怒多怨好上壟斷貪利卑人自高蔑人利己自恣不疑凡此之類皆道德所病也是較之修謹自爲之士更不及遠甚修謹自爲之士徒知自修而不利人雖不合於道德而不至於爲惡也嗚呼爲惡之人亦愚矣哉不知自重而無人格放棄對他人之天職而自取戾於道德

對己與對人之天職

人之存在社會之中有對己之天職焉有對人之天職焉對己之天職大要曰自尊曰自進不知自尊自進已自放棄其天職於世所病亦何足異哉

過與惡

過之與惡二者不同不可不辨其不知謹愼自失人格者謂之過其害犯他人之權利者謂之惡規過亦有道焉見人之過而規之彼能受固善即彼不能受而拒我則我即可置諸不論不必因彼之拒諫飾非遂謀有以

不利之蓋飾非之人必自受其禍而自賊其身彼已自賊矣我何加焉我不但不加罰於彼而已且明知彼之必將受罰而當有以救之設策使彼能免於惡無論彼之待我或感或怨我終不以爲意遂怒之忿之待之如社會上之仇敵蓋我只有勸戒之權而無干涉之權也苟彼之惡行甚大已破犯社會之法律侵害他人之權利則社會有保護此社會團體之權自必有以罰之若夫彼之過行止於一身則我除勸戒之外無他權惟有自由之權借鑒於彼而已益進德勵行焉勿蹈彼之覆轍如是而已

然所謂人事之只關一己與關及他人二者之分別甚易混亂難此者甚多第一說曰社會內之任一箇人行一過行斷不能與其同羣絕無關係蓋人既同居於此社會固無一事與他人無關係者謂其過行只害其一人而毫不及其親切之人此必不能也如彼之過行僅害及彼一人之財產乎而與彼之財產有直接或間接之關係者必不免受其害遠而論

之。其財產固此羣中財產之一小分。則此羣亦不免陰受其小害也。如彼之過行僅害及彼一人之身體智識乎。此不但其家族友朋中之倚賴彼之身體智識以得幸福者受其害而已。凡一箇人必有服公役於其社會之義務。身體智識旣傷。必至廢其公役。其甚者或至害及公益焉。不寧惟是。一私人之過失愚頑。雖不直接害及他人。其影響終不免波及於社會。見之知之者。或遂爲其所引以入於惡焉。則害羣甚大。不可不禁制也。

第二說曰。愚而惡之過行。生於社會。雖無害於他人。亦不可不禁。何以故。凡小兒及未成年之人。社會有保護之之責任。則人人所知也。其雖旣成年而不能自治者。與小兒無異。故社會當與小兒一例保護之。禁其過行。如遊戲無度。沈湎荒淫。怠惰不潔。皆幸福之大害。進步之大礙也。法律之所禁者不必論矣。其在法律所無而爲社會日用常行之事。則當以輿論爲警察。補法律之所不及。而禁其惡。此社會乃完善無缺也。

主張上二說者之意。以爲箇人之行。不可不嚴制。萬不可使有新奇之事。起於今世。自古至今。歷年已多。古人本其所經驗者。立爲道德。爲此世之大防。吾儕後人。謹守之已足。不必更起新風潮以破壞古人之成法也。一人之過行。固足以波及於與彼有關係之人。且社會亦或隱受其害。予非不知。然固不可一概而論。爲其過行初止關己之一身。後遂因是犯害他人。而爲道德之所棄者。如人因奢侈無節之故。致負債而不能償。或致放廢家庭之道德責任。不能教養其家人。因是致罰。固當其罪。然是乃由家庭及債主之故罰之。非由奢侈之故罰之也。若因熱心教養家人之事。致犯別罪。其得罰亦同。如奔威爾George Barnwell 殺其叔。取金以與其愛妻。致處絞刑。然因取金殺人。雖不與其金於其妻。亦處絞刑也。又如因其人染惡習甚深。遂致得對家人無恩愛之罪。然惡習止關於彼人之一身。與家人本無惡也。惟因與其家人有密接關係之故。遂致爲惡。故人之

箇人有罪
社會之過

行事。當思此事於他人之感情何如。於他人之利益何如。庶免致失誤。而取戾於道德。嘗有發因只關一人。遂因是而波及他人。得罪社會者。徒飲酒必不致被罰也。至於兵卒及警吏。則因其飲酒廢職而罰之矣。要而言之。苟其過行已出於己所有之自由界限外。而有害於公衆或箇人。則莫不應受道德及法律之罰也。

上所云云。皆就箇人言之也。若就社會一面言之。則凡社會中人偶然之過行。除害及己身之外。不犯箇人不犯公衆。則社會不必理之。以保人羣自由之大善。雖然。年紀已長之人。不能自修。以至於有罪。此則社會之過也。蓋社會當人民幼穉之年。有教育之之責任焉。務使其明道理修品行乃爲能盡社會之職任。今代者。不惟後代教育之師。亦凡百事項之師也。後代之人。不智不良。皆由今代之不智不良所致。此其故。關於一世而不僅關於箇人。若社會絕無教育。任其人雖長成。而亦與兒童無異。其行事

社會不可干涉人民之私行

查爾司第二

不能合於人理則社會固已被莫大之羞辱矣社會不僅有教育之權又有建置道理之權焉箇人之無決斷力者莫不順受社會建置之道理又輔之有掌刑罰之權有若是之權不能使箇人皆崇正義敦禮儀徒恃威力以强迫威令之不亦誤乎

苟社會之權過大至於干涉人民之私行必至人民一舉一動皆無勢力其强烈獨立之性質必漸失去若是則人民因自求免禍也可以興起革命以脫其軛不爲背理蓋合理之行已所以爲是者而社會托於免害他人之名以干涉我是他人未受害我亦先受其害矣是之謂越權行覇有志有勇者當一鼓作氣以反對之嗚呼查爾斯第二Charles II之狂暴肆威虐待清潔教徒之事亦足爲行惡自恣者之鑒戒矣苟造惡因必得惡果專制之君主欲加害於人民常適足以自害其一身總而論之專制之君主只能得禍而決不能得福自作孽不可活豈不然哉

公論不可以斷私行

私行之價值

私人之行爲所以當嚴拒明辯不許公論干涉之者蓋箇人各有其利益一經公論之干涉則無所不誤也以社會道德學對他人之天職一端論之則公論有獨勝之勢力公論之非者固多是者亦不少其所以爲是者因自發論以自斷其事自言之而自行之必自覺爲便宜也若不以公論斷公事而止以之斷一私人之行爲則必不免於誤因公論之所視以爲是者箇人常視以爲非不能同也如宗教之迷信者然已已迷信之不顧他人之宗教感情如何妄强人以禮拜祈禱幾何其不爲惡也人各有意見各有感情不能强同也强人同之是猶强盜刼人之資囊而不顧有此資囊者之情願否也一私人之行爲必本其專有之意識其價值較之資囊爲更貴由是可知本公意以立普通之法則强私人以必從而不許其有自由揀擇者之大誤矣（中國之無進步即蹈此獘）公論不必善私行不必惡其本公論以立一世之宗教理學拘束世人之行爲感情盡入其牢籠之中使天

下著書之道學思想家十分之九不能脫離其範圍誠人道之厄也嗚呼徇是弊也人民不能自本其心意以爲行爲之法律而惟他人之法律是從則所謂公論者是非苦人之具乎

近人某講學盛稱漢武帝尊儒教之美嗚呼豈知此即束縛中國人思想使其永不發達之大網羅乎嗚呼專制君主之奇術不惟足以愚盡一世之人而已雖二千歲以下之志士亦不免爲其所愚可懼也

以上所指示之惡弊不僅屬於理論而已請更舉今世各國之實事證之今世之所謂道德規則者多本政府之好尚選擇立之於此不勝枚舉僅舉其以道德政治相合境界最廣侵箇人之自由最甚爲世間之罪惡最大者以示其例如下

宗教戒律公論干涉之害第一

溺人之最甚者莫如宗教與宗教異意者結怨最易其甚者莫如戒律耶教之人所以爲回教徒所深恨者莫過於食彘一事此爲宗教上第一反

西班牙國俗公論干涉之害第二

對以致嫌怨之事。其次爲酒。回敎徒雖不以飲酒爲大嫌。然莫不心非之。其所以深惡痛恨於食彘者。以彘肉爲最不潔也。其所以視爲不潔之故。亦非人人親驗其實而見其眞不潔。徒以爲是乃對於宗敎上爲不潔耳。印度之回敎徒之感情皆如是。雖一地方之人民不盡爲回敎徒。而回敎徒已占多數。則其國境內之雖不奉回敎者。亦不許其食彘焉。於是不食彘一事。遂成風俗。而爲公衆道德上的有權力之法律。此皆由於人心習慣。私念此當爲上帝之所禁惡。遂致此誤也。夫不食彘與食彘。於宗敎上之職分何關重輕焉。既皆爲戒律。則食彘者莫不爲其宗敎上之敵。而箇人之生活苦矣。此箇人私行被公論干涉之害之第一例也。

更舉其稍近者言之。西班牙之多數人民。皆以爲苟不從加特力敎之規矩。而另用任一他規矩以拜上帝。爲最大不敬。且除加特力敎以外。苟信他敎。爲背法律。歐洲南方之人。視娶妻之僧侶。不惟背敎而已。且視爲汚穢不正可嫌惡之甚者。此皆不合理之思想也。人各有其自由思想。不同不足爲病。苟彼此妄相干涉。則人羣之苦。不可勝言。彼窘逐新教之人。引論理學以自飾曰。我是故我可以窘逐彼。彼非故彼不可以窘逐我。嗚呼。自以爲是。而妄非人。可謂極不公平之論矣。吾願用論理學以設辯之人。勿蹈若輩之流弊也。

公論干涉之害第三

或難曰。「子所云云。皆與吾國之事不相切。蓋吾國之教規。未禁人食彘。且於人禮拜一事。不限人以遵何規矩。亦不理人之婚娶與否。故曰與吾國之事不相切也。」吾玆更舉數事。以證箇人之私行自由。被公論干涉之害。

當英國行平民政治之時。(即格林威爾 Cromwell 舉革命之時)清潔教徒在英國及美洲之勢力極大。凡公私娛玩之具。一切禁止。如音樂跳舞鬬技奏戲之類是也。當時之信清潔教者。其數甚衆。凡中等社會之人多

公論干涉之害第四

屬之。莫不堅信淸潔教之道德。且於社會政治之上。有大權力。巴力門之議紳。淸潔教徒居多數焉。固皆以禁止娛玩之具爲然矣。其在反對者黨而爲娛玩之人。則多不便之。夫加爾文及梅度得之教律雖嚴。亦不禁人之娛玩。故任一政府任一公論。皆不能自以娛玩爲非。遂亦禁他人使之不爲。如淸潔教徒在英國及美州（時美洲初闢）之所行。乃犯害他人自由之甚者。

前更舉一犯人自由之事爲據。今日世界社會之大勢。既皆有齊趨而爲民政之勢。其政府與社會成爲民政之最完全者。固莫北美合衆國若矣。合衆國人之生活。其奢侈踰於常度者。大衆皆視爲不合宜。故立限制費用之法律焉。常有人入款甚多。而畏他人之誹議。遂至無法以消用之者。不寧非是。其人民猶以爲公衆當有權以禁拒箇人。使之不能安費其入款。在社會黨人（即主張公產均財者）之意。則以爲凡人民之財產多少不均。及不勞力而得入款者皆爲穢惡之事其說甚美勞働社會之人皆信之然亦有流弊因惰工常結黨以要挾工廠欲得與良工同樣之酬金夫良工與惰工之酬金漫無區別此任人皆所不許也自其說成爲公論而良工與雇主兩受其弊此二者皆以公論干箇人自由所生之惡果也

上所云云其弊尚輕今更舉最近之數事以見苟公衆有無限之權妄用法律以干涉無辜則大犯人民之私行自由而人民之受害甚巨也

公論干涉之害第五

當英國之以防止縱飲失度爲名而禁釀酒也英國一殖民地及北美合衆國之半國皆立法律除醫藥之外禁人民不得用酒賣酒者有罪然此法律甚難實行於是熱心戒酒之士亦欲在英國先實行之立一戒酒會其會所之主事與英國之政論家交通往來申明戒酒之原理士丹利卿Lord Stanley 亦入其會而助其力焉戒酒會之人固有悼世之深心而思救之然行之不得其道不免過分越界彼之言曰「除立法之範圍以

外凡改正社會之行爲習慣一切關係等類國家有權以爲所欲爲而箇人不能抗之」其說大誤行爲也習慣也其事屬於箇人而不能屬諸社會飲酒者亦箇人行爲之屬社會不能干預也賣酒者商業也商業者社會之大事也苟因飲酒而犯他惡行此則買者用者之罪賣者何與焉賣者之自由國家不能干犯之也會所之主事者曰「余一國民也有立法之權如我交際之權利被他人之行爲所侵害則我可立法以救止之今日者侵害交際之權利莫甚於飲酒一事破壞社會之安寧而亂其秩序遺社會以災害而侵其平等阻害人羣道德智識之發達而生平民交際之災害故我有權以立會協商而圖戒絕之也」是其所謂交際權利者甚含糊而不明白凡任一箇人皆有絕對之交際權利彼此各尊其權利不可稍犯即所謂自由也自由被犯者皆可訴諸立法者請其申理是則固然然如戒酒會之所爲則非尋常侵害自由之比其危險實多已不飲

公論干涉之害第六

酒則亦已矣不能以已之意亦强人以必從也人之道德智識體魄各有所宜自擇其宜不可强同强人之同於我是乃犯人自由之大者

玆更擧一事以見妄立法律以干涉箇人自由之誤即每七日一休息之制是也每七日一停工休息誠善法也縱不從猶太教旨之國亦多知其利益而用之者而工業場中之人多不滿意於此制有願於安息日停工尋樂之工人亦有不願停工以多得酬金之工人自安息日之制既定則不願停工者皆失其揀擇之自由甚有謂雖作七日之工仍當予以六日之酬金者反對者遂謂當於休息日停火車閉博物館以阻他人之尋樂此皆一偏之論以公論侵害箇人的私行自由之證也

莫爾蒙教

本章之正旨至此已畢附論一事於此吾英國之脅逐莫爾蒙教 Mormonism（按此教興於一千八百三十年）也則可謂得其正矣莫爾蒙教詐稱得上帝之默示立新教以欺世倡教者自信不疑從其說者衆至數十

一夫多妻之罪惡

萬。於今日新報火車電線通行之時代。立新社會焉。最可異者。此教亦如其他眞教。然有爲道流血者。蓋倡興此教之人。乃爲衆所殺也。其因信此教而被殺者甚衆。今其徒黨已自其倡教之地被逐而逃入寂寞無人之鄉。英國亦有此種教徒。然人莫不知惡之。以力驅逐之使不得傳染於他人。其所以致驅逐之原因。則因其倡一夫多妻之主義也。一夫多妻之俗雖盛行於回教諸國及支那印度諸處。而講英語從耶教之國人則莫不惡之。而余之惡之爲最甚。因其犯自由之原理最大也。從是教者之國必至敗壞婦人之人格。蓋一夫多妻既成風俗。則婦人亦不知共嫁一夫之卑賤。而安之若忘矣。莫爾蒙之教徒乃文明國之公敵。莫爾蒙之一夫多妻制乃野蠻國之亂制也。故其教徒到處被逐。幾無立足之地。不得已於美洲一小地角闢地以自容焉。近日有人著書。謂當仿十字聖戰之例。出師勦滅莫爾蒙教徒所踞之地。以保文明之退化者。雖然。任一民族。無以力強使他人文明之理。且彼既遠遁於數千里之外。於此世界之文明。已無關涉。不如遺傳道者往。以開導其人民之爲得也。野蠻之國。常欲保存其野蠻之主義。文明人與之爲敵。或反受其禍。如西羅馬帝國之被滅於北狄。是前車之鑒也。

第五章　論自由之用

本書所論。乃自由之原理。衆議之斷案。其理貫於政事道德。莫不可見諸實用。而大得其益。今撮此書之大旨。附二格言於此。以解明自由之意味及界限。使自由之用。平均不頗。

本書之二格言

第一曰。苟箇人之行爲。只關係一己之利益。而不涉及他人。則社會不必理之。若社會因箇人之行爲不合。而勸戒教悔之。其心本於爲箇人圖益。則無不可。

社會所當干涉之事

第二曰苟箇人之行爲侵犯他人之利益則社會不能置諸不理必使之受社會法律之罰焉因社會者有保護箇人之天職者也

侵害他人利益之行爲社會有權以干涉之固也然亦有辨焉常有箇人按正理以行而亦不免遺害失於他人者如商賈爭利捷足者先得其不得者苦矣學生考試能者高級其不能者苦矣雖社會之制度甚善亦萬不能免其有此事凡二人爭得一物有得之者即有失之者凡此之類社會皆不能援侵害他人利益之例以干涉之也以法律言以道德言皆無可干涉之理所當干涉者即其侵害他人之利益而不以其正如欺詐橫逆彊惡之類是也

貿易者社會之行爲也售貨物於公衆其關係於他人之利益也大矣社會管轄之之權當如何是一大問題也昔時常有以管轄社會之貿易一事爲政府之天職者如定價値稽工料之類皆政府之所司至於今日則

自由貿易

社會當敬重箇人之自由

販賣毒藥問題

價値之低昂工料之高下皆聽製造者販賣者之自由而買者亦得同等之自由焉此所謂自由貿易Free Trade也（此與箇人之自由原理不同。故此書不詳論）夫貿易工產之屬苟無不受社會之干涉則爲惡甚大。然亦有在自由貿易一理之外而必需社會之干涉者如禁止混雜僞品。以害公衆之衞生保護勞働之工人使不受資本家之虐待蓋社會固當敬重箇人之自由管理之不能過嚴至必需社會管理之事乃干涉之始爲合理如美洲緬邦Maine之法律（其法律有關涉賣酒之事者）禁止支那鴉片之進口管理販賣毒藥等事政府皆不能干涉之是不惟侵害製造者及販賣者之自由亦侵害買者之自由也。

販賣毒藥一問題不可不詳解之政府固有管理其販賣之職然政府之職以何爲限乃不犯箇人之自由而能免社會之罪惡乎夫與其俟用毒藥犯罪惡之後乃從而罰之不如防禍患於未然此政府之天職也然政

府常有因防患之故遂妄用其權以侵害箇人之自由而逾其天職之界者求其行一事而無少礙於人類之自由者實難雖然無論政府也即以一私人而言苟見人之將陷於罪亦無坐視不理以干涉而救止之之理苟毒藥只能爲殺人之用而無他用也則禁其製造販賣必爲合理無如毒藥又有他用焉則不能不設善法管理之命賣者記買賣之時刻及買者之姓氏居趾又問其將何所用記之於册是皆預防兇殺之善法也政府者人民以公權托之而後成立故必不可放棄其防患之天職然無論政府也即箇人見他人行過一將壞之橋苟時刻已迫不及呼告其險則可力牽其人使返亦不爲犯其自由蓋思想行爲爲自由之所存斷未有人甘墜死於河底者此必然之理也至其人之行事苟非此類而必將自陷於危險者則旁觀者（政府亦然）只有警告之之權而已不能用强力以阻之也（小兒癡人不在此例）

父母有教養子女之義務

社會之有防患於前之權固已。其權之界限曰。箇人之過行只關係其已之一身則無被防及受罰之理如醉酒然醉酒而不犯害他人者法律固不得以干涉之。其因醉酒而犯害他人。固必受其應得之罰。既受罰矣苟再因醉酒而犯罪。則其罰必更加重。蓋因飲酒而犯害他人。其得罪固無可疑也。又如懶惰之人。除受公養及破契約者之外。苟立法律以罰之。皆不免於虐。但或因懶惰等故遂廢棄法律上對他人之義務則法律可用強力迫之使盡其義務而不為虐如父母有教養子女之義務苟不盡其教養之義務則得罪於社會甚大不能不受罰也

又如行為之徒直接害其一已者。法律固不得干涉之。但雖直接害其一已而其所為與公衆實有直接之關係者。如敗壞社會美善之規式之類。則不能不禁止之。美善之規式之敗懷否其事實與公衆有太關係而不僅關係於箇人也。

娼寮賭局當禁

於此有一問題。夫可責之過行。因其惡果只行者之一身受之。則社會敬重箇人之自由而不加罰。然其過行或由於他人之煽動。則將何如。夫煽動他人者。社會上之事。非徒箇人之事也。煽動他人行一善行。固爲合理。煽動他人行一惡行。則社會不能不禁制之。如開娼寮賭局之類。煽動他人爲惡而已則從中漁其利。此不可不禁也。若僅於私家密室。偶以賭爲戲。外人無知之者。則社會不必理之也。至於行罰。則當罰開娼寮者。而不當罰往娼寮者。當罰開賭局者。而不當罰往賭局者。至於商業。苟其貿易不背理。雖彼或借此貿易以得特別之利益焉。則社會亦不可以禁制之。如緬邦賣酒之主人。皆最好飲者。彼特借賣酒以自便。社會亦不可禁制之。以傷害自由也。

禁酒之善法

人民行過行以自失其最大之利益。國家可用間接之法以禁制之。如限制賣酒店之數。且徵酒商以極重之稅。使買者難得。蓋使其價值極昂。即與禁之無異非至愚之人孰甘多費其貲作無益而大壞法律道德上之義務以自取戾乎是使飲者自禁之法也凡此類之稅謂之間接稅亦國家入欵之大宗於國於民兩得其利誠善法也

中國禁鴉片烟即不能用嚴刻之法立除其弊亦當用此法徵烟稅極重使吸烟者自困

自來論酒類貿易之當禁否說各不同而主當禁之說爲多則社會犯罪之事因是發因者多也賣是類之商店當限其權開閉之時刻不可不定賣啤酒及火酒者若干家其數不可不定嚴其章程總以使飲者難得爲主勞動社會之人智識甚短當待之如小兒野人以管理爲教育而保其後來之自由特權焉未受敎育之人不可無管理不能得自由（如小兒是）德育不興之國斷不能有普通之自由而失政府之管理也

前章已論所謂箇人之自由者凡爲一已之事皆按已意而行而又不侵

契約

他人之自由同守天然互益之契約以組織一大團體各守一定之契約而不犯公衆之規則但亦有格外之例焉苟其規則不善有犯害人權之處則可除改之如近世文明之國買賣奴隷之例已皆廢改是也

放棄自由

其或自願爲奴隷者則社會不能强使不爲因是乃其箇人之自由凡行爲之本於心願者則他人皆不能强奪之人之自放棄其自由者他人固未如之何也

自由非受諸他人

自由者人自有之而非受之於他人故常居主位而不居客位旣有生命即有自由自由者生命不可須臾離之伴侶也各有界限守而不越如有自然之契約然

婚姻契約

漢保德曰「契約者繫束人羣之親誼然亦有一定之時限焉如婚姻之契約然必兩人皆有同意而後其契約始有効力其時限以兩人之親情爲斷若兩人之親情已離則此契約亦解散而無力」此旨最要而最繁於此不能詳論畧論其大意而已

兩人有相依賴之關係者即當負道德上之義務此契約所由興也於兩人之外又與他人有關係者其理類推如婚姻然不能謂除夫婦二人之外即與他人無關係也此社會契約所由來也蓋以法律之自由言之其契約雖或可廢而自道德之自由言之其關係決不可逃

自由者世界之魂

自由者世界之魂一可一日無也今日歐羅洲人之愛自由也可謂天下莫及矣然其誤會之處甚多從己所好獨行不懼不干他人是自由也國家當敬重人人各有之自由而不使其所有偏重今夫家族之關係豈非於人類幸福有直接之大勢力乎以吾所見今日歐洲夫妻之間汚點甚多蓋夫常有莫大專制之權以制其妻此莫大之惡也妻亦當有同等之權得法律上同等之保護與一切人民無異不然是猶未眞知自由之意

夫婦同權

恃權力而不愛公理也又如國家對待小兒之天職其義亦混淆不淸小兒在應受教育之時代不可任其愚蒙也國家有逼使小兒不能不受教

强逼教育

育之職焉夫教育子女者父母之聖職也人既有生命即當受教育乃對已對人分內必要之事若父母徒養給其子女之體魄而無教育以發達其心才則於道德上負莫大之罪是使此社會之後嗣不良也然父母不盡其教育子女之天職者國家固有强逼之權而亦當設多法以助之不可專賴之於其父母也

國家有强興普通教育之權固已然教育之派別方針不可不定夫政府欲興一國之良教育則當任其父母之如何教育之（此在歐州則可在中國則不可中國之爲父母者教其子弟總不外圖利祿科第一大目的誠可痛也）惟助貧乏者使不出學費及供助一切學校之絀於經費者而已

國家教育之弊

國家教育State education之弊不可不知也國家教育者一切教育之權以國家一手握之夫箇人之性質及一切行爲之模範當各自相異上章既論之矣惟教育亦然國家教育之弊使人民出於同一之模範而服從於政府莫大權力之下夫教育有教育之精神

教育之精神

其能改變人民性質之權最大專制教育有專制之精神僧侶教育有僧侶之精神貴族教育有貴族之精神皆能束縛人心引之達於自然之一趨向國家教育之權力大矣哉故以正理論之國家只當保護其國內之教育助其經費至於教育之原理則聽教育家之自擇焉

小兒試驗

國家欲强興普通之教育則不可不立公試之法公試之法者凡及歲之小兒能讀書者由國試之苟猶不能讀書則由國罰其父母出小貲（或作小工）以供其子女入學校之費每歲一試其所試者隨年不同總以養成小兒之智識道德爲主義除此之外有學成之高等試驗及第者得學位憑據焉或試以政治或試以科學國家不偏執一定之見以求其人之合格惟視其人實有之學力何如學哲學者或試以康德及陸克之書或一切他書其學果優而爲公論所共服者乃與之以學成憑據焉漢保德曰無論何種藝術職業苟欲受試驗者即試驗之其學果優即以證書與之

限婚姻之法律犯人自由

人類生存爲社會最重要之問題人數過多之國常設苛例凡力不能贍其家之人則不許婚娶者是乃越國家法律界限之外而大犯人民之自由者不可不除免也自由之界限不明箇人遂常受國家干涉之害若立限婚姻的法律之類則幷害及人之子孫矣

政府不可干涉人民之自由者有三類

余作自由書至此已將終結附論政府干涉人民之界限於此夫政府不當拘束人民而當常扶助之常懷圖利人民之心蓋苟事事任人民之自爲而政府無所助之則何用政府爲或一箇人或一團體政府皆有扶助之義務但不可爲種々之干涉以反侵害人民之自由耳不可干涉之類大畧如下三項

第一類曰凡一事苟政府爲之不若箇人爲之之更善者則政府不可干涉之蓋一人專營其生業已之大利在焉其思慮比之他人代謀必更精審至於工業上之事亦有須政府干涉爲之立法設司者此乃政治生計

上之事別有生計學專書論之茲不贅

第二類曰凡屬箇人智育之事政府不可干涉之蓋夫練天才習決斷擴智識等事皆箇人之事也如決獄聽訟必以十二人爲陪審乃地方自由之善制又如興工業建善舉人民皆可如願聚衆爲之此皆人民自圖發達之事業也凡一人羣皆須養成其高尚國民之資格人民自由受政治之教育懷國家之觀念不使局於私人家族狹隘範圍之中人人習知公利公益使人人腦中常有共和之思想卓犖大方除去自私自利之穢習常願團結而不願離散是皆國民之大氣象也無此等氣象者自由之制度必不能成立卽成立矣亦必不能保守故凡一國之地方自由基址不固者則自然之政治自由不成是其例也地方之生業須能自營一切地方內之事其地方之人民已能集合理之又必箇人之天才皆已發達卓然能獨立自治而後地方之自治始成也一國之內一切事業以等々不

同之法經營之國家集中權而總其成焉若事々必須政府爲之則政府固不勝此疲勞也

第三類曰政府之權已有定限若政府干涉某事而可更增其權者則必不可任其干涉也政府之權過强則人民之危險甚大若道路火車銀行保險公司大合資公司大學善堂既皆爲政府之分枝而地方會所又皆爲中央行政之附屬一切事務皆仰給於政府則雖人民有著述之自由及立法之權而所謂自由國者已不過僅存空名而已英國曾提一案謂凡政府服民役之員須由考試而公選之惟勤力而有智識之人乃得司其職但反對者不少有謂永遠在職之服國役者常能熟練庶務建立殊績此說之流弊甚多總之苟凡百國事盡落於政府之手則操政權者未必爲極有才能之人而國權遂散落於各局吏之手此輩之人無不仰其鼻息聽其指揮則國家之受害非小不觀夫俄羅斯乎俄皇無權國權皆

文明與革命

在各局吏 Bureaucracy 之手俄皇能流放反對者於西伯利亞而不能違局吏之意以行一事俄皇之詔旨局吏有權廢之不行若夫文明愈盛之國則其國民革命之精神必盛國行一事不可不圖公衆之利益政府負莫大之責任苟行一過行則萬衆攻之若更怙惡不改則人民有立興起而改換政府之勢力卽所謂Revolution（革命）者是也

法蘭西美利堅國民自治之精神

美哉能自治之國民乎不視夫法蘭西乎法國之人民多知陸軍者平日已諳悉兵事故當革命發起之時其首領能操縱自如遂克奏功不又觀夫美利堅乎美利堅人最富於自治之性質凡有美利堅數人相聚於無政府之地此數人者卽自能組政府辦公事有智識有秩序有決斷是誠

自由民

所謂自由之民不拘居於何所皆能自由中央行政官斷不能攬盗大權降彼等爲奴隸也雖俄羅斯之局吏其奈之何哉國家之制度乃國民的天才之組織物也立一有法之活體以管治其餘是謂政府此國內之人

支那官

政府不可無反對黨

民莫不受最良之教育而有最大之自治力焉其團體乃完結而不可破壞政府之有司皆人民之公奴隸也人民者政府之大主人翁也支那之所謂官者 Mandarin 乃其專制君主所用之死物如貧農所用之壞農具然其腐敗不可盡道如耶秀特 Gesuit（詭猾之羅馬教徒）一派徒為法令之奴隸而已

尚有一事不可不記苟一國之政府將一國才智之士盡羅而入乎其中。則必大為進步之害蓋一國之政必須旁觀徒手之多數政論家論列指陳其利害發出等々與現在政府反對之政論使政府知所法戒其發揮政論之人又必才智優卓與現在政府之執權者相等或大過之指揮其疵瑕而監督之政事之失錯者乃可改良而一國咸大得其益蓋任何一事旁觀者多清當局者多迷反對之政見決不可無也

國政上最難最複雜之問題即看出妨止人羣之自由及進步的根源而

中央政府與地自治之關係

不使人民之種々才智與政府同歸於一轍是也。此弊之原即政府集權勢於中央。綜括一切所有之利益。而防之之法。初無定則。其議論雖多。可以數言括之曰「散布國權而不集於一處。集學問智識於中央。又自中央分布於國中各處」而已。如亞美利加然。其地方自治一事。井井有條。由地方擇舉種々之有司。以任諸事務。其分類也極細。而於各地方各有其總理。如鏡有之光心。至於治通國之事。則有政府設官以監督各類之事。此諸監督官者。各任一類之事。自四方八極以至中央。集萬異之學問千殊之經驗。滙合參同。以任各地方之公務。又周察外國事之屬於自己分內者。故能長於國政。措施裕如也。所以集大勢於中央而傳其意見於四方者。蓋由中央傳學問智識於四方。其勢利便。苟僻在一隅。則必不免挾偏執之意見。狹隘之理論。故莫若居中央。占高尚之地位。博搜旁羅一切學識。觀察以廣知聞。此必不可缺也。雖然中央政府既設律法以爲引導地方有司之具其遵依與否仍有界限焉蓋中央既定總體之規則先必任地方有司審察而決斷之苟有司不稱職則人民選之者皆負莫大之責任焉凡地方之法律皆於立法公會立之苟地方官破壞其法律亦一例得破壞法律之罪中央政府於各地方之事皆委之於其地方之有司而徐觀其成効苟地方官不盡職則黜之由人民別選英國有救貧部院者設監督官以管轄闔國貧民之事居中央以察四方與上所言之理合不獨救貧一事也凡各類之事雖由地方有司管理其學識教化莫不自中央以傳於四方焉雖然政府當務發達各箇人之才智思想資助鼓勵而不可妨礙之不可偏於己之一面以生阻遏人民才智之獘惡也苟政府不務勸諭人民圖其發達乃反桎梏拘攣之則其罪莫大焉一國之價値所以高貴者由於各箇人之價値高貴以次第合併而得也苟一國之職事徒循習慣之法則以管理之務期同一則人民之才智發達不速智識卑下

小人秉政之害

是自屈其國之道也國政猶機器也苟以小人操之不能成事而反敗事壞其機器使失生活之力遂漸至不能運動以成棄物嗚呼一國之政大事也人民不知自由自治甘心坐視爲小人之所壞盡是豈惟彼小人之罪而已乎

老冉冉其將至兮
恐脩名之不立
長太息以掩涕兮
哀民生之多艱

自由原理終

一千九百三年正月一日印刷
一千九百三年二月一日發行

定價金大洋六角

翻譯者兼發行者　日本東京　馬君武
印刷者　日本東京　橋本武
印刷所　日本東京　株式會社秀英舍
總販賣所　上海四馬路　開明書店
販賣所　上海四馬路胡家宅　文明書局

萬法精理

桃源張相文譯

萬法精理

（卷之一）

上海文明書局出版

孟德斯鳩

孟德斯鳩傳

孟德斯鳩。名查理塞根達。法之巴倫（原注爵位名）也。一千六百八十九年一月十八日。生於波爾特近郊之普來德城。齔齠時穎悟絕倫。有神童之譽。父某悉心敎育。養成其材。年二十。涉獵民法諸書。識其精要。已昭昭善別擇矣。其爲法律學也。務在研精理。不屑屑於刀筆之末。故能發其所蘊蓄。立言以垂不朽。一千七百十四年。爲波爾特府集議院之參議官。十六年。選爲議長。是年。創立府學。兼爲學士。易其浮華之風。一從事於物理之實學。二十二年。政府課酒稅。民苦之。乃爲議院委員至京師。辨其非。諫阻之。竟免是稅。二十五年。爲開院衍說。論雄偉深遠。卓然可宗。明年。辭議長之職。蓋以爲議長取效於一時者也。著書覺世。功益大。故不以此奪其日力。由是決然舍去。一千七百二十八年。大學士員缺。爲其候補員。著波斯寓言。其意託於波斯。以規當時政敎人心之失。語諷刺。觸忌諱。物議囂然。久之事漸解。乃入大學。窮覽典籍。無間昕夕。繼思擴其學識。偕英使臣吳哈德來爭伯赴維也納府。過匈牙利。至義大利。登瑞士。下萊尼河。歷瀕河諸邦。考察其古今之治亂得失。及一朝之制度文物。航海至英國。英主與其人民皆優禮焉。納交於英之政事家及學士。得審度彼國之政體。諸部之機密。非皮毛所可見者。歸而隱於普來德城。淵淵沈思。擇取衆理。集其大成。深居二年。几上之書。與窗前之草相娛也。一千七百三十三年。著羅馬盛衰原因論。復欲著英國政體論。轉思列入萬法精理中。尤爲深切。乃止。一千七百四十八年。萬法精理書成。是書之作。自早歲始博覽深思。閱二十年。乃脫稿。可謂畢生之業矣。其爲是書也。欲審知己國之情實。姑作異邦人之意想。及身歷歐羅巴諸國。識其人民風氣之殊。徧觀諸國歷史。論斷品類。及紀古有今無之事蹟。然後得以詳究萬國之法制。所引多達奚德。柏拉圖。二家之言。然綱羅富有。百不遺一。精力既瘁。至於失明。猶假他人之目力以爲用。其殫思竭慮如此。書既成。風行於世。而先生以積勞病痾。家人環侍。不以爲苦。方幸是書之成。足以維世牖民。爲無憾也。一千七百五十五年二月十日卒。妻善特刺諦氏。陸軍中佐某之女。子一女二。子性質優美。以文學稱。叙爲柏靈府大學校學士。

論曰。先生風采瀟灑。談論和暢。長于敎人。人皆樂受業焉。毛倍推司曰。每遇宴會講社。先生與焉。則樂赴。此非獨余然也。人之景慕先生。亦皆以一見顏色爲榮幸云。先生質直慈善。不好奢侈。喜周貧。自奉殊菲。其游歷療病及一切梓書之貲皆自辦。襲其伯父世爵。受遺產不損毫末。卒以遺其子。平生經濟。見於萬法精理一書。爲能鼓舞一國之人心。漸摩其愛國之天性。而勤勵於農桑業務有用技術。歐洲各國賢明博學之士。治國執政明德睿知之君相。凡治民將兵涉於政學一科者。靡不得力於是書。而歎爲絕世之作。則先生之所以享盛名者。豈無故哉。

○萬法精理　孟德斯鳩傳

四

原本凡例

一是書論列千條百緒。芟削惟艱。或有觸冒當世忌諱之詞。出自無心者。非好爲造謗古賢柏拉圖與蘇格拉第同時。自喜以爲天幸。予遭際明時。亦以爲有天幸焉。遑敢非刺時政耶。

一是書宜統觀全編。乃知意趣所在。讀者勿以瞬時涉獵。指其一二章句之疵以評騭焉。

一是書之旨。第一考究人類之性情。其制度風俗。雖隨處有千差萬別。而所以然之故。決非任意妄作。在讀者深思而得。

一是書先提原理爲極點。凡諸節目。可因此原理而識其分衍。卽如萬國之史傳。亦不過此原理之歸宿耳。是故有一法。必有一法以連合之。否則可悟其有大法以統括之。

一是書稽古論事。必勉肖古人之口氣語勢。否則恐其實異而誤爲同。形同而誤爲異。

一書中所揭示之原理。皆出於物理之自然。決非由於偏見私意。

一書中雖分條目。而用意各有關鍵。讀者非審其關鍵所在。不能得其理之貫通。蓋必由節目推究至深密。而後原理之確定不易者。始有會心也。

一今時著作。多尚豪放。此書則不爲豪放之言。緜推究事理。窮其奧蘊。詞必徵實。豪放之議論。無自而發。彼好爲豪放之言者。誤於事理之一偏。膠執成見。不能會其通也。

一撰著之意。非欲誹議異邦之制度文物。他邦之人。或有就此書發明治道者。則此書卽爲推廣義理之基礎也。至於改革事業。締造一國之經濟。非睿知賢明通達政體者不能。豈易言哉。

一民心之開明與否。大有關係。不可輕忽。政治之設施。必視乎此。是故官吏之偏私。其原實出於人民之偏私。當蒙昧之世。偏私之民。雖遇極殘暴而不怪。及時運已赴乎開明。人心一變爲純良。而欲增加其利澤。爲政者知舊法之不足恃。咸懷恐懼之心。鑑往事而悟其弊。知其不可不改革。則竟改革之。至於改革焉而仍不能無弊。而欲强爲之。必貽大害。不如容忍焉。而弊猶小。抑凡改革之有無大利。不能預決。不如安於當時之小利。故欲判斷全部之利害者。先分觀其各部。欲洞明治道之得失者。先審察其原因。

一讀此書者。若能各盡其當務。敬其君。愛其國。守其法。感戴其國家政府。以自納於福祿之林。則世界之幸也。或以此書說其上之人。使擴充其經綸國家之智識。在下之民從順而臻郅治。則是此書之大有造於世也。且或人民讀此書。如得良藥而愈其偏私之疾。則獲效更彰明。蓋偏私之疾。非其人昧於事物之理。由其心蔽於物而不自知。故不可無以提撕之也。

一作書之旨。在於啟牖人民。使各存汎愛之意。以復其懿德。蓋人性本善。然非與正人交接。則無繇薰陶以變化其氣質。此書猶良師益友。足以誘掖斯人。

一是書屢易稿矣。筆之簡端而復棄之。無慮數千條。於其初不設一定之模範。惟以作書之本旨爲準。不立規例。不事變格。故有始欲紀之事實。繼復吐棄者。意在發明原理。條目雖多而不離其宗。此二十年之苦心經營者也。

一是書幸而流行於世。必歸美於其事實之詳。不敢以爲作者之功。然此書豈無秀拔處。足以自信。間嘗讀法英德諸國之大文章。賛歎以爲絕倫。繼思余雖不敏。何多讓焉。谷爾俊曰吾亦畫人。原注谷爾俊者義大利之畫人也嘗觀古人之畫見其不可及欲焚筆硯後自發憤云我亦畫人也豈古人不可及哉由是畫學大進每服膺此語。不欲自挫其銳氣也。

譯本凡例

一孟氏原著本用法文。千七百六十八年。英人譯以英文。日本明治八年。何禮之復由英而譯和。雖經重譯。而於孟氏初義。蓋無稍出入。

一原書出板。距今百餘年矣。宇宙國勢。容有變遷。亦不敢妄加竄易。懼失眞也。

一是書綱羅宏富。言簡意該。熟讀深思。自覺犂然有當。然遇原文有過簡者。則加註以盡其意。蓋不得已也。

一書中凡稱原註者。孟氏自註也。稱何注者。何氏加注也。今譯所申。則加愚按二字以別之。

一譯音紛歧。恆苦淆目。是譯於諸名稱。槩用官書中所通行者。官書所無。乃譯其音。或存原語。並演其意以足之。

一地名人名。何譯多用符號。如單柱雙柱之類。然不雅觀。亦非中國古例。今概剷之。而加註於下。惟世所習見者則略之。

一是書創譯於辛丑之秋。凡越兩寒暑而始成。吾友常州程孝廉芝巖炳熙。爲整齊其稿。加斧削焉。孝廉淹貫中西。文詞淵懿。他山攻玉。匡益良多也。

萬法精理前編目錄

○萬法精理　前編目錄

萬法精理後編目錄

○萬法精理後編目錄

萬法精理卷之一

第三章 論三類政府之元氣

〇萬法精理 目錄 六

萬法精理卷之一

法國 孟得斯鳩著
日本 何禮之譯
桃源 張相文譯

第一章 總論

第一節 論法周於萬物

法之起。其出於事物之天然乎。極兩間形生之物。莫不各有其法以自立。法也者。不可須臾離也。是故神明有法。以昭赫濯。（原注濮達基曰法者諸神及諸人之君主也）物體有法以成秩序。有過人之智慧。不能外法而作聰明。爲羣萃之人民。不能蔑法以爲種族。極而至於禽獸。似乎無法矣。然而飛走成羣。亦隱隱有法以相統攝。或曰。吾人仰而視。俯而察。覆載間萬有之起滅。皆出於造化無心之氣數。嗚呼。誕妄哉。造化果無心。何由造此智慧之生物。以無心生有識。有是理乎。是蓋有理爲之主宰焉。此理與諸物之間。各有關係。諸物之中。復有彼此之關係。是卽法也。

就眞宰與諸物之關係言之。其初所以爲造物之法。卽其後所以爲育物之法也。惟眞宰持此法。故其化工無一不適於法。惟眞宰持此法而創造之。故時行物生。秩然有條而不紊。夫天地塊然耳。任氣化之運行而曾無意識。然一成直亙數千年之久。則可知冥漠中自有不易之法。以節制其運行。以膚淺之見窺之。似出於偶然。而其中實有精深之至理。顧委之於氣數。豈不妄哉。世無有無法而能生存之物。卽無有無法而能化育萬物之理。所謂法者。卽一定不易之理。運行於物與物之間。應乎其大小遲速之機。而增減伸縮之。其緒不棼。其變無極。是也。

智者或能作法。而不得謂天下之法。皆智者之所作。蓋造物生。是智者賦畀之初。原理已無不備。所謂眞宰與諸物之關係是也。有此關係而後有此規則。譬之裁決是非。必人心先有公義。而後定爲法律。非既定法律。而後人心始有公義也。如以爲事物本無是非。不過因智者之作法。指其所命爲是。所禁爲非。是猶未畫圓形之圖。以前而謂半徑線之長短不齊也。其悖於物理亦甚矣。

當未有法律以前。人心皆有公義。因其各具此公義之心。而智者乃定爲法律。其愚者皆受治焉。以各安其生。而不敢忘其德。使人人皆智。則治之轉難。何也。智者能自具其法。而有執一之見。往往爲過誤之舉。不若愚者之奉法惟謹也。抑智者之性好動。不甘恪守其舊。甚至自立法而自破壞之。故曰治智難於治愚也。

治禽獸之法。或以萬物運用之通法治之乎。抑以特異之法治之乎。未可揣知。惟就其動靜處觀之。其情狀雖若與造物無甚關係。至運用其感覺。亦止有同類異類之分。而關係於眞宰則一也。

禽獸之羣友遊樂。而能自保護其身。賴此感覺。衞其同類。恃此感覺與天然之性法適合。惟不能兼有知識。因之不能自創法則。且亦不能竟順天然性法。而毫無悖戾。反不如感覺知識全缺之草木也。

禽獸之性不若人者。在靈明智能耳。豈知禀賦之間。或有人所未得者。彼且禀得之。夫物無大欲。亦無大憂。人類之所不能也。且死者無人獸之别。不待言也。而禽獸之防護其身。顧有爲人所不及者。惟其放縱情欲。乃甚於人焉。

由是論者曰。人亦有形之一物。當與他物同治。此探原之説也。特人之性恃其智慧。或有時壞眞宰之法。且不但與蠢蠢者同。偭規錯矩而已。又專任一己之意向。不欲受制於人。知識雖具。尚未能辨别善惡。而無量情欲之感。足以放失其彝秉之良。於是有教法之設。性理之導。道義之勸。以防其自暴自棄。又恐其戕賊同類。因而制法家出。立政法以覊束焉。而勿使踰越。凡以其靈明智能與物異故也。

第二節　性法

當諸法未曾有之前。有一法焉。謂之性法。性法者。於人之形體生氣間露其端倪。欲知性法者。必想像於人生之初。未與物接。其景象何如。斯知其禀受何如矣。人性必有依歸。而後可與爲善。今人心中皆知敬天。而以爲依歸。此性法中之最要義也。夫人當生初。未嘗學習。已畧知事物之理。此非發於天然者乎。若謀保護其身。能知其身之孱弱而畏怖恐懼。因此自慮其身之一念而不敢有殘害他人之心。此性法中最初第一義也。試觀深山之野人。聞葉動而驚。見物影而走。（原注英王哲爾治第一世時於哈拿威深山中捕得一蠻民攜歸其情狀與本書所言無異）彼何愛其身若斯之甚乎。無他。性則同耳。故以和平爲性法第一也。

霍畢士以人類互相殘害爲天性使然。非確論也。夫攻城畧地。帝王之興大業。必更無數之思慮而成。非其初禀於天者。卽有爭奪相殺之性也。霍畢士又曰。人性果不好爭。何爲行持兵械。居鍵門戶。不知此乃社會既設以後之所爲。當人與人未交涉之前。固無是念。不得以爲天然之性也。惟人類自覺其身之孱弱而生需物之思想。以爲飲食滋養之資。故不得不與人交接。由是而相攻相取之端起。且因恐懼之念。始而畏人害己以相避。繼而欲人助己以相親。由是而親睦交歡之端又起。男女之相慕悅。亦兆於是。是則天性之自然。皆屬於性法者也。人性之知覺運動與禽獸非有異同。特其知覺之性中。兼有學習之知識。所以爲萬物之靈。因其有學習之知識。然後羣居族處而交際之禮備焉。實則睦婣任卹之心。其初念亦由天性使然耳。學習之知識。亦屬於性法中也。

第三節　人法

人至相集而立社會。則恐怖之心。易而爲爭鬬之心。何也。既有社會。則各社互覺其有權力而欲以强凌弱。是則兩國人民戰爭之禍機所由伏也。就一羣中言之。人民互以其權力攘一羣之大益以爲己有。是卽交相爭之原起也。兩國之戰爭視此事無大小。其機一也。

以一羣一人之爭鬬至構兩國之戰禍。仁者不忍也。乃設立人法以稍稍弭之。環球而居。分洲裂國。異風殊俗。其中人民梯山杭海。互相往來。爲彼我之交際。因而爲之法制。所謂國際公法是也。社會之員。欲維持一羣之政綱。無或失墜。使在上者究治人之道。在下者安受治於人之常。因而爲之法制。所謂政法是也。於公法政法之外。社會中之人互立一交涉之法。所謂民法是也。

國際公法之綱領維何。列國互相交涉。俾能勉遂其邀福之利。至於用兵。勉避其損己之害。戰必期歸於克。克則取之。取則保之。公法之要旨也。

國無文明野蠻。舉天下皆有公法。如夷羅威斯之土番。（原注北美洲中居近紐約之土番部落）有食囚虜之肉之風。而其送迎外國使臣唯謹。是深知和戰之權利。不得謂無公法也。而終不免爲夷醜者。以不能根抵於公法之眞理也。

是故有國際公法而後能統治天下之社會。有政法而後能自治其社會。未有政府無法制而能治社會者也。顧牢那曰。人民萃處。卽吾人所謂國家。誠哉是言。

國家之公權。有屬於一人之手者。有屬於衆人之手者。或以爲一家之中。惟父母有威權。政府之中。惟一人能主宰。此皆出於天理之當然。如斯比儗。未爲允覈。蓋既以一人主宰政府。比之父母威權。則以衆議裁決庶政。亦如父母歿後。以兄弟共治其家乎。且兄弟亦歿。以從兄弟共治其家乎。此豈亦出於天理當然者乎。吾以爲一國之政權。不可不出於數家族之聯和合同者勢也。

凖事理之宜。而爲最適中之政府。其設施必順乎民情。是故總括人民之權力須先收攝人民之心志。顧牢那曰。心志所向。卽吾人之所謂人民是也。

夫法者統攝乎地球上之人民者也。而所以有法者。卽由人理而立者也。法之中有政法有民法。可知法者。應機觸類而設。非一成而不可改設者也。政法民法宜因其民俗而定。故有此國之法。移之彼國而亦宜。此則偶然適合者耳。

無論爲政法爲民法。必覈於其國之政體而適宜。卽以此政法樹立此政府。以此民法維持此政府。深而言之。爲國家制法律。則隨其國氣候之寒燠。土壤之肥磽。人民之營業。（原注農工商漁獵牧等）合之於其立國之初之憲典。與其人民自由權之厚薄。宗敎之異同。習尙之差殊。戶口之多寡。貧富奢儉。貿易交際之關涉。參酌損益。或破觚而爲圜。或琢雕而爲樸。要之創法之初。卽爲用法之地。必權乎事權之輕重緩急。然後措之裕如。凡此數端。不容缺畧者也。

欲研究法律之精理。先將是書之要旨。融會貫通。則精理自見。作書之要旨維何。注目於精理而已。未暇顧其條目也。政法民法渾同合一而論之者何也。蓋所謂精理者。著其關涉於法之諸物而已。其餘條目。乃法律中固有之次序。不妨從乎缺略。故於卷首先考究諸法出於政府之精意。而推其感動之效之顯著。潛心反覆。窮其蘊奧。宗旨既定。諸法之精理自然呈露。善讀者宜識宗旨所在而後及其節目。則不煩言而能矣。

第二章　論諸法皆由政體而出

第一節　論政體之異

政府有三類。曰共和政治。曰立憲政治。曰專制政治。共和政治者。舉人民之全部。或一部掌其國之政權。立憲政治者。立一定之憲法。人君執之以治其國。專制政治者。任一人之私見行政。而無法律以限制之。環球諸國政府中。皆不能出此三類。各以其形質之異。孳生諸法。以立基礎者也。

第二節　論共和政治及民主政治

共和政治中又分二類。所謂人民之全部掌政權者。民主政治也。所謂人民之一部掌政權者。貴族政治也。

民主政治者。其國民或爲君主而治人。或爲臣民而受治於人。雖有君民之別。而政治所施。必統乎人心之同。故人民心志之所向。卽以爲君主。特人民既執君權。不可無司選之權利。司選之權者。欲爲共和政治。必先立斠若畫一之憲典。以定司選之人及被選之人之分限。其規則方法。尤爲重要。猶之立憲政治奉一君主。而羣就其立政之範圍也。

共和國最重政權。他人不得干預。利巴紐曰。在昔雅典爲共和政治時。外國人有關涉其公會者。雅典人卽議其罰而殺之。蓋非其國民參與其國事。卽視爲簒奪其君權也。

共和政治於未立公會之前。以先限定議員爲要領。蓋議員定而後政權之出自人民全部。或出自人民一部。不相羼雜也。斯巴達嘗限定議員爲一萬人。與羅馬正相反。羅馬之起。以一至弱小之邑。終掌天下之政刑。由其後觀之。時會變遷。國勢日蹙。政令不行於一城之中。固無庸置議。若追溯其極盛之時。德威所被。直自義大利偏於世界者八九。政事如彼紛綸。曾不限定議員。靡所統攝。覆亡原因。識者早已知之。如斯巴達之立法則善矣。

共和國之人民。既掌握其政權。則凡力之所能爲者。宜身自爲之。力之所不能爲者。宜置行政官以奉行之。其行政官。皆其人民所自選也。蓋非有自選行政官之權利。則視行政官爲人民之執事人。慮有鑿枘不相入之時。故以人民有選任行政官之權利爲大憲。

共和政治。一如立憲政治之設立議政官。及元老院。亦欲得其翊贊獻替之力也。其議院之重要。或有甚於立憲政治者。夫政柄既歸議院。而欲其有利無害。則惟先整飭其選議官之法耳。如雅典。則使人民薦舉之。如羅馬。則命國中人民先舉幹事官。幹事官者。代人民薦舉其人者也。

人民既掌政權。有委託己身於一部之義。故其所選舉必能合宜者勢也。其爲選舉也。自以爲吾民責無旁貸。而後出於選舉。而爲所選者。亦必共知共聞實足當其選舉例。若曾經戰鬬。汗馬功高。則其將畧爲衆所欽仰。而後舉以爲將。又若執法公平。判斷無枉。苞苴不納。羣頌廉明。其治獄爲衆所悅服。而後舉以爲法官。更如理財精明。操劵致富。庀材制器。指畫裕如。其幹練爲衆所稱說。而後舉以總管。凡此數端。皆昭然在人耳目。故人民自有其選舉之鑒定力。較之廟堂爲優。惟理紛亂之機務。應乎其地。合乎其時。乘乎其會。則人民固不如廟堂耳。

鑒別人材之事。出自公論。而僥倖之途絕。徵之雅典羅馬而益信。羅馬之法。平民皆得登庸顯秩。而其民曾不自媒。雅典雅理斯多德之法。不論貴賤貧富。皆可擢爲宰官。塞努芬因而論之曰。平民於一身安危所係之地。知之最稔。無或欲驟進以自危。蓋患所以立之心。人所同具。故僥倖之途絕也。

其人賢。足以當清要之選。此材何可多得。至知人之識。則具之者多。故舉人以負荷大任。易居位以饜人仰望難。

凡治國必準乎中庸之道。過緩則怠弛而不振。過急則操切而難成。蓋人民之行爲舉動。譬猶具千萬之目。有千里一瞬不可當之勢。又如具千萬之足。而所行不過咫尺。治國者宜調劑而得其平也。

民主之國。貴能區別其人民之品級族類。區別明。則政善而可久。區別不明。則其治不足以傳諸久遠也。此共和政治中之要義也。羅馬帝賽盧惠斯據貴族政治之義。以區別人民之族類。讀其令典。可以見羅馬帝將公選之權利予國民中巨擘者之法。其法分國民爲四類。又分之爲百九十三族。富者以其數少。列於第一族。次者員數稍多。爲第二族。級屢下。員數愈多。至貧窶之小民而止。各族之與於公選也。不論人數多寡。皆得有一人發言。此以貧富優劣定選舉者也。

梭倫撮民主之精神。以雅典之民分爲四類。定選人與可以爲人所選之分限。而以選舉之權利授之大公。如法官四類中由各族公選之。如宰官由第一類至第三類。擇尤富者選舉之。至第四類之貧民。則不得與矣。由是言之。區別人民司選之權利。固屬共和政治中之要務。而既與人以司選之權利。則與之之法。在政體中亦關至要也。

立投票之法。以公選人才。是謂民主政治。一如貴族政治簡進人才之制度。其意以爲公選之人。可信爲衆望之所歸。亦使其民知貧才不終屈。而盡力於國之心。油然以生。然此法雖善。不能無弊。賢明之君。屢思改革之。梭倫爲雅典立法時。凡軍旅中之將帥。爲特命之選任。法官及元老院之議員。則投票公選之。文政官長中執行職事。費用浩繁者。亦歸特命選任。其他悉由投票公選。

矯正投票公選之弊。而特設規則以防之者。如公選之時。未到者不得由他人薦舉。其既得薦舉者。必由法官察其人之賢否。其有庸劣不職者。無論何人皆得而彈劾之。原注選舉一官其票有二一爲記其官之姓名一爲本人失職記可代人之姓名 又於所任官解職時。記其行事。而斟論其得失。由是膺選者皆有所畏憚。而不敢輕於一試。此法實能折中於投票特命之間。而祛其弊端也。

民主國與人以司選之權。其行公然投票之法乎。抑行隱密投票之法乎。奚羅嘗言之曰。當羅馬之季世。制定法律。用隱密選舉之法。遂爲共和政治衰廢之原因。然其爲國異。則其行法亦異。未可概論。陳辨如左。

民選之宜公然執行。原注雅典使人民舉手以定之 固可著爲成憲。第如賤民必聽貴者之指示。而受有威望之人之檢束。方不踰乎分限。羅馬自民選不公然執行。國勢因之瓦解者。以其人民自求滅亡。雖指示檢束。不能挽回。其弊不可僂指計也。試觀貴族政治。何注如勿尼西是 貴族之總體爲選舉。與民主政治選舉元老議員。皆以預防陰謀爲主。不得不秘密。原注雅典當三十員事政官之時因其意之所欲而擅其政卽公然舉之於元老院 夫民主政治於元老院行陰謀。則國危。貴族政治於貴族總員之間行陰謀。則國亦危矣。惟人民激於一時血氣之偏。舉動或至於乖戾。則無害於其國耳。

凡人民不得參與國事者。其愛國之心必不懇。至卽偶有縱談時局者。亦不過如觀優者之品評優劣而已。至如共和政之大患。則在於人民之多詭秘。而富厚多金者。遂得以利誘之。人民亦漸至私爾忘公。坐視其國之阽危。而惟賄賂之是計。此勢所必至者也。

民主政治。必以制法之全權與民。而頒法之權。則委之元老院。其例不一而足。而以元老院試行所頒之法。考驗其得失利害。爲最要。如羅馬及雅典之國憲。槪由元老院頒行。試行一年。果無弊害。然後永著爲律令。此實治國之良謨也。

第三節　論貴族政治

貴族政治。人民之掌握國權者有限。而兼有制法執政之權。其餘人民。卽爲所治。極似立憲政治之君臣。

貴族政治。無投票公選之法。如以此法强施之。有害無利也。蓋政令既出貴族。則尊卑懸絕。就令投票公選。而民之忌貴族。究勝於其忌宰官也。貴族員數衆多。猶必設元老院。以代理其所不能判決者。且辨別其所判決之是否合宜者。其政體之大致。以元老院表貴族政治。以貴族全員表民主政治。至於庶民。可謂名實俱無矣。

識者謂貴族政治中。能立一法以保全其庶民之生氣者。爲其國之福。是故宰農爲貴族政治時。以聖若爾銀行予民管領之。其權力乃能通於政府。遂致一國於隆盛之軌。

元老院之議員。不可授以薦舉僚屬之權利。使授之。則弊竇滋多。故羅馬建國之初爲貴族政治時。元老院員闕。議員不得舉代。歸監察官選人代之。原註其先屬統領選任」

共和政治若一人崛起。掌無限之大權。其勢必將轉爲立憲政治。其變之極。較之立憲而尤甚焉。蓋立憲政治有一定之憲法。與國體適相當。其君不得專橫於上。共和國之轉爲立憲。則不預計後患而爲防閑之法。是故有一私人忽掌大權。任其專恣爲禍甚烈者。原註羅馬行共和政治而敗亡其端實肇於此雖然。亦有國勢處於不獲已。宜設大權獨攬之宰官。如羅馬置總督。勿尼西立都察官。仗其權力以暴制暴。卒能振起其國之痿痺。但二國置此官之故。用意不同。羅馬欲抑制其民。復貴族之舊政。勿尼西在屈服其貴族。以維持政體。立意迥別。故收效亦不同。羅馬之立總督。以人民激動於一時之血氣。不可無以抑制之。非必深遠謀慮爲豫防之策也。總督之職。亦一時選定。必令風裁嚴峻威望端重之人當之。所以懾民之心志。爲一時權宜之計也。勿尼西則不然。其國有姦人謀爲不軌。慮其徒黨滋蔓而難圖。乃立都察官以爲常職。俾用鈎距之法。以發伏而擿奸。是官專司糾察人民。非若羅馬總督之但以威懾人民也。情勢所以不同也。

凡官之權過重。則任期宜促。而後可制其積重之勢。議政立法官在職之期限。向以一年爲率。卽此意也。葢期限過寬。則釀成專橫之局。過促亦戾物理。而事功又有不舉之弊。一年爲率。兩無患矣。拉古黎何註阿式利亞海岬之小邦也第七世期建國獨立爲共和政治復亡於拿坡

（侖當時人口凡九千）執政之長官。一月而解其職。諸有司一週而易其人。城堡之鎮將。爲值日之任。其國封域狹隘。其政又爲共和。强國耽耽於四鄰。有司不克盡職。故不得不然。非可以是例推行他國也。（原註盧嘉之長官以二月爲任期）貴族政治。無關於議政制法之間。員數少而勢微。當道無所用其抑制。則政事畢舉。無或間之者矣。安兌巴德治雅典時立法。以有二千特拉克馬之貲產者。於公選時有發言權。夫二千特拉克馬數非甚多。部內人民能辦者衆。則鮮有不能發言者。此法最良。要之縉紳華族。不得與凡民隔絕。俾凡民接其言論丰采。以爲榮幸。然後與民主政治相近。而發達益盛。不然則將流爲立憲政治。而其害滋多。何則。貴族以勢力抑制其民。而奪其自主之權利。爲害之甚。如波蘭是已。波蘭之貴族。以百姓爲奴隸者也。

第四節　論立憲政治諸法

立憲政治者。君主居中。駕馭臣民。隸屬而相倚賴焉。雖本乎大憲以治其國。而得隸屬倚賴之力爲多。然而大憲何可不立也。夫立憲國之君主。乃一切政權民權所自出。使無大憲以範圍之。則君主將以一時之喜怒專斷庶政。而大憲亦不能立也。

立憲政治以隸屬倚賴之故而得事理之宜者。貴族之權也。無貴族則無君主。無君主則無貴族。君主與貴族如驂之靳。反是則爲專制國之帝王矣。

歐羅巴二三邦國。其人民欲盡褫去貴族法權。而不知此乃英國巴里門之覆轍也。試於立憲政治中止貴族敎士之特典。奪府縣自治之權利。其國不變爲民主之政。卽變爲專制之政。此斷然無疑者。

觀今日歐羅巴中立憲國之廟謨。從事於抑制貴族敎士。奪其世襲之權利者。十有七八。是皆出於賢明輔相之治術。姑勿論其得失。然率而行之。果無弊耶。余不敢知也。余非阿諛敎士而欲回護其特典也。特望確立其權利而已。今茲所論。不追問其權利設立之是非。特既設立矣。則當問其權利果爲國律之一部乎。始終關繫於其國之憲法乎。對峙獨立之政敎二權。能平均乎。能維持其君主之特權。

守厥分限爲純良之國民乎。研究是數端。而後可從事予奪也。法敎之權。於共和政治有大害。而立憲政治則當存。專制政治尤不可缺。昔西班牙葡萄牙二國法律憲典顚覆時。若非有法敎之權維持其間。苛暴之政將日出而不窮矣。蓋專制政治易流爲苛暴。苟有以抑遏之。保衞民生。厥功甚偉。卽以爲法律之保障可也。嗟乎。海水洋洋。勢欲滔天。而隄圩砂礫。足以障之。君權赫赫。全國震動。而無仁慈惻怛之說以柔之。可乎。

英國民之重自主權也。至欲鞏固其自主權。而廢結構王室之權力。其間固有萬不得已之情焉。若以爲一旦不幸而失其自主權。則將辱爲爲奴隸而無能自拔矣。

羅氏不知共和立憲政體爲何物。乃欲恣行專制。歐羅巴諸邦。罕有儔匹。觀其所議革議行者。大率出於非常過激之爲。且欲廢介乎君民間之世爵。除關乎政治之議會。祇以空漠消債之計略。解釋立憲之政體。並欲舉已廢之諸政而復之。可謂妄矣。原注亞拉貢國王愛特南將欲敍其所親爲勳爵原細事也而竟廢其國憲　立憲政體所倚賴。不獨中央之權力而已。又必有法憲之藏府。原注國會之類　且司法院之法官。裁決曲直亦屬於藏府之權力。而須創立新法。釐正舊制。蓋以立憲國之貴族。率多資稟遇。闇憒於事理。材力薄弱。絀於吏治。故政府中別有是局以爲振作。其法憲之權。宜明辨乎法。不使偏重。偏重則舊制虛就湮沒也。雖君主有內閣之議政官以掌獻替。然此議政官止司出納王命。不足爲政府收藏憲典之基趾。且議政官之命。視君主一時之愛憎。黜陟無常。不爲人民所信服。遇危疑之事。無鎭撫其民之權。故法憲之藏府不可無也。

專制之政治。本無豫定之法憲。又無輔佐之部局。而法教常有分外之權。以繫其絕續之緒。否則或有一定之風尚習俗。無異於法律之糾繩而已。

第五節　論專制政體諸法

專制政體者。其君有無限之權。又以其權之餘委任於其臣。君常處於至尊。而其下盡爲僕妾。萬幾由我。莫敢議其是非。積威如斯。而不至於驕奢怠傲愚暗荒淫。不可得也。是故專制之君主。必將倦勤於政而不顧。乃以政務分任之於百官。然而百官之爭競傾軋。無已時也。黠智奸謀。以邀寵榮。以竊威福。皆可慮也。於是以庶務決之冢宰。冢宰之威權。直侔人主。此東方諸邦之通弊也。

羅馬某教皇未立以前。自知不足當教皇之任。乃設種種之難題。以冀己之不當其選。復以親朋勸誘。不得已而受之。卽位之後。以機務盡委其姪而不顧。語人曰。愚哉我也。其初乃不知教皇如斯易爲也。況東方諸專制邦之帝王。居於深宮之中。生長於婦人閹宦之手。耳目所習。無非黜聰塞明之端。或有至愚極頑。不自知爲天潢之貴。一旦衆擁而登寶位。其初驚惕不安。數日之後。以萬幾委之冢宰。忽覺身心暇豫。得以優遊宮禁。狎近佞幸。漸至爲荒淫沉湎之行。自非天縱聖智。鮮有不若是者。

東方諸邦之帝王。隨其邦域大小。以爲供奉。國大則宮中益華侈。而嗜欲益縱。人民益夥。怠於政治益甚。政繁者慮轉少也。豈亦理之所固然者乎。

第三章　論三類政府之元氣

第一節　論政府之形質與元氣

前卷就各政府形質之殊。論其法之不同。此因其元氣之不同。辨其法之所以殊。夫政府形質與元氣之間。殆如鴻溝之畫。（原注其相異處即爲萬法之關鍵予于此中得無數之實驗）形質者。構造政府之規模。元氣者。政府舉動之生氣也。法律之關乎政府元氣。最爲切要。不得以爲是形質也而忽之。此章以反覆辨論其元氣爲主。

第二節　論政府之元氣各異

前所云舉人民之全部或一部掌其國之政權。爲共和之形質。立一定之憲法。人君執之以治其國。爲立憲之形質。任一人之私見行政。而無法律以限制之。爲專制之形質。元氣卽由是而生焉者也。形質不同。元氣亦異。今先以共和民主政開其端。

第三節　論共和政之元氣

立憲政。以法律治之而有餘。專制政。以君主之威治之而有餘。無所用其立德者也。至共和政治。非德則無以立焉。

余持此論。當爲史家所共韙。而以爲適於人情物理者矣。何則。立憲之君主。常以一人司萬幾之出納。體制尊嚴。或且侈然自大。民主政。則執政之人。自知爲民所倚託。檢束於法律。而不敢有失德也。

其在立憲政治。君或任用奸佞。或耽於逸游。政治頹敗。而能容諫臣之言。力改前非。進賢遠佞。猶可以爲善國。若民主政治。則法律一壞。人心風俗隨之。其國將衰亂而不可救藥矣。

一世紀以前。（原注百年前）英國人民不自量力。欲爲民主政治。由今觀之。足爲駭歎。當其擾亂之初。良由秉國政者。不知務德而恃其徒黨之衆。果敢勇決。一往無前。覬覦非分。迭起迭亡。以暴易暴。朝更暮改。政府搖搖如懸旌。民皆無所適從。卒亦不知民主政治宜如何展布。彼此攻擊。徒形驛騷。經數回之劇戰。歷無限之慘酷。始悟其非。乃鳴鼓而攻首罪。仍爲立憲政治。其舉動之鹵莽。不大可怪乎。

息拉欲挽回羅馬之衰頽。以復其昔日之自由。而不知其國之共和舊政亦既衰歇。德澤之留於人心也。僅一綫之延。雖有奚塞·戴流士·查斯顧羅兌士·奈羅特·迷夏等命世之英。接踵而起。徒爲桎梏悲憤無聊。卒之僅戰其覇主而勝之。不能攻其覇政而破之也。

希臘立國之初。其民被民主政之德。互相維繫。以臻上理。延及季世。其民乃從事於貿易製造以致富。恃富而驕。卒以不振。

夫爲民主之政而不務德。則民懷不軌之心。各恣其貪婪私欲。不顧公益。其風氣之變。如狂瀾之不可挽。好惡乖乎公心。行檢踰乎法律。舉國若狂。一若奴隸脫主人之羈的而逸出也者。於是執法不撓者。謂之嚴酷。準繩不失者。謂之束縛。謹愼持躬者謂之畏縮。昔之節儉不嗜利者。今則貪得無厭矣。昔之不私其財爲一國之公富者。今則掠公有之財以肥其身家矣。爲鬼蜮。爲强梁。爲盜賊之行。皆昔所謂共和國之人民也。雖其中非無二三豪傑欲以法繩之。而民之交鬨者。終歸於大亂而已矣。

曾見雅典國之稱雄列邦時。及其國夷爲他國藩屬時。其兵力非有多寡强弱之差也。當其禦波斯。克斯巴達。征西齊里。民數僅二萬。至羅馬將戴墨流斯入其國。虜其民。殲其魁。以尸於市。數亦非不足二萬焉。腓立帝號令於其國中。此二萬人者。俯首帖耳而不敢動。彼豈戰之罪哉。失事機而已。是故德亡而國亦隨之以亡。曷足救乎。政學家兌茂司尼之書有之曰。雅典人之所以懼腓立帝者。非懼害其國之獨立也。懼妨其身之逸樂耳。原注雅典人立法云有建議移劇場經費用之於軍備者科以重罪前之抵抗波斯。百戰不屈。城郭屢爲灰燼。而卒能興復。獨至齊羅一戰。一敗塗地。永無興復之機。雖以肼立帝之大度。返其俘囚。而雅典之民。已爲奴隸。嗟乎。昔何勝雅典之德之難。今何破雅典之兵之易乎。其故可思矣。

加太幾之亡也。欲持其獨立權而不得。其時漢尼巴爲總領官。勵精圖治。防制庶官有司之蠹蝕其國者。國民乃往訴於羅馬焉。加太幾之民。可謂自壞其長城。而開門揖盜者矣。羅馬乘機先取其國民中之貴者三百人爲質。繼取其戰艦兵械。而后舉兵伐之。使加太幾人以防羅馬之力。施之於國勢隆盛之時。增修其德。則其國可以不亡。不待智者而知也。（原注加太幾亦手防羅馬三年）

第四節　論貴族政之元氣

民主政治。以德爲主。貴族政治亦然。特不如民主政之甚耳。貴族政之民之視貴族。獨立憲政之民之仰其君主。皆有法律以約束之。故其重德之心。較之民主政爲薄。然貴族政以約束其貴族爲一難事。蓋當路者執法律以約束其同族。卽所以約束其身。於己不利。可知也。故不可無以勸德之。亦政體使然也。

貴族政有自具之力量。爲民主政所無。何則。貴族政者。貴族合爲一體。以其特權與其固有之力約束其民。立法自無窒礙之處矣。貴族合爲一體以約束其民則易。貴族自相約束則難。（原注公罪則罰之以關係公害也私罪則不罰以無損公益也）其制立法者得出入於法以便宜從事。然則能約束其民。不能自相約束。非國憲使然乎。

貴族欲約束其民。有二策而已。施大德以布公道。去名分以鄉情意。成爲一大共和。此一策也。施小惠以結民心。謹節度以求各當。令上下平等以維國足。此又一策也。要之其精神在制節謹度之間。蓋德由是生。不流怠慢緩忽也。

第五節　論立憲政之元氣不專於立德

立憲政不由立德而成。譬之造巧妙精緻之機械。技術既精。則車輪轉捩運動極靈。而無事於推挽也。

爲立憲政治而必謂賴其國人之有愛國心。克私欲達．公利心。以古人之義勇德行生歆羨心。而後能成。吾謂其論之迂曲矣。此政治固有法憲律令以輔其懿德之推行而無不足。故國家不絕其民以率由。雖民有隱慝而不必糾。何也。以法律爲準也。其治法維何。凡罪之大小。以公私爲斷。比較其害人之多少爲公罪。其有害特別之私民而更甚於害公民者。則爲私罪。

共和政治。於犯私罪而害其政體者。更著於一私民。卽當認爲公罪。立憲政治。雖爲公罪。而其爲害於國憲者。多中於一私民。亦目之爲私罪。葢以罪之彼甚於此爲比例也。

予稽之古今史記。採各家之說。而得一奇論焉。所論惟何。曰立憲政之帝王。非無有德者。而其民則有德實難。（原注所謂德乃政事中之德卽心術間之德爲天下之公益言之不屬道義不屬敎法詳見第五卷第二節）試觀古史中。先哲所評論古帝王者何如。又試觀其臣僚之卑汚陋劣何如。因考較其人民之風俗性情何如。然後知余非架空立說。乃幾經閱歷之言也。

好名利之心。爲佚樂之心。習鄙陋而恣驕傲之心。恒欲不勞而得富厚。憎公正誠實之輩。而習諂諛。虧天良。食約言。敗壞民義。忌君主之有德行。而利其愚暗。譏刺道德之士以爲迂拘。此奸佞小人得志時之狀態也。國皆有之。載在史册。立憲政之弊如斯。甚至彼自處於巧猾。而責民以忠厚。好爲欺詐之行。而欲使其民皆如木偶。惟上之所欲爲。抑又難矣。

立憲政之人民。若偶有二三忠誠之士。（原註此忠誠就政事言之）轉以爲不祥。李休（原注云法國之執政）遺訓云。爲君主。勿用忠厚之人。實以懿德非立憲政要務耳。非皆擯絶之之謂也。

第六節 論立憲政有物以補德之缺

予非敢譏議立憲政也。蓋德者民之秉彝。立憲國民雖不重是。而亦有以邀譽之故而好爲之者。至於好爲盛德。而不顧身家。不尸祿位者。又有之。然則名譽豈不足鼓舞斯人而動其好德之心乎。夫以好德而致名譽。則實重德也。況濟之以法律。有不大治者乎。

是故善爲立憲政之國。其臣民之純良者甚多。束於法也。陰行爲善者甚少。迫於公也。蓋所謂善人。就其心術言之。不以私利爲少愛國。必以公利爲愛國也。

第七節　立憲政之元氣

立憲政之以好名譽爲風氣實其崇尙階級閥閱有以致之也。其所邀在名譽。而所望在爵位。故譽爲立憲政之元氣。理固然也。

好大喜功之念。有害於共和政治。而有利於立憲政治。蓋欲振作政府之精神。好大喜功之念。不可無也。而又有法律以制之。是以能避其害而取其利。

立憲政治之形狀。猶天體之全系。具遠心求心二力。一欲脫其系而散飛於外。一欲歸拱不離。此二力能互相抑制平均。而運行不忒。立憲國之名譽。能感動其國民之與政者而聯結其情。令國民皆謀私利。而歸之於公益。猶遠心求心各用其力。而適以成天體全系之運行也。

以理推之。立憲政之感動全體。不過虛譽浮名。而此虛譽浮名之爲公衆人所共需。猶之眞名實譽爲一私人之品行所必不可缺者也。

出人所難出之力。堪人所難堪之苦。爲人所難爲之事。以收功效。賴令聞廣譽有以鼓舞之。而功成不願受賞。此政體之元氣。固如是也。

第八節　論名譽非專制之元氣

專制政之民。同屬等夷。同爲奴隸。無彼我優劣之分。因之無出類拔萃之想。故名譽者非此政體之元氣也。

好名譽之性之中。亦自有一定之範而不移。且各隨其人之氣質而非出於强。若無憲法之國。是非倒置。黑白混淆。則名譽亦不存矣。

好名譽之極。必至舍生而不顧。而此輩實難容於專制國之暴君。何也。暴君所恃爲威權。在爵祿予奪而已。若好名譽者。予之而不喜。奪之而不哀。則暴君亦無所施其技。故忌名譽也。然名譽有一定之範。而生於人之性。暴君戾己之性。而强人之性以從己。故名譽之範。不立於暴君之世。是忌暴君也。是故專制之政府。更不知名譽爲何物。欲與詮釋之。而亦窮於詞。然在立憲國。固以此爲政府之元氣。藉以輔相法律。培養至德也。

第九節　論專制政之元氣

共和政以德爲治。立憲政以名譽爲治。專制政何恃乎。恃其下之知畏懼而已。若德非所有也。若名譽適足妨其政也。

專制政者。君主之威權既盛。乃舉以授之寵遇之大臣。其餘材智之人。足以有爲者。雖聲價十倍。而君乇轉忌之。爲其足以亂政也。於是以法令箝制焉。使之常懷畏懼而不暇圖大事。此專制政之秘術也。

立憲政府。有法律以維持之。有時流於寬緩而不爲害。若專制政府。君主方持大權。而轉瞬間權或旁落於所任大臣之手。而彼不復生畏懼之心。則太阿倒持。國勢不土崩則瓦解。何者。元氣先亡也。喀兌司（何注突厥之官吏）曰。大君雖以誓詞盟約自限其威權。而踐約與否。則可不拘。此言足以互證矣。

突厥國以法律裁決庶民。而君主盛氣以制權貴。卑賤者首領得以保全。貴顯者殺戮在於俄頃。其政之慘酷。誰不恐懼。而其國無恙者。元氣存也。近時波斯米留司之子麥罕默德。破其律而廢其君。則以君主仁柔。不好殺戮。而下無畏懼之心故也。

特迷夏（原注羅馬特迷夏封為埃及王立武斷政府亦專制之一種）殘酷暴厲。凡為之司牧者。靡不惴恐。而人民轉有生機。此如洪水潰防。一區忽為沙磧。寸草不留。一區禾莖依然。彌望青葱也。

第十節　論政體寬暴既殊其民服從亦異

專制諸國之民。當惟君之命是聽。其政體然也。君主無端出一意旨。而羣下不敢道其是非而奉行惟謹者。專制故耳。是政也。無所謂節制約束折衷商量抵當諫諍之事。悉聽君主之所為而已矣。

專制國之民。顚連無告。則委之於氣數使然。更不敢慮將來之患。而有所陳奏。羣馴擾於豕交獸畜之習。而服從其上之驅役鞭笞。而莫敢誰何。極而言之。有君主之命。則子不能孝其父。夫不能憐其妻。父不能愛其子。名譽不暇顧。疾病不遑䘏若是者何也。積威約之勢也。

波斯國王既刑人。則禁人道刑者之姓名。亦不得爲刑者乞恩。其王卽酒狂病惑時之言。不敢不遵否則慮有反汗。而法律歸於破析。其令行禁止。固國勢使然亞哈休斯（原註國王名）曾下令命國人鏖殺猶太徒敎徒。既而悔之。而苦於成命之不可收回。乃復令敎徒得持兵自衞。

專制之君主。以不違法敎爲通例。故能令其民子棄厥父。獨不能强其民飮酒。（何註天方敎禁酒）然則法敎之力。不獨束縛其民。且能限制其主。但所謂性法則無有蓋專制國之民之視其君。不以尋常視之。直以爲雷電鬼神而不可近也。

立憲政治。有名譽以限制君權。併君民而統攝之。不附會敎法以崇奉君主。便佞小臣亦知惑於敎法者之愚而笑之。故始終不出名譽之範圍。雖名譽之風氣。有時變更。而臣民卽隨其變更以爲服從之方向。

以上二政。寬暴差殊。民之服從自異。而以威權使之服從。則未始不同。雖易暴政爲寬典。而斯民服從之性。卒不爲易也。要之爲寬政之君主。樂聞讜言。其宰輔亦著卓識。較之暴政之宰輔。爲練達機宜矣。

第十一節　結論

三政體之元氣。其指趣不同如此。非謂共和之政皆有德也。而不能不以德爲元氣。推之立憲之名譽專制之畏懼皆然。不審其元氣。不能得其政府之眞面目也。

第四章　論教法當隨政府之元氣而異

何註此卷所謂教法。非指父母之訓誨。學校之裁成而言。謂因政體之相異。則人民所受教以爲處世營生地者亦異。大旨謂立憲國以禮文爾雅爲教法。專制國以發民畏懼。使甘於卑屈爲教法。共和國以培養愛國之心。使背私趨公爲教法也。

第一節　論教育之法

人於生初所感受而銘於心知中者。教育法。賴此法以爲踐履倫常之階梯。由一人而推之一國。小家大族。恒必由之。

夫人各有其主義。集多人而爲政府。亦各有其主義。教育者。因其政體之異而施之。固難强同。是故立憲政以名譽爲主。共和政以德爲主。專制政以畏懼爲主也。

第二節　論立憲政之敎育

立憲政所以爲敎育之本者。不於庠序學校授之。就吾人有生以來之學習以爲敎育而立名譽之基。故名譽之作用。物無不極。事無不通。所欲爲無不導吾先路。（何注此一節專述名譽之作用）

立憲政有規則三條。曰吾人之德。宜高尚。其道義。宜眞率。其躬行。宜有禮讓之儀容。

立憲政所謂德。非謂吾狥人以當盡之義。實謂吾人自謀其當盡之義也。（何注譬之負債予人則彼以不責債爲義我以不負債爲義不以義予彼而以義自盡爲其愛名譽也）故其爲德。不以愛衆爲高。期於絕類離羣。以立功立名也。

立憲政月旦人品。不觀其德行之淺深。而視其聲名之顯晦。不問其所爲之合於公義與否。而視其規模之大小。不究其理之有無。而取其非常可喜。

立憲政於其人所受之名譽。適與其功業相稱。固爲至當之名譽。否則亦視乎其名譽以爲準。不究其適當或不當。譬如訟者之受斷於吏。訥者之屈服於巧辯人也。

人情以對閨房之容接物。或有諂媚最工者。士君子而有此。人皆姍笑之。而於名譽之道無咎也。故立憲政中之道義。不若共和之純謹端嚴也。

若夫憑藉既高志氣發揚。而喜用權謀詐術。於名譽之說。亦復無咎。猶其國家政策。以詭秘百出爲尚。無從詰責也。

人能奮發而圖富貴。雖有諂諛之行。亦名譽中人所不禁也。何則。使人不貪富貴。徒爲曲謹小廉。則國家不能得其力。立憲政無取乎爾。然自居於卑賤。而有諂諛之行。則亦名譽中人所不許焉。

以道義而言。立憲政之教育。宜令胸襟豁達。舉止眞率。而與人交際。尤以眞實爲要領。蓋能眞實無僞。其風采自豪邁。故國人必假眞實以顯其威望也。

自外貌之眞實爲世所重。而凡民有誠篤之行者。轉無以自見。爲其眞實皆出於天性之質樸。而直情徑行也。

要之立憲政之教育。重在躬行而有儀文禮節之數。蓋人之生斯世也。不能無交際。如其蔑棄禮法。則交際之間。彼此無尊讓之意。而政亦亂矣。

雖然。此儀文禮節。非出於純白之初心。而生於後起之緣飾。夫人之樂爲是儀文禮節也。亦思卓越於凡庸耳。使不知禮儀。則無以表其倜儻之心。故人之致飾於外。以冀眩耀於衆人者。恒情也。閥閱之家。教育有素。獨能備禮與生長貧賤性情粗率不拘閑檢者。固大相逕庭也。

禮文儀節之於立憲政。爲朝庭固有之制度。實繇君主極尊嚴。使爲之臣民者。俛儒卑屈。而情不得通於上。亦無聊矣。於是臣民與君各盡尊敬。互爲禮讓。以文飾其卑屈之態。因禮讓之行。而知其臣民實統之於君。否則幾無以統之也。朝廷之意旨。在揖其實有之尊崇。而就其外貌之尊崇。何注實有之尊崇謂侯伯封邑大夫采地有勳績可紀爲民所尊敬者外貌之尊崇謂朝廷之官爵名號炫耀于世者列於朝者視實有之尊崇轉輕視外貌之尊崇轉重。爲其泯轎蹇之迹。著謙光之美。去喬野而近文明。純任自然也。宮禁之陳設遊樂。必尚華美。則富家貴族。亦必慕而效之。喜奢麗而糜貲財。好佚樂而恣遊宴。癖好既繁。不知紀極。此數者皆富貴者之所欲。有以導之。無怪其沈溺也。由是觀之。立憲政求全於人之德行品格。以造就其所謂名譽。中人必以前所論列諸端爲敎育之準。且立憲政之所謂名譽。各事各物無不由之。實深入其民之心。足以陶冶其思想。啟發其主義。

立憲政之所以尚德者。爲其與名譽之義合故也。夫名譽者。不過一時意想所至。因而吾人所當務之事。能不踰矩。而政敎道義。靡不具舉。總之範圍斯人而已。

立憲政雖有律法教法。而民之受範於君主者。不過受範於名譽耳。何則。吾人受範於君。有名譽以驅之也。離然。君主亦不敢以卑汚苟賤之事使其民。以卑汚苟賤之事使其民。則名譽敗矣。民亦不服從矣。

克列倫奉命刺康司公。不卽行。而請與之角。查理王第九世下令司牧。命殺諸州新教宗之徒。巴潤府鎭將多德伯上書曰。臣奉勅簡部下之兵。兵皆義勇而純良。無肯誅殺無辜者。願陛下不使也。以二事證之。是民不可使之爲卑汚苟賤也。

誘掖貴族有極易之法。莫如以名譽之故。使之從事於武功。以爲仕進之階。何者。戎馬之間。必經危險冒患難。而後克捷以致富貴。由是途而進者。無與比隆。此貴族所深願也。

名譽能彌縫法律之缺。仕宦中有名譽不起者。可黜之使退。名譽又任人有自由之權。願官者進。不願者退。雖萬鍾千駟。不足以易其名譽也。

是故名譽之中。有大法存焉。立憲政之教育。但期率循此法。自無流弊。今列其重要欵目如左。
第一吾人但論財產之價值。不可論身命之價值。
第二吾人既登貴顯之位。則有赫奕之象。不當自顧何人有不堪其位之意。
第三於名譽中所不宜爲之事。卽不關法律。亦當戒絕。名譽中宜爲之事。卽不合法律。亦當力行。
何註此章摹寫紀元一千七百年之間。法國朝廷恬熙晏安之景象。歐洲之大亂。由厭此政而起也。視今日英蘭等之立憲政。非可同日語矣。

第三節　論專制政之敎育

專制政之敎育。務在柔服民心。猶立憲政之奬勵民志也。專制政之民。要令甘爲人奴。雖有權位者。自局外觀之。亦覺其奴而已矣。無他。是敎育以養成奴性爲主義也。
屈於事人旣久。則相習爲昏愚。而事於人者。又以爲令出惟行。相率輕忽。而不按之事理。亦同歸於昏愚而已。

專制國各家互有旨趣。教育大體。不過往來酬酢。其爲途也極隘。薰陶鎔冶。惟以畏懼銘刻於人心。并使之略識宗教粗淺義理一二端而已。此政體務在窒人學問。禁人爭競以絕亂萌。至於好德之心。民皆無之。雅理斯多德有言。身爲奴隸者。殆無所爲德。故專制國教育雖隘。亦無害也。

專制政之於教育頗如贅旒。夫以物與人。已則失其物。欲造就馴良之人奴。必先昏愚其人民也。

專制國苟盡心教育。造就國士。則國家特受其害。蓋國民苟有智識。必奮起而謀弛政府之威權。事若不成。若輩敗亡。成則顯名於世。而君國有顛覆之患矣。

第四節 論教育之效古今各異

古者政府以德爲尚。主政府者。皆有德之士。其盛也。今日所罕見。足以警吾人齷齪之行焉。

古者教育有優於今時者。其教法始終如一。絕無變易。希臘有愛哈迷達者。自始就教育至於易簀。言行如一。此其證也。

今日吾人所受教育者三。曰父母之教。學校之教。社會之教。三者旨趣各異。有新所受業。必遺忘其故所受業。則以吾人教法上之事與社會上之事不同也。此則古人所未知也。

第五節　論共和政之教育

盡教育之能事。獨共和政爲皆。何則。專制國民畏懼之心。生於刑辟恫嚇而已。立憲國民好名譽之心。生於血氣之盛而已。血氣盛則好名譽甚。血氣衰則好名譽不甚。至於共和國民之於德。則以克己絕慾爲尚。而能操守之。非易事也。

何謂德。愛國家愛法律之謂也。而懷此德者。非恆見公益不見私利者不能。此見公不見私之心。爲諸德之所從出。故言德必辨其公私。

夫其愛國家愛法律之義。實爲民主政所固有。蓋舉國而委之於民。政府卽爲人民所共有。欲保存之。必愛護之也。自古帝王無不好爲立憲政。暴君無不好爲專制政。（何注觀此見民主政之人民愛國之情必篤）然則共和政中。惟隨事培養其愛國家愛法律之心。以爲政體之隆汚。以立教育之本而已。此愛心之起。淪浹肺腑。父勉厥子。祖勉厥孫。實踐之修。在先路之導也。子孫而不能繩祖父。非其意志血氣之不同。皆由於社會交際上之教育。奪其祖父教育時所得之覺悟也。故子孫之不肖。非子孫之罪也。祖父不敗壞而子孫敗壞者。未之有也。

第六節　論希臘人之教制

古希臘之立民主政也。首在養之以德。因薰陶其人民。而定爲法制。試讀賽哈拉普之史記中李格耳屈傳。觀其爲希臘人制法。可知彼克雷特（何注希臘之一部）之法制。卽斯巴達之法制。而柏拉圖之法制。因之改定者也。

考李格耳屈及柏拉圖之法制。大都沿襲舊時風俗。進之於德義者也。自非聰明睿智。有經論宇內之才。不能制其法。使盜賊亦知公義。厮役亦知自由。於性情激厲之中。寓撙節謹勑之教。以致一國之治安焉。且李氏之爲教。令國人所謂工藝商賈貨幣田產。皆可捐之而不顧。故其國民之奮於功名者。非爲致富計也。實有爲國之心。雖父子天性之愛。夫婦燕婉之情。皆無以易其爲國之忠。當時斯巴達之能致強盛。固由李氏之法制善耳。（原注濮達基曰䏶羅奔明強希臘人使改其敎育子弟之法蓋因其人志氣豪邁不改不足以折服之也）衆志成城。無瑕之可攻。非易其法制。安能控御其人民。敎澤之深入人心甚矣哉。

克雷特及拉果尼二國。亦以此法制致治。其後斯巴達爲馬基頓所蠶食。克雷特亡於羅馬。（原注克雷特三年之間愼守其法律自由權較之大國帝王之勢力尤足）與理南德亦用此法制。後敗於羅馬。至二十四紀。始歸羅馬版圖。可見此法制之精良矣。輓近人心澆漓。風俗頹敗。乃無人以化導之耳。不然。如百因氏者。（何注惠廉百因執克敎派之先達也爲美國邊邦之開創自青年宣播敎法苦心勞力身羅縲絏者屢矣而其志不撓後率宗徒渡新世界闢草萊建費拉揑兒比亞府定盟約制法律外以安印度種之土番內以約束新徙之民法制簡要能適當時之民情以至誠無二爲教。其民亦進於德。無異於斯巴達人之武勇。出於性生者然。百因與李格耳屈二人雖古今不同地而治蹟如出一轍。但百氏以和平爲旨。李氏以戰勝爲宗。並以絕世奇才。仗其德望威權籠絡不羈之民。克其偏私而制其血氣。以成曠代之偉業。斯足奇矣。

就巴剌軌之國事言之。若責賽司德教會。以攬威權爲榮。亦過論矣。何則教會以政府之力。利益人民。亦復可敬。（原注巴剌軌乃印度種土番別無酋長唯納稅五分之一於國許以常携火器爲防禦之具）賽司德之教其民也。以固結其信教之心。與仁愛之心爲主。故能成不朽之業。其國當西班牙刼掠殘殺之餘。救民塗炭。弔死問傷。皆教會之功也。

賽司德教會。以能激發斯民之性情。而使之知感。加之以傳教之實心。於授受之間立尊卑之序。聯上下之誼。因而圖盛大之業。遂使山野之夫出巢窟而謀耕作。易裸俗而被衣裳。不亦美乎。使復充其教法之用。振興工業之利。則聲施爛然。教會所僅見矣。

若欲仿行以上所言諸法。必師柏拉圖共和政論之旨趣。立貲產公有之制。守敬神之舊俗。善外邦之交際。以端國民之心術品行。興公會以推廣商務。禁私販以防民奸。振工藝以足民用。抑其奢華。制其嗜欲。如是始爲推行盡利也。

有貨幣則其效能使人民踰天然之分限。而有非常之富饒。富者於此聚歛貯蓄。而生無限嗜欲之情。蓋人之生也。性原淡泊。決無相欺相賊之心。然而習染既多。天良汨沒。不能始終葆其淡泊之心者勢也。故立制不可不禁止貨幣之蓄也。

維比黨尼亞人。自覺夷番雜居。其心術品行因而敗壞。特簡官吏。授以一府之權。以維商務。終賴其立法之善。通商而不犯律章。亦不因法制而妨人民之通商也。

第七節　論教法所宜

共和政以德爲主。故可用前所言之教法。若立憲政之勵人以名譽。專制政之威人以畏懼。而用前所言之教法。則迂遠矣。

而況前所言之法制。苟非小國。則不得施行。惟國既褊小。乃賴有教育以固結民

心。而訓練之令。如一家族之人。爲易使也。原主小國如希臘共和政之諸邦

米努司李格耳屈及柏拉圖諸賢之法制。能使其民互相警戒。敦品立行。其術尙矣。然至地廣人衆之國。則庶務紛繁。不暇及是也。

前言法制不尙貨幣。固已。然至社會漸大。世運文明。萬端輻輳。轉運無極。猶循日中爲市交易而退之舊俗。必至拮据難堪。所以彼我之間。必用公用之度量物。原注貨幣以權輕重而通有無也。

第八節　就人民之風俗解古賢之奇論

聞之先哲波理標斯曰。治北方寒國亞家戴人。理其性情。移其風俗。是宜用樂。卽如灑尼特人於希臘之部落中。最爲殘忍淫邪放恣亦甚。惟不好樂故也。是故柏拉圖曰。不改音樂。不能革其政體。

雅理斯多德。嘗駁柏拉圖之說。著爲政論。然其言音樂能感人心。收移易風俗之效。則與柏拉圖同。其他如道拉斯德僕達基諸賢。無一人有異議者。古賢之深思

熟慮而爲此言也。豈無所見乎。柏拉圖之法書云音樂及體操之提督國中之要職也又論共和政云如何之音可使人心敗壞如何之音可使人心向善宜問之達門

諸賢之論如出一轍何故乎。蓋希臘國以戰爭爲國本民於技藝職業不屑從事。宰努芬曰。文學技藝。習之使人氣力怯懦。不能耐艱苦。夏息蔭。冬圍鑪。偷安自適。不能爲國用。至工匠之徒而亦爲自主之民。乃民主政之已壞者也。宰努芬此言本於雅理斯多德。其論有曰。共和政綱紀整飭時。不畀工匠以國士之自由權利。原注雅典以工匠爲共和政之奴隸定爲法律農業亦目爲賤業。恆使亡國之人民勤勞之。如拉塞特尼亞之於倍羅斯人。波斯之於克來丹人。倍奈斯之於台沙烈人。亡國之人皆爲人役。

總之希臘人凡營下等之商業者。皆以爲大辱。苟從事於此。則雖奴隸羈客及國外人皆當承奉也。惟不屈之心。能投希臘人好自由之氣魄。故柏拉圖定法律以國士之身親爲商業者。設罰典以禁止之。

希臘之共和政。既不欲國士從事於農商工藝矣。然而民皆逸諺。宰官之治法。不幾窮乎。於是立體操習武敎場。令民務焉。而禁其爲他事。集拳勇之民爲一國所操之技。足以强志氣而健手足。而又慮其粗暴難制也。而欲導之以温和則賴形下之物以感化其心思。非樂奚取焉。是樂之爲物。調和於武事文德之間。使人之性情無偏倚者也。夫專恃樂爲進德之具。固理所絕無。惟以爲治野蠻之藥石。俾囂敎化而習雍和。則樂其要也。

希臘國尙武勇以振作其民氣。而用敎育以啟發其寬仁慈愛之心。宜其重音樂也。乃道學家轉惡演劇。以爲害於風俗。剴切論之。而不知音樂之能感人心移人情易易矣。如謂似彼人民。聞鼓角之聲。而卽能感動。吾不敢知。第古賢之所謂移風易俗。因機利導不拘一端。音樂實無間然也。

或者曰。凡事物之足以悅人心意而移易其性情者甚多。胡獨取乎音樂。予曰。人心感觸於娛樂之中。而存學問之思。莫善於樂。不觀濮達基之書乎。欲使班人之年壯氣盛者。胥化爲敦厚溫柔。而徒用法律以制之。使之情欲益形縱恣。有國者所宜戒也。

第五章　論制法當隨政府之元氣

第一節　總論

教育之法。當隨各政府之元氣。已備論之。至爲一社會制諸法亦然。且法律何以關係政府主義乎。則以其能增益政府之治機耳。治機既利。主義自恢。彼此互爲消長。猶之格物學中施力之常有抗力也。是卷論共和政之以德爲主。而以各政府之與有關涉者研究之。

第二節　論國家所稱之德

共和政之所稱爲德者何。卽愛此共和政之心也。愛之心屬於民之感覺。非學習所能强。一國之中貴顯者有之。卑賤者亦有之。凡民性之樸質者。繫戀於古法舊例。尤篤於士大夫。使之飫聆懿訓良箴。轉能服膺勿失。故人心風俗之衰。不自下而自上。

愛國之心生於道義。自非深明道義者。無以發其愛國之心也。夫人苟不溺於情欲之私。則性情蘊蓄於中。而不能無所發洩。發而爲愛國。軌於正也。譬之持戒律者。規約嚴厲。幾不能堪。而守之者自不至厭清苦而壞其宗規。理則同也。大抵人之情欲。一切禁制之。令無可發洩。不得不求其最痛苦者而暢伸之。禁之益嚴而發之益烈。

第三節 論民主國愛共和之政

民主國愛共和政者。愛其爲民主政也。愛其爲民主政者。愛其有平等之利也。而不得不愛其尚儉之風。何則。既爲民主政。則人人有平等之權。獲平等之利。又當於平等至樂時。存永永平等之望。苟非尚儉。恐難致也。

民主政愛平等之理。能奪其好名利之心。其互相助也。甚於兄弟之禦外侮。故國民之願立大功者。皆以專一之希望。求專一之利益。雖未必果有裨於平等。而忻慕乎平等之樂。不敢以盡瘁鞅掌爲勞。則萬衆一心。生斯國者。皆欲負荷斯國之大任。死生以之也。

謂赫奕之勳。出羣之才。間世而一出。足以破平等之說。而不知旌別此勳此才。正因平等之故而始見爲勳爲才也。平等者無往而不平者也。

使民尙儉者何也。欲其營利之私。各有限制。平生拮据。惟爲家族謀生計耳。至家計已足。當以其贏餘歸之國家。是以平等則富者不得有權力。爲其失平等之義也。亦不得獨娛樂。爲其害平等之羣也。

民主政紀綱不紊。在令民自處於儉。而予公家以豐。昔羅馬及雅典國家。窮極奢麗。非由其人民尙儉有贏餘而獻之公家乎。是理也。猶宗教中奉牲幣於神。必先齋戒。平等者欲富厚其國。已先尙儉。理同而情亦無異也。

善人與福人並治一國。所異在才畧。至命運之間。無懸隔之差。今有共和一國。其

法律能使萬民列於中等地位。若以善人治之。治術固善矣。若以福人治之。享有國祚。亦復長焉。何注一國之命運在中等地位若英國也

第四節　論感發愛平等尙儉之法

若有一社會注意培養其民使之平等尙儉。則民之視平等尙儉。更形愛重矣。立憲專制二政中。無一人敢言平等者。且亦無此思想。惟欲奮發有爲以成其出類拔萃之志而已。卽令出身貧賤。一旦而履高位。總之誇耀鄉鄰之意多。率循公理之念少也。

尙儉之道在由勉强而入自然。非有操守者不能也。使席豐履厚而耽於逸樂。豈尙能自儉乎。必欲於豪富中求自儉之人。如世所稱亞爾支卑德斯者。天性好義。不數覯也。何注亞爾支卑德斯雅典之豪傑也其富聞於一國天性豁落仗義好施盡瘁國事死而後已當時人皆贊歎之此文云然謂其旣富而如是人情所難也

人於富貴者而疾視之。實則歆羨之耳。彼之焜耀煇煌。足以奪人心目。雖然在富

者不過富於財而未富於德也。則安知彼於德業慕焉而不之有。不亦若吾之慕其富而苦不有乎。凡事非經歷者。不知其中甘苦。不必獨厭其所遇之艱辛也。是故爲共和政者。雖民之自趨於義。勢必不能。然則愛平等愛尙儉之心。無從强制。非懸爲定律。何以成其德乎。

第五節　論民主政宜如何設施而存平等之理

古之立法者。如李格耳屈羅謨爾斯。既定土地均分之法矣。然此法惟共和政府新立時。或舊政府凌夷。而民心所趨貧者雖去其弊。富者不得不從時。乃可行之否則難行也。

制法者。當通籌全局。爲維持永久之計。若率爾定憲。其中一二端忽失平均。或疏節闊目。弊端乘間而生。則共和政之綱紀壞矣。

是故欲保平等之局。必特設規制。以定嫁女之貲。贈賜財產之承襲。遺業之所分。與一切契約之法。不然。各從其心之所欲。家財轉相售鬻。不爲限制。則共和政之憲章紊矣。

雅典古法。民無子女者。家產隨意贈遺受遺言者之家。永遠相傳。人無異議。梭倫以爲不便而廢之。而自定爲法。并所謂償卻債務以求平等者。亦不循之。其法律。凡一人承兩人之遺業則禁之。（希臘部落哥林多之非羅牢斯爲雅典立法常使土田與分產同數）最爲民主政之良法。蓋土田均。則一人承一人之業。不得承兩人之業矣。承業之女。必與其戚屬中最近之男爲婚姻。亦此意也。自猶太人設土田均分之制。而後此法律乃施行。柏拉圖亦用之。雅典取之以爲其國之法律。

雅典有一法。許娶異母之姊妹。不許娶異父之姊妹。世俗循之而不察。吾以爲此共和政之精神所屬也。蓋共和政欲禁人得兩分土田。預防其承兩分遺產。蓋娶異母之姊妹。則承一父之遺產而止。娶異父之姊妹。若繼父無子。又當有其遺產矣。

非羅曰。許娶異母之姊妹。不許娶異父之姊妹。雅典人固然。馬基頓人實反之。許娶異父姊妹。而不許娶異母姊妹。是說未確。吾讀司忒拉波文集有云。斯巴達之婦人。嫁其兄弟時。其嫁貲得有家產之半。然則制定此法。所以防前法之弊也。其屬於姊妹家之產業。不使歸於兄弟。乃割兄弟所有之半。以爲姊妹嫁貲。不待言也。

塞揑加嘗論西拉奴士之娶其姊妹。曰雅典人有一定限制。未可輕許。而亞力山德利。別爲一風俗。於立憲政家產均分之律。曾不顧慮。可異也。

民主政欲保持土田均分之制度。特創一法云。一人有數男者。以一男爲家嗣。餘男使承祧於人。故戶數田數。常得其平均。實良謨也。

查來斯敦之孚哈來斯。立一特異之法。欲矯共和邦分產之失其平均者。其法凡富者有女。與以一定之貲產。嫁之貧家。貧家得併有其妻之貲產。古之共和邦。未聞有此制也。若果行之。民之有貲產者。轉受累矣。欲强合平等之理。而反失之。不如廢是法之爲愈也。

夫平等之理。爲民主政之眞精神。其立之也極難。强求其精密確當。轉致扞格。故於貧富之間。增損其相差之大者。以達於定點。使可簡閱考察足矣。（原注梭倫分國民爲四族穀果歲入得五百米那斯以上者爲第一族得三百米那斯養一馬者爲第二族得二百米那斯者爲第三族勞力而食者爲第四族）財產既得其適中。更立一法。厚斂富室而薄斂貧民。使賦斂常有差等。顧此法特能限制中等之富室。若擁貲巨萬。連田千畝之豪富。則凡百制度。苟非足以增益其權利。皆以爲害而不願從也。

若民主政中貧富之失其平均者。必由政體之性質而致。其實亦因平等之理。有所窒礙故也。假如共和政中之民。勞力而食。一旦得官。勞心爲國。轉致窮乏。或以在官之故。曠其本有之職業。皆足以失其平均。又如工匠之徒。傲慢成風。自主之新民。淩轢舊族。亦失其平均之甚者。爲患於平等之理。非淺也。防之者但注意於國家之公利。其餘雖稍害平等之理。置焉勿顧。道在遺外貌而取精神也。

第六節　論民主政維持節儉之法

民主政區分土田。使之平均。未爲盡善也。更當仿羅馬之定例。令民所得之土田狹少方爲治術之善。故羅馬將邱流斯諭其兵士曰。以可食一人之田爲少。此念乃天道所不容。（原注羅馬攻略新地分賞兵士有嫌其狹少者故有此諭）

貧富得其平者。能維節儉之風。亦惟能節儉而貧富始永得其平。雖若異趣。理實同原。道失於此。則弊生於彼矣。

因通商而立共和政者。就令一人得巨萬之富。亦不爲敗道義。蓋通商之國民。必有制節謹度勤勞愼密謙光和順循序守法之精神。而後致富而能免其害。使或失法度。則不平均之弊乘之矣。

欲維持通商之精神。就國民中之最殷實者。使經營之。以爲率由之準。乃其法律之要領。通商已致極盛。乃分剖人民之貲產。撫恤貧者。使亦得安其所。富者謹循法度以守其官。或有時增殖之。使知勉勵。

專商國之共和政。以均分父產與其子女爲要法。蓋其父卽有巨萬之貲。分給子女。已皆非豪富之人。因而能易其父驕奢之風而爲勤儉之行。此制在專商之共和政中得行之。非是則立法亦異也。原注專商之政府以嚴定女子之嫁貲爲要

希臘之共和政有二種。其一尙武之制。斯巴達是也。其一專商之制。雅典是也。尙武之制。國民不事經營。專商之制。勤勞心計。百端鼓勵。故梭倫之法以安逸閒散列爲罪典。國民必呈報其所爲生計之法。民生之用度。必要於不可少者而止。使有贏餘以爲母財。否則竭矣。此實民主政之善治者。

第七節 論培養民主政之主義

今若謂土田均分之制。民主政皆可施行。此說謬矣。不但有時行之惟艱。且有勉强行之。轉壞一國之憲典者。何則。均分之法。原以維持人民之道義爲準。如或不適於其人心風俗。則宜設他法以變通之。

元老院所立之官。以老成有德望。曾建勛勞者膺之。使之型方訓俗。則衆庶瞻仰之者。將以爲神明。而爲是官者。德意感孚。自足以維持風化也。

居元老之位者。宜恪守舊立之制度文物。而注意於官民之從違。典型具在。始無妨於人民之習尙品行焉。不然。舊制既壞。風俗隨之。而謂其人民猶能立大業偉績。開公私會社。建府邑。定法律。興如是美舉。以增光史册者。未之有也。蓋舊制從人心純樸時所定者。十有八九。嘉言懿行。不絕於書。俾吾民率循之。不啻導之於德義之域也。

國運當革變之時。去故取新。必經歷艱難。備嘗劬苦。而後能成功。非風俗澆漓人民逸樂者。所可企也。故以舊有之良法。贊成其治。則事半而功倍。何則。舊制能矯正民之趨向。新制恐敗壞民之心術也。由此觀之。世代遞遷。頹波難挽。欲於已敝之俗。復泰古之風。豈尋常施力所能致乎。

或者曰。茲所謂元老院。其議員爲終身官耶。抑惟爲一時選耶。曰。議員當爲終身官。固羅馬（原注宰官一時選元老議員終身官）斯巴達（原注賽努芬論曰李格耳屈之制任元老院者皆擢老成人雖耄老而不怠其職其法以元老院判定勇怯以年老者之精力不衰較之年壯者之膂力勇敢尤爲最榮幸之事）之定例也。而雅典亦以爲定例。然雅典之元老院。有三月一易者。有選終身官永爲師範者。（原注按察官是也）當分別言之。（何注雅典之所謂按察官即羅斯二國之元老院也雅典之元老院蓋別爲一官）是故以元老院爲國人之矜式。則猶景之於表。必定爲終身之選。若以任庶務。則衆賢競進。不妨互易。此治國之通例也。

亞理斯多德曰。精神者。與軀體俱衰者也。此特指任務之宰官言耳。若元老院之議會。不必慮也。雅典按察官之外。尚有監察人民義行之官。監察法律之官。（原注其監察官復有人稽察之）斯巴達皆以耆老先輩任監察之事。羅馬特命二宰官兼掌監察之職。元老院者。扈民之淫。監察官者。察民之失。凡以防維共和政之頹壞。懲游惰詰奸慝。以其罪狀之顯著者。付之法官。此國之所以治也。

羅馬之法律。科犯姦爲公罪。定告發糾彈二法。以維持人民之道義。使之清純實爲良制。此法律既出。不但女子兢兢於貞潔。即監察品行之官。亦不敢輕忽矣。

維持道義之法。在長幼之尊卑。嚴而其效大著。蓋長幼有序。則少知敬長。而長者亦自重其齒德。不敢不謹。有互相檢束之效也。

增加法律之力。非欲受治者聽命於治人者乎。其效亦大著。賽努芬之語曰。（原注拉悉德尼亞之共和政論）李格耳屈所定之斯巴達法。與他國異者。卽在人民遵守法律之謹否。斯巴達官長一呼。人民百諾。雅典之豪家未能若是之順從也。

重父權亦維持道義之法。共和政所以與他政體異者。繇壓制之力。施之實罕。故重父權以補法律所不及。

羅馬令爲人父者有生殺其子之權。（原注讀羅馬史知此權于共和政大有裨益國勢既衰此法尙存如阿屋斯者墓迦基林之迷逃其國而去父怒呼之返死之）斯巴達之爲人父者。且有懲戒他人之子之權。自父權失而共和政體亦隨而解散。蓋共和政既重道義。又主平等。不得不以生殺之權授之父。非若立憲政之以道義爲第二義。治民有宰官。父權可輕也。

羅馬之法。幼者之順從長者最久。統目之爲未成丁。立憲政之民。約束其幼者。不須如斯之久也。然今日各國。不皆行羅馬政體。而成丁之期。尙循羅馬舊法。豈可謂得其宜乎。

嚴定長幼之序。爲共和政之要務。羅馬之舊俗則然。其法父卽終身爲其子理財。亦無不可。立憲政則斷然以爲不可也。

第八節 論貴族政關涉法律之故

貴族政倘能使人增修其德。則太和翔洽。與民主政同。而其國亦立致强盛。惟此政貴賤貧富之別。頗覺懸殊故好德之心乃絕無而僅有。是宜立法以涵養其制節謹度之精神。勉復其所失平等之理。蓋貴族政以制節謹度之精神爲德。與民主政以愛重平等之理爲德。一也。

赫奕焜耀。帝王大寶之莊嚴也。此威權之流露。猶景之於形。至貴族政之大家。固宜言詞謙遜。容貌樸實抑豪華之氣燄。以儕伍凡民。性情嗜好。與之俱化。則其人民亦頓忘貴賤之分。而不至習爲庸劣之態矣。

政府各具性質與主義。貴族政不得侵立憲政之性質主義。卽有貴族必欲自異於衆。則擇是數家。予以特別之恩准。俾得表異於其他貴族。然亦止於元老院待

之以尋常禮敬而已。原注尼斯貴族政其制甚善嘗有貴族與里人爭禮拜堂坐席訟於法庭法官判之降貴族使與平人同等

貴族政之秩序何以紊亂乎。厥故有二。其一。治人者與受治者尊卑懸絕。其一。治人者之中。亦有尊卑懸殊者。娼嫉之心。釀爲怨懟。故必定爲法律以預防之。使之不復萌芽也。

予貴族以特別之恩准。彼必凌辱平民以邀榮譽。如羅馬立法。貴族不與平民婚媾。而貴族益驕。適以招平民怨惡之情。故憲官之挑唆人民。顛覆政府。率以是爲口實。史不絕書也。

國家所斂之稅。就國民之義務而爲差別。亦足致不平均之弊。而其義務之所以異。厥端有四。四者何。貴族獨得免稅之特准。一異也。因欲免稅之故。而肆爲奸欺之行。二異也。意在侵蝕稅入。而以勤職邀賞爲名。三異也。以平民爲充己欲壑之貢府。括取諸種之賦稅。以分肥於同族。四異也。此四異實爲絕大之弊竇。以苛刻之心。行朘削之計。他政體之所無也。

羅馬政易爲貴族時。幸能預防諸弊而免其害。爲宰官者。別無廩祿。政府之執政者。與平民同。皆當納租稅。盡國民之義務。無治人。治於人之別。且有時治人者之所納。較之受治者而反加焉。其故由於平民有蠲租之望。顯官無免稅之條。總之羅馬之貴族。不特不取諸公帑以肥私家而已。恒以官庫之公財。與家蓄之私財。振卹人民。略無德色。則人民之羡而妒之者。不且德而誦之乎。

賚賜之舉。在民主政爲妨民。在貴族政爲牖民。治術之所以分途也。何言之。賚賜出自特恩。民主政行之。是忘其有平等之義。貴族政行之。乃使知貴賤有別之理也。

國家歲入之數。苟非散給人民者。必會計揭示。以明出納之無濫。故國有盛會大祭。靡用庫財。非以爲浮費也。所以娛悅人民之耳目。而結其歡洽之情。猶曰與民同樂而已。雖然彼波斯金鏈之輝煌。羅馬凱旋祭之華盛。希臘撤土兒廟之壯麗。其實皆出自民之公財也。

貴族政所最宜注意者。在毋令貴族自征租稅。故羅馬第二等之貴族。不與聞關征之事。及其淩替。尙滋弊端。若令貴族自掌征稅之權。據要津以苛歛其民。無上等法院彈糾焉。弊復何如。卽欲防是弊而設官以董之。勢必聯爲同志。又增一重肥私之地。是貴族政至於刦奪民財。其害無異於專制政體也。

貴族如以悖入爲利。益各殖私財。則貪情既熾。勢必擴充聚歛之法。終且致田野荒蕪而涸租稅之源。卽政府有二三良士。救禍於萬一。其國勢亦必萎痺衰頽。鄰國驚爲改觀。國民已不堪其困苦。涓涓不塞。將成江河。其謂此乎。

不甯惟是。更宜定律以禁貴族人之貿易。何則。貿易者平等同權之民之業。乃以任大責重之貴族營之。壟斷罔利。厥狀卑汚可想見矣。故專制國恒患民窮。由在上者有壟斷之行也。

勿尼西之法律。奪貴族營貿易之權。蓋營貿易之害。視若甚小。使致非常之富。害正難言。原注固拉特亞之法律曰爲元老者不許有四十撲宰耳以上之海船 嚴定法令。不徒使貴族對人民無失公正。就使國無法院。以貴族爲法院之總裁。亦必使之聽斷平允。如或曲庇其私人。是法網轉爲逋逃淵藪。貴族政卽解體。專制政遂接踵而起。

貴族政之法律。以抑制貴族之驕傲專橫爲定典。因之斯巴達有伊保利。原注官名波斯有都察官。或爲一時之選。或爲永遠之任。皆以威懾貴族爲是官者當機裁決。不泥於成規常格。此類政府。不可不假以猛烈之權宜。故勿尼西於暴政之門置石獅。使人民各書所聞。投之於其口。取而案驗之。

貴族政有專裁之宰官。與民主政之監察官相類。皆爲獨立不羈之職。惟監察官之居位也。不受稽覈於人。獨爲國家所信任。而一毫不可挫折。羅馬凡百有司。並有官守之責。而監察官無之。其命是官之意深遠矣。原注監察官雖同僚不得過問各以意見掌視察之事無協商會議之說蓋其孤峭勁直之風采稍貶卽失其所以爲監察故羅馬百官皆有責成而監察官無之也

貴族政有大患二。貴族之中有過貧者有過富者是也。夫防民之陷入貧窮。在使之償債不違期限而已。至節其過富。宜設愼密之條例。使不逾其分。若用籍沒家

產。均分土田。及消債法。則弊竇叢生矣。

貴族政以分割貴族之世襲資產使之貧富平均爲準。其法終不外廢嫡子獨承遺產之權利。（原注勿尼西之貴族政嘗行此法）承嗣之子。收贖舊產之法。與養子之權利。皆立憲政維持世家大族之尊榮。使之綿延勿絕者也。貴族政斷難施行。（原注貴族政之道以維持貴族爲政府之大綱以保存國家爲第二之義務）

既定法律。使貴族之貧富平均。又宜使之協和族類。敦睦友誼。故貴族之間。或生嫌隙。互相競爭。則當速判決其理之曲直。不然。一人之爭。延爲一族之禍。亦大可懼也。乃置中裁人以斷厥是非。而防於未然。法斯密矣。

概而言之。其法律之爲貴族地位者。不過定其爵秩之尊卑。等其氏族之新舊。予之以空名虛榮而已。不回護其過惡以成阿私。爲士君子所羞稱也。

讀斯巴達之史。而後知伊保利之苦心深慮。謀所以匡救國王貴族庶民之昏愚懦弱。歷歷可見也。

第九節　論立憲政主義關涉法律之故

立憲政之法律。其要在於以名譽維持貴族名譽之於貴族。猶父之於子也。何注名譽者為父己為子喻其有不可割之情故以貴族之門閥世襲罔替為宜。非特為尊君權抑民權地也。亦欲君民之情意和協。而借是以維係之也。

是政也。立承嗣之制。以保全貴族之家產。使不分析。最為樞紐。又以收贖家產之權利予之。而後孝子順孫。得以補救其祖父奢侈蕩析家產之失。

貴族之家產。使有一定特別之恩準。與一身特別之恩準無殊。而後君主之尊。乃與國並立。貴族之尊。乃與其封邑並立。

凡付與貴族特別之恩準。為貴族所特有。決不可傳遞於平民。否則以貴族之特準。為平民所共有。是減損貴族之威權。與平民等量而齊觀也。亦大戾乎立憲政之主義矣。

立承嗣以限制分產。准收贖以嚴定規條。於是統計通國所鬻之產。一年之中。抑似無主者焉。實緣夫限制規條之嚴厲耳。而又與貴族封邑以特准之權利。政府於此顧慮實多。爲貴族之滋生種種弊竇故也。使聽貴族自爲利益。弊乃更甚焉。而顧令貴族之特准。與小民通用。不大傷政府之主義乎。

立憲政聽人以豪貲巨產。遺之若子若女。其他政體。則非所宜。

立憲政法律當循政府規條。保護諸貿易人民。使無損財之患。（何注指君主貴族之掠奪而言）而供君主及朝臣之需求。（原注貿易惟許平民爲之）法律中宜有一定之規條。以徵收租稅。若無規條。則徵收之際。必至煩苛。小民乃不堪其苦矣。

立憲政之義務重。則勞力多。勞力多而怠惰之情生。故用人之力。亦不可過乎分數也。

第十節　論立憲政推行之捷

立憲政舉國事委之於君。聽其指畫。權力熾盛。無以逾之。咄嗟之間。萬機立決。非共和政之比也。然政之出也過速。必有輕率之害。故以法律殺其勢而劑於和平。是法律不徒適於各部局之性質。且於其性質中所萌各弊。亦資補救焉。

法國宰相李基崖。曾入告其君曰。凡國中各議會。宜概不准立。李基崖之爲此言。非愛特裁之政。恐被眩惑也。實有專斷之志。故不願有社會也。由此觀之。法之朝臣因無精通法律之人。其議政官尚難免率爾舉動之咎。是故諸法律所自出之官省。（何注司法官）能將以持重之意。則時措咸宜。君主之萬幾。益愼密而無遺議矣。君主苟能豁達大度。激發其臣民忠義之氣。同心爲國。褒賞之典。恩詔疊頒。則令出惟行。其機至捷。無他。有令德以致之也。倘斯時之宰官。復能愼重出之。疾苦上聞。德澤下逮。此爲萬國中之最良政府。其將來之景象。果何如乎。

第十一節　論立憲政之善

立憲政體之善於專制政者。由其臣民之爵級有數等也。其初之定。是利也。實出於事之不得已。而其後國家因之少動搖之患。蓋憲法益固。治國者之身益得安全己。

奚羅以羅馬之設憲官。深得維持共和政之法。曰。人民不奉戴一人以爲主。而舉事爲最爲可懼。何則。人民當憤激之時。勇往直前不顧其身之陷於危險之地。禍乃大矣。若有主則不然。主之者知其事之足以害身。必詳審省察而處之。不貽禍患也。

由是言之。羅馬之政體。可比之專制立憲二政。以其未戴憲官時。比專制之政。以其既戴憲官時。比立憲之政。可參酌而知也。

專制政變亂時。人民乘血氣之勇而動。其鋒甚銳。而不知所止。故壞一國之秩序甚易。立憲政。則爲一事而至不可收拾者甚鮮。有主故也。主者顧慮其身。知任大責重。懼爲衆人所棄。敢不詳審乎。且又知君民之間權有所屬。（原注卽貴族等）不欲國權之全歸於民。故益兢兢於處事也。

國中之諸族。（原注貴族僧官士族等）非盡不可任使也。君主苟信任諸族而不疑。縱有奸慝

之徒。非包藏禍心。必欲顚覆政府。而已則不至竊君主之威權而舞弄之。且亦不生覬覦之心也

當夫上下謹恪。而有大力者周旋其間。託爲中庸之說。使民覺其平易易從。乃於此時綱紀其國事。整頓其法律。納民於軌物而止。此治機也。是故覽立憲政之歷史。雖有內亂。而革命之大變則無之。專制政不然。雖無內亂。而幾經革命之變矣。

史家論列諸邦之內亂甚詳。無待言已。今觀釀亂人雖動搖君主。一旦舉其政權委之於諸部局。則盡泯猜疑何哉蓋執政之部局。卽措置乖方。其心須臾不忘法律與義務。而拮据鞅掌以赴之。縱有煽動之亂徒。尙可抑制之也。法相李基崖。自知其抑制國中諸族過甚。慮其不服而思有以牢籠之。乃曰政府之所恃。惟君主與宰相之德術而已。斯論也。責難於君相。亦旣甚矣。自非神聖之君。加之以寅畏之心。果斷之才。不能備德術於立憲政中。吾見立憲政多矣。未見

其君相之專恃德術以爲政也。

治於良政府之民。視山谷間無法紀之民。文野不同。安危亦判。此易知也。奉一行政之君主。遵循其國之憲典。較之逞一君之私意。專斷萬幾。號令億兆。而無法則以制之。其文野之別。安危之殊。不亦大有逕庭乎。

第十二節　續前

專制之政。決無寬仁之美。力持大體之觀。其君局量褊淺。亦無大德以感動其臣下。豈復計榮名威望之被於遐邇乎。

臣僚之環拱君主。沐浴其威德。邀被其光寵。而自覺尊榮。惟於立憲政見之耳。彼其臣僚。雖未能如君主之獨立於上。而其氣宇亦自寬宏。德量亦自有過人者。

第十三節　論專制權之狀

勒夏那（原注美洲一部落）之蠻民。欲得果實。斧其樹。倒而采之。專制政之景象。殆如是矣。

第十四節　論專制政所關涉之法律

專制政之主義。在使民畏懼也。其民卑怯愚懦。不煩深文密法而治。但以一二端之禁令。鏤於民之肺腑可已。不必反覆曉喻。遇事防閑也。譬之御馬者。磬控縱送。一仍其舊。而馬自調馴焉。其他鞭策。可無加也。其君主爲權臣壅蔽也。如幽於宮禁之中。偶然出宮禁而親外事。而後知威權之落他人掌握中也。近臣必多方設術以阻止之。俾不出宮禁。是故專制之君。罕有帥六師臨疆埸者。以節鉞授之將帥。顧以軍事盡委任之。又不敢也。

君主臨朝。惡聞讜諤。其舉兵也。是謂忿兵。蓋君主之斤斤於報復也久矣。榮名威望。非所知也。其戰也專事殺戮。大違公法之仁。使以公法之例繩之。直無自處之地矣。

君主必有瑕。恐爲衆庶指摘也。常居於深宮之中。使萬民莫知其起居。其民本亦昏愚。故君主得以制之。亦幸而勝耳。

瑞典查理王十二世。於班德駐蹕時。元老院方有異議。王乃作書諭之曰。爾等若不從朕之命。朕將以所用之靴贈之。其議遂止。查理王之贈靴。殆無異於親臨元老院也。

君主若爲敵國所獲。其國中人視之卽如殂落。而更立一君以事之。其舊君與被獲之國要約盟誓。其國人若爲不知而不奉也。蓋專制之君。身自爲法。身自爲國家。故一旦失位。則親裁決之萬幾。皆爲烏有。一旦殂落。國如易姓也。是故突厥人曾敗瑞典合從之盟。與俄帝彼得第一世和。乃因俄人說突厥執政。以瑞典嗣君既卽位而出此耳。

專制攻之所謂維持國家。在守衛君主之一身而已。其所爲守衛之法。在閉置之於宮禁而已。彼雖有事變之乘。苟非發於輦轂之下。生於肘腋之間。仍不足以警動其蒙昧倨傲之心。（何注指專制之君民）況能測事變之來而預防之乎。其所謂政術與夫一切幾宜法律規模。卑狹。一國之事。殆猶一家之事耳。其國以治民之法與治宮禁爲一體。國之官吏與閹宦嬖幸爲一體。此專制政之大略也。

專制國自視以爲無敵於天下。其四疆則沙漠環之。以鄰國爲夷蠻戎狄。不與交通。故無外患。一旦外兵來寇。則不賴乎民兵。而毀其國一部以爲障。所不惜也。專制政之主義。畏懼也。畏懼之旨。在使民安靜而已。雖寇氛已逼於近郊。而民猶緘口不敢談兵事也。且其國權力。不萃於國家而萃於軍團。明知兵爲凶事。君主之所甚懼。而欲以之扞衛國家。不得不戒備六師。以禦外侮。無他良策以圖國家之安全。而況舍兵而欲擁戴君主。豈可得乎。

俄國之政府。困於軍團專暴之權。比之困於民之叛亂尤甚。乃汲汲焉從事於靜鎭安撫。惟日不足。後始解散萬人之隊。寬刑以姑息之。乃開法院。與之講法律學。以資啟牖。無如誨諄聽藐。民性難馴。竟有逃去而仍爲非者。

專制國法教之權。比之他國爲甚。法教之用。所以申明畏法之義也。回教之民。尊敬其君主出人意外。皆由法教之力使然焉。

突厥之得間以彌縫國憲之缺。惟仗法教。何則。彼國民初不知己國之富强。卽己身之榮幸。賴法教之權。乃知國與民之關係。故無大謬戾之處耳。

專制之政府。不堪疲弊。遂就衰滅者。必由其君主以國土爲臣民世襲之產。而農業以荒。又且君主留心商業。而工業亦微。是政之偏倚。而弊即叢生也。其國未聞有修繕器具之舉。改易故事之說。于茅築室。僅避風雨而已。至疏通溝洫。種藝樹木。尤所不講。土宜物產。需用已足。不加培養。行其野。日見荒蕪。吾恐其他日土將不毛也。

或者謂設法律以奪人民地主之權利。而禁世襲田產。似此可絕官吏之貪心。殊不知絕之。適以長之。固無益也。官利無厭之欲。莫如金幣。是物也。若非以威權恫嚇而取之。民且深藏而不予。則是令官吏又增苛法。百計營求。不奪不饜矣。

於此而欲挽回其瓦解之勢。惟有仍其舊俗。而節制君主之貪心。猶可爲也。突厥國估算人民之田產。百分取三。然後足欲。以土田賜將士。予奪在其喜怒。所賜之將士既歿。土田又歸之帝。平民有田而無子者。身歿則田皆歸帝。女子唯有迂司福克德之權而已。何注謂無專有權惟得其利益之幾分其國民之有田產而一朝喪失者十得八九。無安然長享者也。

班但之國法。君主獨攬全國人民之遺產。死者之妻子家宅。都爲遺產一部。其子女有未婚嫁者。亦爲遺產一部。其慘有不忍言者。故其民生子或女自八九齡至十齡。便爲婚嫁。以避此苛酷之律。原注秘基尼之法比此稍寬父死者有子女。國王惟得其遺產三分之二

國無大憲。則立儲以選繼大統者不問其支屬之親疎也。司選權之君主惟其意之所欲立。有時羣下意在擇賢。不肯奉詔。則內亂以起。甚至興兵以定君位。雖或爲之設一繼統之法。立嫡之條。終且視爲具文。不能恪守。足見專制國之綱紀。比之立憲國爲易紊亂也。

專制國皇族諸子。皆有可選立之資格。然而一人登祚。忌者實繁有徒。故突厥兄弟爭立。至於縊殺。波斯兄弟爭立。至於刺傷其目。蒙古諸邦兄弟爭立。至於設法以殘毀其知覺之具。摩洛哥每逢君主殂落。必生內亂。慘毒至不忍言。國紀之壞。

莫甚於是矣。

俄國之法。嗣君亦歸帝主選立。繼體之制不定。故爭亂不絕。帝位之動搖。不可以一日安矣。夫繼體之事。以徧諭國人。明著統系之序。爲最要。所以塞僥倖之源。杜覬覦之念。令無或敢蠱惑讒間於其君。又當預防君主大漸。空留遺詔之弊。既定是制。則爲嗣君者。一人獨擅權利。兄弟自不敢與之爭競。亦無繇假託其父之遺詔以爲口實者。卽令假託焉。亦歸無用。如是則嗣君於兄弟。得以臣服之。而無間然。又何至有禁錮殘殺之事乎。專制國則不然。爲君主之兄弟者。爲其臣隸。又爲其敵手。恒使人監之。以防其有異謀。如回部諸國。其人惑於教說。視君主以爲神明所護佑。而君主亦以智謀御之。不以權利曉之。其用預防之策。亦不得已也。國憲之壞也。使皇族諸子。自知不得立。則不免於禁錮殺戮之禍。其謀簒弒也。蓋亟狂暴酷烈。莫此爲甚。何如我歐諸邦。皇族之不得立者。亦復長享富貴。以保其身。不萌異志也歟。

專制之君。夫婦之倫亦不篤。亞洲諸邦。皆行專制政體者也。一君御妃嬪數十人。子女衆多。因而父子之親。兄弟之愛。日以疎薄。視之殆如路人。皇家族大。儼成一國。支屬微弱。宗主盛强。觀其繁衍之象。似乎可傳久遠。而有一朝覆宗絕祠之悲。歷史所載。往往有之。

阿達罕（何注波斯王之名）無端出令曰。諸子有逆謀者。悉當殺戮。諸子五十人。無一人得漏網者。夫此五十人果圖篡與否。初無實據。特因阿達罕不肯傳位於其愛妾之長子而起。由是知東方諸國。凡有亂端。出自宮掖之陰謀最多。彼之宮掖。實禍變之淵藪也。君主春秋高。精神疲。恒爲左右小人所熒惑矣。

夫以專制政之弊。如彼讀史者。感動奮發。而想像太上之風。必思排拆是政而後已。理固然也。何則。人性之常。莫不願有自主權。莫不惡威虐之政。然而今之國民。受專制政之束縛。十有八九焉。故知專制政固易舉也。蓋欲創立憲政府。必先協和諸部局。採其謀議。斟酌損益之。使之如衡之平。無彼此之偏倚。經綸之巧。不尚詐術。不務迂圖。而後能行。是政也。專制政則不然。詔書寬大。務悅人心。約法簡要。不煩曲折。制法任意。不問賢愚。皆能爲之。其易舉在此。

第十五節　續前

專制諸邦。氣候温暖。人民之情慾早動。年華早謝。其智力亦早歲有成。晚年易退。此邦人民。比之歐洲。節用省費。無蕩盡家產之患。然亦不敢爲任俠要譽之事。閉戶卻掃。少年之交際。因之疎遠。故能純謹。其婚姻之期過早。故冠笄亦早。突厥之風。民年十五。卽以爲成丁也。

人民遇財產無定着之政府。（何注以法律保護財產雖政府不得擅動泰西諸邦謂之財產定着法）則倚賴其財產。不如倚賴其身。財產讓付（何注盡其財產以償債負與分散財產法同謂之讓付）之制。亦無有也。

財產讓付法。乃立憲制度。共和政有最宜採用之理。（原注於非由詐僞破產之人處置調停之法亦然）是政因信國人誠實無欺而立。且因信國人之悅服政府。故施以如是寬厚之德。

羅馬共和政之初立也。若早設財產讓付之法。（原注羅馬需利安帝始定財產讓付法於是人民免於負債入獄財產分割之辱亦不至生後日之騷擾。能保其國安全。而無內訌之患矣。

專制國於人民貧困難保其財產時。因有人以重利買債權子金者。當出貲時。視其人危險之數之多寡。而定子金之多寡。蓋國運既厄。民丁其時。艱辛蝟集。十室九空。甚至有告貸無門者矣。

是以專制國之商賈。不能營盛大之貿易。惟柝秋毫之利。僅免於饑寒而已。使欲籌巨貲以販鬻大宗貨物。所得子財。恐不足以償其母財之息也。故其國無貿易律。卽有之。不過日用間瑣細之法耳。

政府常行不義。苛斂於民。如彼而欲使官吏不施刼奪之計。絕中飽之弊。不可得也。故私用公財。專制政之性質如此也。

犯私用公財之科者。專制國往往而有。因而籍沒財產之法。最足以懲彼貪污。且籍沒財產。爲國家歲入之大宗。而又得紓民之病困。使爲官吏者。不至竭澤而漁。甚良法也。其國既無曲全世家舊族之制。故徵官頑而救民喘。兩無妨也。

立憲政用法之意。全與專制政相反。故使立憲政亦設籍沒財產之法。則被籍沒者之子女皆將罄其所有而出之矣。是罰一人而滅一家。無此政體也。共和政亦然。於人民生計之不可缺者攘之而去。大害平等之理。且傷政體之精神也。

羅馬之法律非犯大逆罪者。其財產不得籍沒。然則采取籍沒之制加之罪大惡極之人。亦治法變通之道。又是法用以限制財產之授受買賣。亦復相宜。巴頓氏論此等最爲平允也。

第十六節　論專制政威權之遞傳

專制主恒以己所有之國權。舉而遞傳之委任之人。故突厥之冢宰。受國帝之威權。儗於君主。其二三屬官。亦受冢宰之威權。儗於冢宰焉。立憲政則不然。君主自制威權。令無偏倚。欲將數部之權授人。必留數部之權自攬。無以全權授人者。是故立憲政一府一邑之令宰。其敬一州一省之鎭將也。不如其敬君主。三軍之士。其受主帥節制也。不如其受君主之命令。其於君主禮有獨隆。義有獨盡也。

立憲諸國秉節鉞者。不必限以武員。爲將帥者。欲用威權。非奉特旨授與。則不能擅行。黜陟與奪之權。常在君主掌握中。故時而制御將帥。時而易置其偏裨。決無叛亂之患。立法者之慮甚深矣。然此制不可用之專制國。何也。專制國若於武職貴臣。與以曠典高爵。俾得因之擅權。則將政出旁門。而釀無窮之大害。是反乎政府之本性。弊所必至也。

使一邑之令宰。不從一省鎭將之命。則協和之策。固不可緩。專制國不能無是患也。夫一邑之令宰。苟有違背鎭將之事。其惟從事於殺戮乎。

專制國官吏統攝之權。下移。其猶君主之權之下移乎。蓋所謂威權。恒依違於上下之間。而無所歸。且是國視君主之意指爲法律。雖遇聰明睿智之君。官吏莫測其意指。則無所適從。不得不參用私見以爲治。非若立憲政之法律。昭布森列。卑官小吏。皆能識別。易於遵循也。

專制國於君主之意指外。更無法律。然君主雖聰。有時不能自表其意指。人民往往代表其意指以補之。故人民意指與君主意指並行者甚多。要之專制君於其法律。惟用一時之意指。代君主立意指者。亦如君主親出其意指。而爲一時權宜之計者。

第十七節　論賄賂

專制國之通習。不賫包苴。則不能干求貴顯之人。其於帝王亦然。如蒙古君主。若見其臣民來謁而無賄賂者。一切拒絕其請。甚至有已錫之恩。因無賄賂而奪之者。

專制國習俗鄙陋。勢所必至也。此政體視衆庶皆奴之。無一人有國士之權利者。人民意中亦知君上之於民。無所謂義務也。治人治於人者之間。以刑法相驅率而已。由是人之謁貴顯者。自慚無故造門。不過爲夤緣請託計耳。其流弊可勝言哉。

共和政以德爲主。故惡包苴而禁絕之。立憲政以名譽爲主。其歆動人心。甚於包苴。專制政無彼二者。人民苟不爲一身之榮利。亦無他事以自業。此政體所以來包苴之弊也。

柏拉圖之法。凡有職守而受包苴者。罪當死。其制曰。官吏不問治行何如。總不得受賄賂。斯得共和政之要旨者矣。

羅馬之法。官吏所得包苴。未過乎百科侖者無罪。甚陋習也。夫官吏雖秋毫之微皆不當受。蓋初心未萌私欲。第以爲小節無傷。及其習慣貪慾漸滋。終至攫巨萬之貲而不饜。而況糾察贓吏時。能執絲毫不可受之法。科犯者之罪。彼固無詞。若同一受賄也。賄少無罪。賄多有罪。則授人以口實。而難治矣。

第十八節　論賞賜

專制政之臣民。既爲一身之便利。始效勤勞矣。由是國家之賞典。舍金銀外。無可賜予者。立憲政則不然。其臣民視名譽爲最榮。有名譽而富貴可緩。由是國家之賞典。但錫以名譽之徽章。而人願已足。然而名譽有矣。非富於貲財。無以保持之。

更宜導以富裕之名譽。何注譬之英國賞有功之人封之使列華族必有能全華族光寵之產君主於封爵時先察審封者之分限能否名實兼審有僅予名爵者有名爵土田貨財并賜者共和亦不然。其臣民視德爲最尙。有德而一切可緩。由是國家之賞典。所以報有德者。使衆人咸仰其德而人願已足。無容耗費爲也。要之立憲共和。必待大賞而後勸。乃政之衰也。蓋立憲政之賞。正以見名譽之不尊。共和政之賞亦以見天爵之不貴。故大賞實其政府將衰之兆也。

羅馬最稱不善之君。如嘉黎吉拉帝。古羅玖帝。內羅峨特帝。維台留帝。孔茂代帝。倍旅剛巴帝。嘉拉客拉帝。皆濫賞而無紀。最稱賢明之君。如奥古斯敦帝。委斯巴來曼帝。安德紐帝。莫克斯帝。俄來克斯帝。皆愼賞而有經。由此知治世之君。政府之主義盛。但以虛榮牢籠百態而有餘。無取乎貨幣之市恩也。

第十九節 論三類政府主義變通之法

今試設爲問答。論三政府主義變通用之之法。條例如左。

問立法律以馭臣民。使以任官爲義務可乎。

答。共和政不可爲義務。立憲政雖不如是。施之亦無妨也。蓋共和政國家以官職授人。所以爲表彰懿德之具。而人民之受職於國家者。正所以爲國效忠盡人生當盡之責義。無可辭者也。（原注 栢拉圖共和政論第八卷以人民不受職爲共和政解體之兆又栢拉圖法律論第六卷謂不受官職者宜以課金罰之勿尼西乃有放之國外之罰）立憲政不然。以國家之官職爲名譽之旌表。聽人之所欲。或辭或受。存乎其人。故不妨存義務之念也。撤丁國王於其臣民有不受官爵者。必罰之。是能暗合共和政之指者。以其他事考之。則知撤王之意。斷非能行共和政者也。

問臣民從軍。所居之職。較卑於前。以就之爲義務。可乎。

答。羅馬人有昔爲大尉。今任於少尉之下者。不恥服從其命令。此類往往有之。不足怪也。（原注 某年之役有一大尉就爲兵役或代爲訴之共同官亦爲大尉者論之曰汝不必問官職之尊卑惟得盡防禦共和國之責卽名譽也此得公平之道矣）蓋共和政以德爲主。感動人心。苟爲國家効用。則不顧己身之榮辱。專以抑制己私爲大義。故能然也。若立憲政以名譽爲主。則不堪貶謫之辱矣。

專制之政府。於名譽官職階位。皆濫用之而不甚愛惜。卽以至貴者爲至賤之役。至賤者乘至貴之器。冠履例置。亦無妨也。

問文武之職。一人任之。可乎。

曰。共和政可。立憲政則不可。共和政雖有以文武分爲兩途。不相兼任。國家因遭危險者。立憲政若以兩職授之一人。則有妨於國事矣。共和政所謂國士者。以其有國士之義務也。一朝執干戈以衛其羣。與其法律。文武奚擇焉。必分爲二途。彼將以兵卒自處。忘其爲國士之身也。

立憲政之人之好從事於武事。羨其威顯而已。抑羨其能致名譽與富貴而已。如斯人者。豈可兼任文職乎。故不但不授也。且於宰官而限制之。令雖見信任於人民。不得妄作威福。

吾觀某國政體。其外貌似立憲政。其實可稱爲共和政。其國士汲汲以武職爲派別之又一流。目武職爲國士。不待言矣。又時而與宰官協和。無相傾軋。中立於文武之間。以保全國土爲方略而已。此非共和政體之事乎。

羅馬共和政體之旣壞也。文武之職判然分爲兩途。此其變革之象徵於國憲者也。夫政體卽易爲立憲。要不得以專妄施之。故與古斯敦帝所創之法。後帝咸遵之。以補救武斷政體之弊焉。（其法凡元老總督及鎭尹諸官皆不準攜帶兵器）華倫斯帝之敵手婆科標司者。不知此理。妄授波斯王族一人以總督之要職。猶曰事出於不得已耳。乃復授以前所奪之兵柄。非失計乎。然而英雄之舉大事也。勞心焦思。惟望己事之成。至於國家之有無利益。不暇顧也。故婆科標司之事。不足深咎也。

問賣鬻官職。可乎。

答專制君主操與奪之權。以黜陟其臣民。不可有賣鬻官職之事。立憲政行之。乃無害於理也。其人民初非以勸忠之心。鞅掌於國事。入貲而可得官。益動其起家之念。故以此爲誘掖之具。因之授以各人之義務。成國中數種之族屬。皆得其所處之安堵焉。松達司曰。亞那休斯因賣鬻官職。而帝政乃變爲貴族政。可謂確論矣。柏拉圖痛斥賣鬻之制。其言曰。是殆猶受人金而予以行舟航海之利也。毋論何事。舉難施用。謂行之於國政而轉能無害。無是理也。然而柏拉圖所言。指以德爲本之共和政也。予所謂無害。指立憲政也。夫立憲政非廷臣貪墨獻策歛財。其君主原不至有賣鬻官職之舉。及賣鬻之法行。而後知網羅人材之功。卽寄其中。蓋因富既可以致貴。則人民將彌切於謀富。而奮興鼓舞之氣出焉。亦立憲法之要道也。原注西班牙民最偷惰雖官職不足以勸之

問如何政體。宜用監察官乎。

答以德爲主義之共和政。宜用是官也。夫人民之有失德也。非必皆陷於大惡。但使惰偸也。愆尤也。或愛國之情不摯也。或風俗之所趨不正也。是數者雖不至公然干法律而巧脫文網。其弊亦足以害共和政之德。雖不至破法律而壞政體。亦足見民力衰弱。不能振起。而共和政之德意以盡。推求其故。因而懲戒之。是監察官不可一日無也。

雅典法官。見有鷹毆雀。雀投人懷中而死。卽執而罰之。小兒剔傷雛鳥之目。亦致之死罪。如斯苛酷。衆皆驚異。然苟深思其維持風俗之故。則知爲共和政不得不然之法。無足怪也。

立憲政以名譽爲元行。故不必置監察官。蓋名譽之入人心。通於普天率土。不啻人人爲監察。苟有汚辱之事。敗其名譽。則衆皆因而侮之矣。倘於此復設監察官。以爲懲儆人民之計。不特無益。轉分其好名譽之心。風俗且至凋敝。何則。監察之力。不能挽立憲政之頹波。繇其潰敗決裂時。勢最猛烈也。

專制政亦不可置監察。明矣。然支那專制之國也。獨置之。蓋別有不得不置之故。讀者於是書觀其會通處。可以知之。

萬法精理卷之一終

光緒二十九年二月印刷
光緒二十九年二月發行

（萬法精理）
卷一大洋三角五分
卷二大洋三角

繙譯者　桃源張相文
印行兼發行者　上海文明書局
印刷所　上海四馬路胡家宅　文明書局印刷所
發行所　上海棋盤街北段　文明書局發行所

欽命二品頂戴江南分巡蘇松太兵備道袁　為

給示諭禁事據文明編譯印書局職商廉泉俞復丁寶書稟稱職等糾合同志集有鉅欵創辦編譯印書局租定房屋於上海四馬路胡家宅地方擇於六月初一日開辦所有編譯已成各書陸續付印平價出售誠恐書賈射利易名翻印或妄為增損改換面目貽誤士民實非淺鮮嗣後凡本局編譯印行各書均不許他人翻刻除另稟　商務局憲外合詞稟求准允立案出示嚴禁翻印并請札飭縣廨一體出示曉諭並照會　租界領袖美總領事立案等情到道據此除函致　租界領袖美總領事暨分行縣廨一體立案示禁外合行給示諭禁為此示仰書賈人等須知文明印書局編譯各種書籍均係該職商等苦心經營而成爾等不得私易書名改換面目翻印漁利倘敢故違一經該職商等查知許即指名具稟本道立即提案不貸其各凜遵毋違切切特示

光緒貳拾捌年陸月初七日示

萬法精理

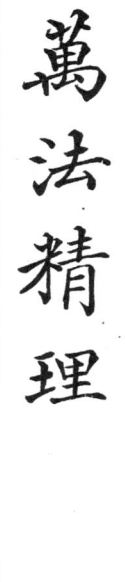

桃源張相文譯

萬法精理

（卷之二）

上海文明書局出版

萬法精理卷之二

第一章　論政府之元氣既異民法刑法有繁簡輕重之差

第一節　論各政府民法繁簡之不同

第二節　論各政府刑法繁簡之不同

第三節　論法官當據律文以斷獄

第四節　擬定斷獄之法

第五節　論君主自爲法官

第六節　論立憲國執政官不可爲法官

第七節　論獨斷之宰官

第八節　論政體既異訴訟法不同

第九節　論政體既異刑有寬嚴之別

第二章　論政府之元氣既異奢儉程度及女子之分限不同

第五章　論攻軍之法律

萬法精理卷之二

第一章 論政府之元氣既異民法刑法有繁簡輕重之差

第一節 論各政府民法繁簡之不同

立憲政不能如專制者之法律簡易。蓋立憲政必有司法院曹。既有院曹。必予以斷獄之權。其斷獄者。必諳練肄習。使今日所判決。較之明日。晝一而無差。乃爲治獄之平。且於人民貲產性命。必有以保護之。與國憲並立而不動。此其大綱也。立憲政之司法官。視人民之貲產性命。繫一己之毀譽榮辱。故於其是非曲直之間。必詳審精密。而推鞫之法官之見信於民既久。其判決所關繫彌重。不得不益勵精勤。

故立憲國之法律。尙有無數條例。無數限制。其規模彌覺恢閎。因其定則。以區別各事而部署之。論理一科。遂爲專門之術矣。

居立憲國之人。階級門第。秩然各有差等。而貲產多寡中。又分差等。加以此政府特有之憲典。更著爲一定之法律。其間分別。愈繁而愈密焉。卽如我國區分民產。有父家毋家之別。有動產不動產之分。若者爲眞有地假有地。若者爲可紹續可讓受。若者爲買件嫁資匳具。若者爲有期有役之借地地租年利。千條萬緒。悉數難終。授者受者。一遵國家之定則。名目既多。法律之不能簡易者勢也。

立憲政施行籍田之法。由是分田以爲貴族世襲之資。否則受采地者。不能宣力以事君也。故以世襲維繫之。因是變例蓋層見迭出。有某之采邑。不可分於其兄弟者。有某季弟所受分。比諸兄爲多者。例不一。故法愈繁也。

立憲國君主。必周知其國各州之情實。故各州立法既殊。習俗亦異。君主皆能容受之專制國則反是。乃定爲畫一之法。嚴酷不撓。以行其私意。使通國中奉行惟謹而後已。蓋一則順乎民情。一則無違君旨也。

立憲政因法院之斷獄。層累有加。故雖同一法律。而用之者彼此有相矛盾之處。一由於昔日法官決獄與今日異其趣。一由於獄同而此申訴辨難得其宜。彼申訴辨難未得其宜。毫釐之差。千里之錯。有由然也。夫法制安能無弊。法愈密則煩碎愈甚。終必悖乎政體之寬和。制法者知其然。欲矯正之。而革除不易。何以致無訟之治乎。人民思伸公義。不得不求之法院。此乃憲法之例使然。若值斷案矛盾。或定律不一。公義豈皆能伸乎。

政府於人民階級。既有以別之。其階級之高者。予以特別之權。殊榮之典。因之法律繁多。節目亦難僂指而計。諸受特準之賜者。其於社會中。人民視爲最優異之人。亦不限制其申訴法院之舉。又且爲人仰望。彼此可以相選。至兩造欲向何法院申訴。其論竟有不能決者。不又爲一難事乎。

專制國之情形。與立憲正相反。政府制法。不求合於民情。宰官決獄。亦不求協於公是。全國地利。君主掌之。無立憲國所謂不動產之屬於民法者。君主既掌全國土田。故無承襲紹續之律。甚至如某邦竟有以君主之尊自營商業。壟斷大利者。是商律亦無存也。人民每與所畜之女奴爲配。故其民法中所以保存婦人之財產利益者。尤稀見也。更足駭者。僕妾之羣。欲自伸其志氣。百中難得一二。平時志氣尙不能伸。況於法官之前。敢自達其意乎。彼女子之所謂道義。以順從父與夫與主人爲善。雖宰官亦不得過問也。

專制國不知名譽之說。夫吾人之所以貴名譽者。爲貴之足以息無數之紛爭也。不貴名譽。從此多事矣。乃專制國若以爲吾有君主以統攝之。可矣。以外禁約。豈足恃乎。（原注專制國民不視法律道義爲重凡事皆受成於君主也）客之遊於其國者。歸讀其紀游之編。絕無所爲民法。吾嘗怪之。（原注墨黎巴斯坦曾無律法之文印度人因習俗以理訴訟其章陀古書第載教法而已民法不載）彼國訴訟豈無因不平而爭辨者耶。宰官既暴。法律又不具。人民之愚。雖欲弄刀筆以舞文。

亦徒爲官吏攉折而已。

第二節　論各政府刑法繁簡之不同

或謂決獄之法。宜如突厥之簡易。如其說。是以至愚之人。而謂其智於深明法律之人也。無是理也。

夫人爲恢復貲產起見。或爲損利負冤欲求申雪起見。以至於訟。如何鄭重。聽之者必詳審曲折。研究律章。而後定讞。其間煩冗繁難。不堪措手。然欲保各人之自由。以期於國基鞏固。人民安甯。故雖殫其心思。竭其智慮。而從事焉。不厭其苦。當其裁決時。焦勞浮費。淹滯危懼。種種不適。無非求得各人之自由。如此用心。不其厚歟。

突厥國絕不留意於人民之貲產性命名譽。其斷案也。鹵莽直捷。兩造既具。曲彼直此。片言以折。其律章亦不研求良否。法官任一己之喜怒。橫加鞭笞。而斷決之。其民亦有健訟者。强求伸達。銳意報復。堅持不下。政府亦復畏之。或且因瑣瑣忿爭。釀成大亂。故政府惟防健訟爲急務。而愿民則深藏詭避。以宰官不知其姓名爲大幸。卑苦之態。見者憐之。

寬和之政府何如哉。臣民雖至賤。皆愛惜其性命。視之至重。遇有大獄。不憚丁寧反覆而訊之。貲產名譽。不令損削。若死獄不因國人欲殺。不敢入罪。雖情眞罪當。尤必覆按至再而後致辟焉。較之專制政。仁暴懸殊矣。

一人（原注如羅馬之該撒英之約翰翟）崛起。而掌國權。胸中必有增損法律歸於畫一之念。其意全爲政府便利而設。雖亦關涉臣民之自由。究不爲臣民之自由。熟慮審察也。

共和政章程之繁。無異立憲政。皆以臣民之貲產性命名譽自由權爲重。臣民之身。價値愈貴。則法律之名目愈多。

共和政之人民。皆立於平等之地。專制何嘗不平等。但共和政事物必屬於民權。專制政無是也。

第三節　論法官當據律文以斷獄

政體益近於共和。斷獄之法。益見審定之詳。斯巴達之共和政。初無伊保利（注見前）爲法律之標準。擅斷獄訟。爲一大錯。羅馬置統領官。其職如伊保利。顧任一己之私見。擬定訟獄。未幾覺其不便。始設一定法律。令斷獄者有不得不遵之勢。專制政無法律。官所執行。即以爲例。立憲政不然。官以法律明文爲準。或其事無明文。則勉究法律中之精意行之。共和政法官必遵法律明文。蓋恐不遵則於人民之貲產性命名譽相關之獄。不克解釋。釀爲民害也。

羅馬法官於人犯某罪。照法律明文科罰之。大綱不過如是。觀此可知其爲古法所留遺也。英國有陪審官。法官決獄當否。須陪審官是之。乃照律定以相當之罰。凡皆以律爲準而已。

第四節　擬定斷獄之法

擬定斷獄之法。其間或有差異。即以立憲政中之法官。爲判決曲直之人。凡同僚會議。各伸其意見。以商定之。以參較己之意見。若同僚三人。一異二同。即屈此一人之意見。以從彼二人。則不能用此法也。羅馬及希臘之爲法官者。無會議之法。第就各員意見分爲三類。一曰以爲可赦。一曰以爲宜罪。一曰予於其事尚有所疑。蓋二國之共和政體。人民有判決之權。而未必皆通曉民法。況獄訟繁變。尤非人人所能周知。故由法官指示辦法。有獄則法官斷其宜赦宜罰。又於其判斷之宜駁斥者。一一敎之。使之決定可否而已。

羅馬人取希臘法律。制定決獄之法。獄事異則訴訟之法亦異。其間管理之人。有一定規制。使人曉然於其事實。以致爭訟之情由。使爲一定。亦不得已也。不然。恐訴訟之時。曠日持久。情狀蕃變。致難分別也。

是故羅馬法官之理一訟也。不得妄有增損出入。或且爲之限制。大宰官於訴訟法中。更立一法。（何注謂事實法）聽法官區處。是法雖屬共和政體。然亦適於立憲政體。法蘭西於一切訴訟。無不立事實法。（原注法國爲負債致訟者。原告雖所訴過實。而被告未陳償負之意。則訟費由被告償之）俾遵守勿替。其明證也。

第五節 論君主自爲法官

佛稜人墨甲勿爾。因失共和政之自由權。乃謀覆其政府。事洩而敗。羅馬習俗。凡事涉羣衆者。不由羣衆判決。故論之曰。佛稜人治此案。但置法官八員。可謂少矣。然奸黠者亦能籠絡此數員。使變其志操也。是言也。可謂切中事情者矣。大凡國事犯利害雖關於民法。而弊之中於政法者實多。救弊者宜預設良法。以置民生於安全。若第以民判決民訟。猶之治己。治己往往有窒礙難行者。

羅馬乃立二法以防其弊。一則被人訐發者。未定罪之前。許歸其國。一則罪人家貲。不得籍沒。即人民判決之權。亦立法以爲之限制。梭倫鑒人民決獄濫刑之弊。欲矯正之。有亞婁帕斯法院。覆審人民決獄之事。果宜懲罰。乃再付之人民。使定其罪罰。或過重。則停其罰使更判之。並臨以最尊貴之宰官。使司監察。又使其民互相監察。以防其罔縱。法至善也。且設爲一切章程。使決行遲緩。有罪者且繫獄。不敢輕於罰不辜。務爲鎮靜。以靖民激發之氣。待其衰息而後公論自出焉。

專制政之君主身可親爲法官。立憲政不然。使立憲政君主親爲法官。則國憲必失墜。徽特上下失所依據。卽能斷之舊法亦廢。人懷懼心。生氣奄然。要之立憲政以人民信任愛戴共葆其名譽而務期於安全。則君主之威權乃益擴張也。

又得一喻。立憲政之君主實司殫糾之局。（原注謂原告）得以懲罰罪人。或赦免罪人。至親臨訟庭判決是非。是猶以原告而兼法官。不免失體。且立憲政往往行籍沒財產之法。君主得沾利益。若親臨斷獄。是既爲法官又爲原告。於理尤未順也。況君主躬爲法官。不免棄其宥過緩刑之榮名。（原注栢拉圖嘗謂君主既兼爲教正不當親臨法院斷定人民之死罪放逐）若己所定罪而赦免之。一人之行前後牴牾。民之瞻之者將疑此赦者爲無辜乎。爲初犯乎。徒亂人意而已。

法國公爵吳哈烈德之獄。路易王十三世欲親臨訟庭而判決之。乃召司法官及議政官數員於內閣商量可否。且欲發特旨以捕公爵德俾留爾（原注法院名）之議長曰。君欲親判臣下之罪。誠爲咄咄怪事。夫人君者將下赦罪之詔以成美德者也。

刑罰之事。宜委之有司。今陛下果臨法院。放逐其臣。目覩其不再見天日。毋乃於人君之度有損乎。億兆又何所賴以希恩澤。不且羣情畏懼乎。使或親臨而爲赦免之舉。則是法教宜誅者。置之不問。徒令人懷不平。而離心離德也。其後獄決法院議長又曰。返觀舊例。吾君王身爲法官。置人於死。古來無此治獄法。不可謂非失德。其言如是。不足鑒乎。

又況君主親判獄訟。保無嬖幸之臣。顚倒黑白。巧其技以熒君聽。而流爲偏私乎。是惡直醜正之舉。不一而足也。統觀羅馬全史。其極苛暴時。有是非倒置。使人心驚異者。皆由其君主狂惑。而喜親臨訟庭也。

達奚德曰。克羅底斯帝收攬宰官之權。親判訟獄。自是强奪掠取之政。日以滋紛。耐羅帝嗣位。撫慰其民。下敕於國中曰。予愼矣。有訟事來者。予不親決。不復召置兩造於宮中。使受佞臣之荼毒也。瑣喜斯曰。亞嘉德司帝之時。讒官誣告之徒。相結爲黨。橫行四方。其毒燄蔓延於禁中。戶主有死者。出一紙詔書。籍沒其貲產。帝之愚暗。良可駭歎、而皇后尤黠悍異常。恆爲嬖臣內豎所蠱惑。政之苛暴。民不聊生。正直之人。竟有樂死以免斯苦者。

普羅科標司曰。吾國當初宮中肅然。曾無小人濁亂之羣。迨突基尼安帝臨朝。立法。始失斷獄之自由權。民之控訴者。皆不之法院。而之宮禁。於是宮禁爲訟獄之淵藪。來者蟻集。而雜沓矣。蓋民亦知宮禁之決獄。皆以賄成。卽罪在重典。猶可出入也。

是故法官決獄。而人君以法律準之。則法律者。猶人君之耳目也。若親爲法官。是棄其耳目之用。而授人以蒙蔽之隙。雖欲伸公義。得乎。徒爲小人所欺罔焉耳。

第六節　論立憲政執政官不可爲法官

立憲政。輔弼之臣。亦不可兼掌斷獄。使兼掌之。害與君主親臨斷獄等。某國有關涉財政之訟事。因置法官數員輔臣臨而觀之。抑若不信法官者。然由是衆議譁然。不以爲是。觀此一端。他可知也。

夫置內閣議政官與司法官。用意各殊。議政官宜少。司法官宜多。何則議政官宜當機立斷。無取道謀。司法官虛心靜察。以解百紛。員少則不給矣。

第七節 論獨斷之宰官

非專制政不得有獨斷之宰官。讀羅馬史而知獨斷宰官之濫用其權。害亦甚矣。當時獨斷之宰官曰阿標斯者。於己所定之法律猶壞之。其臨法院。能不蔑棄國法乎。羅馬史載戴賽維（羅馬宰官之名阿標斯即其一也）之惡行。足昭烱鑒。其言曰阿標斯曾賄屬人使於訟庭誓言威西尼亞爲女奴。威西尼亞戚屬乃援阿標斯所自定之法。謂當保領是女。阿標斯詭云吾法爲其父設也。時其父威西紐斯出征在外。聞之大憤。馳書抗辨。然終不聽其保領。此獨裁官害政之明驗也。（何注威西尼亞者百夫長威西紐斯之女也當時有美人之稱阿標斯悅其色欲强奪之賄屬人誣告其爲奴隸女其父從征於外聞女難馳歸訴於法院宰官與誣告者表裡爲奸訟不得直於是威西紐斯知女終不免手刃之歸軍營暴宰官暴虐狀舉兵入國鳴阿標斯之罪下之獄戴賽維之職遂廢紀元前四百四十九年事也）

第八節 論政體既異訴訟法不同

羅馬有國士訐國士之罪之律。夫羅馬以共和政體治其國。其重國士也。爲其以實心愛國。故舉公權以屬之。定律如彼。非偶然也。及共和政一變爲帝政。尚守共和之舊而不改。其弊遂至惡黨横行。蠭起而訐發此輩奸險多智圖利而忘義偵伺人罪。迎合君主之意。陷人於刑辟。以釣己之譽而致富焉。吾國無是弊也。今吾國之法律甚善矣。執法行政之大權歸於君主。命官監視各法院。如有過則以君命糾責之。故吾國初無訐告之事。若夫民有寃抑。官或徇私。摘發者之姓名亦必顯示於衆。俾其周知。

柏拉圖之法律。凡有罪不告於宰官。及宜助宰官而怠於事者。皆有罰。此不適於今之政體也。蓋今有人民之代訴官。其職在保護國士。使之安居而已。

第九節　論政體既異刑有寬嚴之别

專制政以嚴形峻法爲主。立憲共和政皆不然。政務寬和。民皆有愛國之情。而皆知廉恥。惟恐或遭譴責。類能救過於未發之前。其罰罪之至嚴者。特暴白其罪以示警戒而已。制法者防民有罪之意多。罰民之罪之意少。以道義相勸。不以刑辟相殘也。

支那之學士有言曰。刑網益密國運益衰。蓋刑辟繁則人心風俗之壞可知也。泰西諸國以刑政寬暴決人民自由權之消長。二者足相發明。專制政之民忍恥而偷生。不得不治以嚴刑。共和立憲之民。畏苦痛甚於畏死亡。故奪其性命而止。凡人習於安樂。則以困苦爲難堪。戰勝之霸主驕恣。苦修之僧徒枯寂。所遇迥殊對鏡可知也。吾人發惻隱之心。在調劑斯民之苦樂。適其中焉可矣。

人之境遇不同。因之性情亦異。一國之民。豈復有殊。試觀民拙營生。君行暴戾凌辱摧折。習爲固然。斯其國上下之間。必皆以殘忍刻薄爲主。故惟寬和之政。能養成斯民仁慈惻怛之性情也。讀突厥史至蘇丹（原注突厥帝號）治獄之條。其刑辟之殘酷。人民之慘痛。幾令人掩卷而戰慄焉。嗟乎彼其民獨非人乎哉。

政體寬和。制法者類屬賢明。則於治民時可以悟刑罰之作用。斯巴達之法奪民貸妻於人反假人妻之權利。又民家除處子外不得與人結交。此法殊可怪。然尙足以懲民。蓋其政素寬和。不論何法。行之皆有效也。

第十節　論法國之舊法

法國舊法。已具立憲政之精神。卽罰鍰一條。貴族重而平民輕是也。（原注法之贖罪法如平民納四十瑣斯貴族須納六十瑣斯）至於加刑。則嚴於平民而寬於貴族。何則貴族罹刑。則失立朝之體統。而爲畢生之大玷。平民卽止及其身。已無遺罰矣。

第十一節　論民性純良可致刑措之治

羅馬人性分內之德義殊厚。制法者惟示以公義。人民皆能率由。故與其以刑辟威之。不如以德義導之也。其王國時法律。及十二銅表刑辟。至共和時代釐定。孚哈利亞（原注羅馬國王廢斥之後孚哈利亞普流拉制定法律後復改正）波夏（原注羅馬建國四百五十年之制）諸法。概歸廢棄。然於政事民事。皆無害也。孚哈利亞律。若國士不服宰官之判決而伸訴於國士總體者。宰官不得以威權抑制之。犯之者但使徒受不義之名。而不須更設刑辟此可以參考者也。

第十二節　論刑辟之作用

法律極寬和。其民感動敬服。法律極嚴厲。其民畏懼恐怖。二者可實驗而知。暴戾之政府。起視國中有不便不利之處。欲爲革除。乃不行舊法而行新政。從事嚴酷。弊則除矣。然政府究自傷其天和。民心習於嚴刑。久且視如寬政。免而無恥。法至酷於無可加。亦一難也。某國多盜。特設輪刑。（何注以車輪軋殺）盜風頓止。未幾盜復橫行。可知亦刑嚴之無益矣。

吾國今日之兵隊。脫走數復不少。欲救斯弊。或議以死罪處之。然不聞因死刑之罰而脫走之數或減。蓋兵士之不畏死。習與性成。即使畏死。亦不肯形於色。形雖慘何益乎。夫治兵之法。宜敎以廉恥。兵有罪則施以終身蒙垢不復能白之典刑。乃爲得宜。否則刑法之用轉窮矣。

治民之道。不可偏於猛。吾人之用刑辟。宜謹慎。出之方不誤於所施。間嘗考究人心頹敗之由。皆起於罰不當罪。赦不當情。非起於刑典之寬和也。造物賦人以羞惡之心。使之自相策厲。故吾人宜體認恥辱之罰。爲極典。然或且攘詬忍尤。而恬不知恥。何歟。良由其國習於暴政。平時之善惡邪正無分也。世容有不用嚴刑。民益不知儆懼之國。是必其政府用法過刻。纖屑之過。懲以重罰。所致。無疑也。推其嚴酷之原起。亦因制法者欲革當時之弊。思慮所及。惟在除弊。不顧其他。庸詎知目前之弊雖除。而嚴酷之害。流毒無盡。民固習慣而不懼乎。

李三德大敗雅典人。後有人告雅典人之罪。曰彼曾舉兩舟俘虜。投之於崖。且其國會。曾議定俘獲敵人。悉斷其手。殘酷至是。悉宜駢誅。故李三德數雅典人之罪。除亞代曼外。皆盡殺之。以亞代曼嘗極言國會所議。爲不可也。李三德執費洛斯數之曰。汝使人民心術邪慝。殘忍刻薄。此罪當誅。如是之罰。可謂允矣。

濮達基曰。雅典人聞阿基孚司人處其國民千五百人。同以死罪。乃舉行懺罪之祭典。遂亦起殘忍之意。以爲禱於神可免譴也。

人心之涼薄有二類。一在不恪守法律之時。一在法律不能匡正人心之時。至法律不能匡正人心。立法者已自處於涼薄矣。烏足與施防維之策乎。

第十三節　論日本法律之缺

（何註此節所論據百餘年前荷蘭人所傳聞頗有誕妄之處若爲改正則失作者之舊故用原文）

刑典過嚴。專制政亦將頹敗。觀於日本可知。日本帝之尊大無與比。倖逆其旨意。科以重罪。故是國之犯法者。動輒處以大辟。其意不在懲戒罪人。專在揚君主之威。何則。日本帝既主一國。國民皆爲其奴隸。罪無小大。均關係於君主之利害也。其民若陳虛詞於宰官之前。即得大辟。尤戾天和。（何注人於一身利害所關不得已而矯詞以對難免無之以爲大罪反乎天理人性矣）其人偶一舉動。自以爲無過。而不知已陷刑辟。如赴劇場有棄擲金銀者。罪在大辟是也。

日本國民之性。執拗剽悍。不顧危險。不懼災害。氣魄頑固。實堪駭異。故雖用殘酷之法治之。不得謂執法者之不仁。然其民絕不愛惜其軀。曾有以細故自刎其腹者。如是而徒以刑威治之。適以固其心思。爭爲殘忍而已。欲變化其氣質。能乎否乎。

遊於日本者。記其教育之法云。日本教育兒童。極爲温和。恐其習於嚴厲。而性情流爲刻覈也。又云。日本人待奴隸亦甚仁柔。恐其計無復之。而爲走險之謀也。嗚呼。日本人治家如是。得之矣。何不以此法施之治國乎。

明君賢相之厲精爲國也。立法必持平。刑賞勸懲。權衡至當。型方訓俗。實能變化民之氣質。又或設勸賞之典。納斯民於福祿之林。務期安全。民氣有不靖者乎。且制法者。患非嚴刑不能畏民志。則何不更設他法以待其所歸。繼猛以寛。優柔漸漬。而風俗自媺。然而專制國往往不能如是者。政體有以限之也。如日本者。循其舊而長日加益焉。不流於嚴酷不止矣。

民俗桀驁。不用慘酷之刑。不能懾服。此日本法律之所自昉也。其治國之精神。未嘗不能振奮。然而刑法酷烈。國勢不免孱弱。卽以盡力斬刈耶蘇教徒觀之。不適爲暴其內力不足之証乎。

古帝某有耽於晏樂不册立皇后者。忽憂一旦宴駕。大統無嗣。敎皇與以美女二人。納其一。無寵。其保傅乃爲之下令國中選色以進。無足當意者。其後得囪人之女。寵遇之。生一子。宮中妬殺之。秘不令帝知。緣恐觸怒而成大獄也。是故法律嚴則有罪者轉致漏網。此自然之勢也。

第十四節　論羅馬元老院之精神

亞西流斯古拉普毓比孫之爲統領也。制亞西利安律。原注亞西利安律凡有罪者使罰鍰永不得爲元老院議員及舉爲官吏以防人之鑽刺夤緣。希求官爵者。兌俄之政論曰。當時從元老院之議。因命統領定此法也。蓋有故。谷耐留斯用嚴刑處彼犯科者。民都畏服元老院審定其事。以爲嚴刑雖足服一時之民心。其弊也。至於異日有犯科者。人皆不敢訐發。若政體寬和。則訐發者多。吏得繩之。人皆服其罪矣。洵不易之論也。

第十五節　論羅馬法律中所定之刑辟

羅馬人之圖治也。有改革政體者。必并其民法而改革之。其刑辟必比附政體而定可知也。王國時懲治奴隸及逃亡宵小之法極酷。共和政府之意。決不欲以戴賽維（何注十員專政官）之苛法。編入十二銅表中。奈好為暴政之人。每欲破壞共和政體何哉。

李維謂泰流士賀司台流士論阿爾巴之總領官。刑梅兌士瑣字倍拉時。用二車支裂其體。殘忍至此。豈尚有人心。眞絕後空前之奇獄。抑不知十二銅表中往往有如此嚴刑。（原注十二銅表法律有火刑又竊盜罪皆處以死刑）李氏之說誤矣。

戴賽維之當國也。凡文士詩人作詩歌以諷刺時政者。皆擬以極刑。彼亦知共和政之民氣素盛。故設為苛法。以摧殘之。豈復計人民之自由。而求合於共和政體乎。但欲以弭謗而已。（原注息拉亦與戴賽維同志增譏刺誹謗之刑律）

戴賽維廢黜之後。一切刑律。皆從廢革。但無明文。波夏立法有一條云。羅馬國民不可置於死罪。則是戴賽維之極刑。皆歸無用矣。李維謂羅馬人不以寬刑為悅。

蓋指當時情勢而言也。不但刑辟之寬。羅馬人視爲固然。卽訟事未結。宜罰其罪者。有脫去其國之權利。羅馬人可謂天然共和人之性情矣。

暴虐無法。自由無限。莫如息拉所定之谷耐利亞律。其意在增設罪目以待犯者之入罪。立故殺之名。以科人罪。此等新獄。踵起不息。猶之爲阱於國中。以陷致其民也。

息拉法律。以水火極刑懲治罪惡者十居八九。其後該撒臨御。又加財產籍沒之律。蓋以舊律放逐罪人財產無恙。因之犯者益多故也。

帝政國設立武治政府。蓋謂武治足以懼民。因欲臣民皆懼君主威嚴。是以設階級品位。制爲禮法。定上下尊卑之分。其政體漸近於立憲。刑辟亦分三類。第一類加於國中貴人。用法殊寬。第二類加於中等之人。稍形嚴厲。第三類懲罰下流。嚴酸極矣。

墨奚米奴帝欲節制武治政之暴烈。濟以寬和。卒乃以暴易暴。終受愚暗暴虐之名而不辭。加俾德奴言當時惟聞磔殺某人。投畀某人於豺虎。或以某人之身縫於獸皮。沓報於元老院而已。絕不聞元老院有德意之孚人望者。帝欲以軍律修文治也。豈不謬哉。

讀羅馬盛衰原因論。可知孔士但丁帝於武治政府。一變而爲文武兼治之政府。漸近立憲政治。是國屢經革命之變。嚴厲之政流爲偸安旦夕之政。厥後有罪者竟不被刑。法制蕩然矣。

第十六節　論用刑宜平

制大罪於未發。比之制小罪。用意宜深。防社會之公害。比之防其小害。警察宜密。刑典之輕重。必有準則。以應其罪之輕重。爲斷。此制法之要也。

昔羅馬東都有匪徒倡亂。自稱孔士但丁兌嘉司。及就逮問。加以鞭刑。因又承曾誣告國中貴族。乃坐讒謗罪。以火刑死之。夫倡亂大逆之道也。而其刑轉輕。寬嚴失中。良足異也。因而服英王查理第二世之言有味矣。一日英王途遇囚人檻車而過。問左右以所犯之狀。侍臣答曰。此囚曾著書讒謗宰相。因坐此罪。王歎曰。愚哉囚乎。何爲讒謗宰相。若讒謗朕躬。宰相必不問矣。（何注此言權貴之尊過於人主猶之反逆之罪輕讒謗之罪重之意）

巴息帝時有謀叛者七十人。帝但處以鞭刑。焚其鬚髮而縱之。一日帝遊於囿。有鹿狂奔。角挂帝帶。侍臣拔劍斷帶。救其危急。乃以擅對君主用兵刃。律梟其首。刑之不平如彼。何說之辭。吾國法律。爲盜與殺人。治罪無輕重之差。可謂一大弊政。夫爲保民而用法。其間必有寬嚴之別。奈何同之乎。

支那於盜且殺人者。支解其體。但爲盜者。止於誅死而已。如此定律。其國雖有盜而殺人者。蓋寡矣。俄羅斯律。抵盜與殺人同罪。故爲盜者。必兼殺人。其恆言曰。殺人不言。謂滅其口也。

若法律中不立輕重之差等。必宜使罪人懷赦免之望。英國雖有盜。而多不殺人。彼罪盜有時而減等以流也。殺人之罪。則無赦免之望。

君主下赦書。於寬和政體中。實爲美德。若加以謹愼明察。不令濫妄。獲效非淺。專制政體不施赦免之條。且多窒礙而不能行。具無此利益可知也。

第十七節　論刑訊

人類不能無不善。遂視法律爲重。以爲必如法律所禁。而後可謂善良。此不得已而自認也。今試取一訟事言之。證人有二。所言皆同。以法律準之。就其中所謂眞實之處。而判決焉。猶之行昏禮之妻。既生子女。卽以爲嫡。信乎法律者人之母。判決者斷其能守貞否耳。至刑訊罪人。固難借不得已以爲口實也。

今吾歐洲鄰國。莫善於英。政體美矣。其民沐浴於福澤。蹙罪人刑訊之條。而不聞譸張爲幻之舉。故知治獄用刑。未爲要術。（原注雅典人非謀反大逆不用刑具有罪不承至三十日之久乃用刑否則不用羅馬人非謀反大逆凡有門閥爵位或居武職者皆不用刑訊）博學明通之士。皆謂榜掠之不可用。剴切著論。不煩贅述矣。然專制國及往古希臘羅馬之於奴隸。則皆以榜掠訊問爲事。背乎天理。尚有不能已於言者。

第十八節　論鍰刑肉刑

我歐人鼻祖日耳曼人治罪至重罰鍰而已。不用他律。此蓋專重自主自由。而性情善於戰鬥。非執戈殺敵。不忍見流血之慘。而日本人則反是。不令人以貲贖罪。以爲恐富室作奸犯科因之倖逃刑典也。殊不知富者之惜貲財無異於貧者之愛身命。且鍰律量人貧富以定等差。愈富而罰愈多。更加等而爲示辱之罰。則又何不可用乎。賢者之立法。以公平明允爲權衡。不專用鍰律。不偏重肉刑。乃可謂能執其中矣。

第十九節　論報復之法

法律喜從簡易。專制國之恆理也。故用報復法者多。原注回教可蘭經立報復法。立憲政亦輒採用之。然其間自有界限。非如專制國之徒設是法也。

羅馬十二銅表法典。載報復法二種。其一原告之意未伸而無他律可援以滿其意。則許行報復。其一罪案擬定。而使罪人出貲以贖。亦寓報復法。是漸趨於罰鍰之端也。

第二十節　論以子坐父之罪

支那國律子若有罪連坐其父。秘魯之法亦然。此皆專制政體中之法律也。支那於子罪。何以坐其父乎。謂父不能盡父道以制其子也。豈得謂之近理乎。支那可謂不善全人之廉恥者矣。吾國則於人之不幸而罹刑辟者其父母子弟概不與罰。（原注栢拉圖曰罪人之子不但不宜罰且當賞其不與同惡之善）蓋吾國愛惜人之顏面至深視辱人之舉猶支那誅戮人之重也。

第二十一節　論君之仁恤

仁慈之目。人君獨有之美譽也。共和政以德爲主義。故不必以仁慈之目爲榮。專制政專以威權制權貴之跋扈。仁慈之用亦甚尠。若立憲政則名譽自尊。與法律相因爲用。法官判訟其罰人也。亦奪其名譽之榮。罹於刑罰爲大辱。而已蒙汚辱之垢。其恥比刑辟尤甚也。

立憲政懲罰貴顯之人。用示辱法。禁絕其財富之益。任事之權。朋友之懽。遊晏之樂。以束縛其自由之身。此等禁絕之法。足令人知所儆懼。不必加以嚴厲之刑辟也。所謂示辱法。亦惟褫奪其親近君主之榮幸。其人居貴顯之位。追絕其衆人尊敬之心而止。

貴顯之人。身家未必保全者。惟專制國則然。立憲政務以保全斯人身家之安全。以爲政體攸關也。

人主仁慈。則百事賴之。其利溥哉。愛敬生焉。榮譽立焉。人主遇可施仁慈之事。卽視爲福利所在。況仁慈之隨處流露者乎。

君權之尊。容或爲人所覬覦。至欲移其鼎祚。則絕無之。是故國人爲爭王位與王冠而戰則有之。爲己身命而戰者。未之前聞也。

或問罰罪赦罪。各有其宜。施之不當。毋乃不可。予謂欲得其當。須依規則以定之。若行仁而有害於事。最爲易見。人君偏於仁慈。優柔不斷。失刑受侮。欲救正之固非難事也。

矛利斯帝誓不欲見臣民流血。亞那達休帝竟致刑措而不用。伊沙克安善斯帝臨政。誓不戮一人。希臘諸帝。謂人君有殺人之權而可自忘之。彼民豈有不治者哉。何注仁慈者人主之德也而不可偏於仁慈此諸帝皆知君之治民當以德義刑罰之權有不宜輕用者也

第二章　論政府之元氣既異奢儉程度及女子之分限不同

第一節　論奢侈

奢侈者。以衆人勞力所得之財。爲此數人享用之資者也。若國中人貧富均平。則奢侈者絕迹矣因知奢侈之消長以貧富之失均平與不失均平爲斷

今欲貧富均平。無過不足之差。宜設爲法律。於各人之所有。必性法上之要需不

可或缺者有之卽爲已足。不得逾分。蓋逾分則財多糜費。一出一入。運行之間。而貧富卽失其均平矣。

譬如有甲人於此。於性法上之要需。其支持一家。既有此萬不可缺之富。更無餘裕。因認定此富若干之額數。稱其額數爲奢侈之零度。（何注以是爲判別貧富之原）若乙人之富。於達其要需之額數有一倍。則乙人之富。可稱奢侈之一度。又有丙人。其家計之富一倍於乙。其富爲奢侈之三度。若又有丁人。其財更一倍於丙。爲享用七度之奢侈。如是則丁之富常倍於丙。丙之富又常倍於乙。以此數計乙丙丁之奢侈。互相乘而加增。計其遞加之數。列表如左。

甲○	零度奢侈之零度	乙○	一度奢侈之初度
丙	三度	丁	七度
戊	十五度	己	三十一度
庚	六十三度	辛	百二十七度

柏拉圖立共和政。計算人民之奢侈。爲四等之分限。原注初等之富止有世襲之口田其他則算其口田外之富自第三等至第四等立爲區別但柏拉圖之法律人民之富口田過三倍以上者乃准許第四等以上者無之初等之富。纔免貧乏之界。第二等之富。倍於初等。第三等三倍。第四等四倍。初等之奢侈當零度。第二等當一度。第三等當二度。第四等當三度。以次遞加。每進一度。

欲比較兩國民之貧富。而得其奢侈之度數。宜先通算一國中各人貧富之不同。然後通算兩國人民一律貧富之差。復用比例法。卽可得之。如波蘭國中人之貧富甚爲懸絕。通算貧者居多。以他富國較之。此國奢侈之度甚低矣。

奢侈之度。與其國內府邑戶口之多寡相關。故欲得其實數。必以其全國之富者。與其各人貧富之差。加之散處各地人口之多少。用比例法計之。乃可知也。

府邑之戶口漸殷繁。因而居民之意漸喜浮華。酬酢之間。以奢費爲榮譽。勢所必然。若戶口雖多。而來往不勤。則虛文自少。況戶口本非稠密者乎。夫奢侈卽生於喜榮譽之心也。欲致人分外之尊敬。乃專尚夫誇多鬥靡之舉。人情然也。故必貧富平均。則此類之氣燄自息矣。

於是而今有一不便利之故生焉。凡精通一業一術者。挾其技以求售。而才能稍劣者亦涸跡其間。爲吾人日用所需。不得不求助於若輩。而彼劣者乃飾虛值以相誑。則一定之比例因而相消。譬之訟事必得律師。疾病必延醫者。優者給求。劣者貽誤。故不可無鑒別之識也。

數萬人麕集於一都府。生計繁難。往往因互相交涉。反致閉塞而窒礙。識者均以爲言。而吾謂不然。麕集既衆。則凡希冀之端。需求之物。嗜欲之累。從而日增。交易必因而繁昌矣。

第二節　論共和政之節儉律

共和政。貧富能得平均。更無奢侈之足慮。前論已詳。抑共和政之美善。優於他政體者。全在貧富之均平。奢侈之度數。益低。政治益美備。羅馬初世及希臘當年。人民絕無奢侈之事。實緣貧富均平故也。交易盛而工業勤。民有天然之利。以長養子孫。各安分限。豈尚有奢侈之患哉。

共和政於土地均分之法律。視爲必須。務謀實濟。此法律本意。雖爲公利公安起見。而出之以急遽。草創時而割甲之富以與乙。顯然與甲爲仇。推之於乙亦然。則數家傾覆。一國騷擾。亦亂端所伏也。

若共和政奢侈成風。民心不能純一。則各鶩營私利而忘公義。此必然之勢也。惟能滿其需求之願而卽止者。於一身名譽一國光榮外。無他營。情欲之感自不萌矣。自人民薰染於奢侈之習而無量之情欲以生。且至仇視限制奢侈之法律。其弊不可以久。萊薛鎭戍兵。習移於奢侈。至於屠殺居民。其穢惡有由也。

羅馬人志向頹壞時。物欲熾而無饜。物價日增。其景象可見矣。布哈勒尼亞酒一壺。價值一百台那利。（原注羅馬貨幣之名）自洪頹斯運入鹽肉一桶。其值四百台那利。上等廚役。給傭資四達倫忒。（原注亦羅馬貨幣名）侍童傭值又高出人意外。奢侈流行之弊如斯。雖有德者亦無如之何矣。

第三節　論貴族政之節儉律

貴族政立制不得宜。則舉國中貨財。必爲權貴之家所壟斷。然奢侈者固此政體所忌也。故宜禁止一切糜費。人民極貧而不得生財之道。與極富而無費財之方。此貴族政之常事也。

勿尼西曾立法律。使人民謹守節儉。其國民褊嗇性成。自非伎寮。不敢濫耗其所蓄。伎寮濫費而無譴。百工反以儆衣惡食。終其治術大要。在于維持工業也。

希臘之富者舉行祭禮。聲樂競奏。車馬交馳。雜沓輻輳。奢費浩繁。因而官府有消糜蓄積之奏報。蓋富財之累其身。與窮乏之苦其身。正相等耳。

第四節　論立憲政之節儉律

達奚德曰。日耳曼之細毓耐人。其風俗極尊重富者。因而習與性成。終受治於立憲政府。由此觀之。奢侈之適於立憲政。乃天然之理也。豈宜設節儉律乎。

貧富不同。乃立憲政之要義。其不能免於奢侈者勢也。蓋富者用財不能自由。則貧者無所藉以爲營生之貲。是故富者必量其所有之度數。而奢侈加增焉。緣恐私財屯聚於一家。勢且刻剝他人之生計以爲利。不如以向所聚之財散之以給所失之家爲愈也。

立憲國維持之術。在應乎人品之高下。以爲奢侈之度。勞力者不如工匠。工匠不如商賈。由商賈而官吏。由官吏而貴族。由貴族而居權要之大臣。層累遞加至於君主。非立此差等。國民難免衰亡。

羅馬奧古斯敦帝之治國也。元老院之議員。概屬方正端嚴之宰官。與淹通民法之學士。及能守國初淳樸風俗之者。老議者欲嚴敦女子之品行。而矯正習俗之奢侈。帝乃託詞以謝之。帝所以不從諸臣之議者。蓋欲改共和政爲立憲政也。

戴信流士帝之時。有尉兌爾官。（原注主管公工者）創議於元老院。欲復往古之節儉律。帝固非無識者。不用其議。曰。今日大勢。宜爲國計民生籌之。休養羅馬國民。豈無他策乎。保存藩屬。又豈無餘術乎。昔日爲一府之居民。要以節儉約爲當然。今則以四海爲富。原彼君臣供我役使。當此盛世。豈可墨守古制乎。味此言。其不以節儉律爲適於當日政體明矣。又有創議於元老院者。曰。藩鎭攜其妻室之官。因之習于驕貴。是宜禁絕。帝亦不之用。總之以峻厲嚴肅之氣節。一變爲溫和優柔之風尙。國人行誼。亦因而移易矣。

奢侈爲立憲政所必須。觀以上各說。而益見專制國亦然。唯立憲國尙奢侈。而人民得安享其自由權。專制國尙奢侈。適以爲虐使奴隸之具。彼其奴隸之身。倖而一時爲主君所寵眷。因假之以役其所屬之奴隸。有今日得之明日失之之患。故當其快意行樂時。驕蕩淫佚。惟恐不至。此專制國民之常態也。

統而觀之。共和國因人民奢侈而致滅亡。立憲國因人民窮乏而亂紀綱。此最易見者也。

第五節 論節儉律如何乃宜於立憲

模擬共和政而得其精神者。其舉措自與人殊。十二世紀之中。亞拉貢國（原注今之西班牙頒定節儉律。其功令曰。無論君民。膳不得用二簋。除獵獲之鳥獸。可任便烹調外。凡日用常餐。概不得有二味。瑞典國至今猶施行之。然與亞拉貢之宗旨迥殊矣。

政府何以施行節儉律乎。爲欲經綸一國。調劑而得其平也。是共和政設立之旨趣也。今就其著於外者觀之。亞拉貢國殆學共和政而得其精神者矣。

又有整頓財政。爲抵制他國之計者。節儉律亦宜施行。今使異邦輸入之物值過貴。則以吾國輸出之物獲利以償所失。固足相抵矣。若有時禁止吾國人購用異國之物。則外物之輸入忽焉中止。是吾國之利益彌多。此今日瑞典國施行節儉律之旨趣也。如是法律。卽立憲國亦宜用之。

要之。其國益貧。而用外輸之物益多。則國勢衰微。轉瞬可見。故抵制外國。不得不用節儉律。其國益富。而用外輸之物雖多。轉足助其熾昌。若用節儉律則非計也。

此卷言經綸國事而行節儉律耳。至對外國而施節儉律法。詳於論貿易部中。

第六節 論支那之崇儉

政府別有主義。不得不行節儉律。如尙農之國。生齒日繁。老幼力穡。以養億兆之生。如是而務奢侈。爲害實大。惟嚴定節儉律。方爲得宜。是故政府當計較其國戶口之多寡。營生之難易。以審定於奢侈節儉之間。如英國土壤肥美。秉耒者及製造毧氈者。給養有餘。是國民風。喜玩物工游技。雖稍奢侈。但去其泰甚無妨。法國亦然。其田穀足以養人。國中輸出玩好之物。易他國有用之需。利復倍蓰。習俗雖稍侈靡。何傷乎。支那國則不然。人民蕃衍。雖野無遺地。食尙不足。必振勵勤儉之精神。如共和國之禁奢侈。乃能立國。其重農工。遠遊樂居。必然之勢也。

觀支那國古帝之政策。可見其勤儉之主義焉。唐高祖之命毀佛寺也。明永樂帝之禁開鑛山也。金某帝之禁文繡。警游惰也。著在史策。諄諄然以勤儉訓其臣民焉。

第七節 論支那國奢則致禍

讀支那歷史。自建國以至今日。朝代鼎革者二十有二焉。每朝興廢顛覆。殊甚。內亂何止一二次。三代文治休明。版圖不廣。治之亦易。故歷數最久。後世創業之朝。治譜隆盛。帝王亦仁慈明察。及其季世。漸卽怠荒。蓋創業之君。親與諸臣櫛風沐雨而來。知前朝君相荒淫而失其國。殷鑒不遠。近在眉睫。由是力戒荒淫。務修德意。至三世四世。去國初遠矣。祖宗創業艱難。甯復顧念。放蕩侈靡。習以爲常。日事晏遊。怠於政事。聰明遂塞。天壽亦促。外而大臣擅權。內而奄宦恃寵。盜弄政柄。利立幼君。上意不下通。下意不上達。民情壅閉。游食益繁。農工皆病。民不聊生。豪傑乘時崛起。放弒其君。簒奪其位。竊國者帝身爲始祖。傳位後禩。至於曾元。仍蹈覆轍。治亂興亡。循環不已。可勝慨乎。

第八節　論人民之節操

一女子失德。何與國家。然究其弊害。乃絕甚。蓋大綱既弛。人心放縱。必至敗壞而不可救。故民主之邦。專重女子之貞節。斯道墜地。識者以爲亡國之徵。政府傾覆之兆。故爲共和政立法者。必于此三致意焉。令女子之風儀。歸於方正嚴肅。所定法律。不特遏絕其猥褻而已。幷其影響所及。亦預防焉。男女遇會之間。嚴禁其媚悅之端。緣交際諂諛。胚胎懶惰。足破女子之貞操。而消男子之英氣也。甚至耽游藝。喜玩物。怠于家人生產作業。男惑于女。操守難堅。勢所必至。賢明之君。能勿禁之于未發乎。

第九節　論國家政體既異女子之分限不同

立憲政之有爵位品級。不獨男子然也。雖女子亦入直宮庭。故拘束其身者自少。且曰與士大夫交。殊有自由氣象。而搢紳之希圖富貴者。亦復慕與之游。以爲進身階梯。惟女子體質。究形柔弱。無英豪之概。好虛飾之榮。奢侈之端。所由開也。專制政之女子。無由招奢侈之尤。其奴隸於男子。恰若男子供奢侈中之一物而已。夫一國之人。必率由其政體主義。而合於風氣之流行。以施於一家。如專制國而與女子以自主權。法律嚴酷。譴責之至。能免於禍咎乎。故不得不檢束之以爲脫罪之地。其有放浪很惡妒忌諸過。旣難免咎。加之以局促之心。魂與雄毅之男子相處。狡黠之智。卽禍害之胎也。

共和政之法律。宜與女子以自由權。然其風尚。專在檢束品行。擯斥奢侈醜汚邪僻之事。無地可容。

希臘諸邦。曾無敎男子以品行端方之制。人民惟縱情欲。毫無檢束。男女淫媟。令人羞稱。其定婚之輕率。無異于朋友之定交。獨怪其男子雖放浪。而女子不乏貞淑有德行之人。治法注重女子。則非他國所能及也。（原注雅典特設宰官監視女子之品行）

第十節 論羅馬人家庭判斷法

羅馬人亦有監察官之設。然非如希臘祗以監察女子也。統國中之男女胥歸督視。于是有家庭判斷之制焉。（原注李維史記三十九卷帕提亞那利安黨之亂以此判斷法糾治女子少年凡敗類者皆罪之爲其好亂有害於共和政也）其法凡妻有失行。夫得召集妻黨。以審斷其罪。（原注考羅模爾斯法典妻有小過夫得召集妻黨判斷之權屬夫若犯重罪須戚屬中有五人同意者乃判定云云）此誠維持風化之良法也。卽爲夫者亦必凜凜焉不敢身犯不韙。蓋非行端者不能糾他人之不端也。

擬定判斷之罰科。須應機而權輕重。蓋事關乎人之品行心術。無一定之例可援。不能載于法典。特取法律中之精意。以比附人己義務之間。雖若甚易。亦必吾之操守有定。而始足以服人。固非易事也。

家庭判斷案中。有不免為公衆所糾彈者。若犯姦之罪是也。當時以姦案定為公罪。何歟。蓋共和政品行不端。關于政體之隆汚。妻女失德。延及夫父。皆不免有失行之嫌。政體因之壞矣。不然。天性之愛。人情所同。雖正直之人。孰不欲隱其妻女之罪。而使之免于刑典乎。其事可盡知乎。

第十一節　論羅馬法制與其政體俱變

有家庭判斷法以治其內。有公衆糾彈法以治其外。二法兼行。斯可期于弊絕風清。化行俗美。及此法廢。而共和政之元氣衰矣。

有所謂恒立審問法者。即以總督分任司法之權。而總督乃漸立科條。以侵家庭判斷之職。史家謂提比流斯帝設此法院。以爲創舉。實規復古制之訴答法也。及爲立憲政而風俗一變。公衆糾彈法。亦掃地無餘。推原其故。蓋慮有姦險之徒。憤女子之拒已。則搆虛詞以陷之。將有不可究詰者也。故需利安帝定律。凡摘發女子之犯姦者。必得其夫縱容之確証。乃可科罪。此令既出。公吏糾彈法大受牽制。不廢而廢矣。原注孔士但丁帝竟廢糾彈法其言曰行此法者是以一言破已定之婚姻且彰羞汚之醜事也 孔德斯帝欲復之。原注孔德帝嘗令於國中曰不發妻之姦者罪之至死 然時會變遷。已爲立憲政矣。此法不適於用可知

第十二節　論羅馬人治女子之法

羅馬之婦人。須隨其夫。且未經其夫特許。始終受制於主管者。不得獨行其志。所謂主管者。以戚族中最近之男子爲之。其限制爲極嚴。共和政行之。至爲適宜。立憲政則無庸也。昔時日耳曼人之女。亦有主管。畢生不得自主權。散見於夷俗法律中。卽設立憲政後。此風猶存。然不久遂廢矣。

第十三節　論羅馬諸帝懲姦之令

考需利安帝法律。其中亦載懲姦之罰。然察其意旨所存。實不足以正民品。祇足以証當時民品之汚耳。及爲立憲政而治女子之法亦一變。惟就其失行者創懲之。而輿論若不以素行高潔爲貴。彼蓋以爲帷薄猥瑣之故。於國家之治體無與也。可縱則縱之耳。

淫風既熾。乃不得已而思所以禁絕之。然玩其律文。祇圖苟安於一時。絕非爲風俗改良之計。奧古斯敦帝時。有建議請復總督及監察官之職者。謂此事雖微。有關於治道之隆汚最鉅。而帝乃託詞以拒之。其意可知也。原注奧古斯敦帝在位時有少年訐告嘗與結婚之婦通姦帝不欲罪之而難於昌言有間乃曰挑戲爲此罪之因宜付之遺忘乃釋其人而不問元老院有上言宜設禁令以端女子之品行者帝止之諭曰卿等欲警妻妾宜莫如朕之遇妃嬪議者問帝之遇妃嬪如何默然而退

奧古斯敦及提比流斯帝時。懲姦之案固嘗有之。然當時之民風既卽澆漓。而二帝制法之微意。亦別有在。嘗以一女子之故。而深文羅織。罪及戚屬。此其意豈爲懲姦計哉。實欲借以報私怨。便己圖。示其帝威之不可犯耳。故羅馬史家極口詆

爲暴政。

需利安帝之刑律最輕。殆不足以懲姦。原注見羅馬刑律匯解雖上烝之罪祇於遠謫 此外諸帝。則不預定淫律。許法官臨時出入其擬罪也。不問女子之當刑與否。而唯問其犯律與否。固不足以服人也。

提比流斯帝所以稱暴主者。爲其濫用古法也。帝不用需利安律。而別設家庭判斷法。以治女子。而其法亦祇用之於元老院議官之家。不概施於平民。蓋以當時世家大族。淫蕩成風。非此不足以糾繩之也。吾嘗論品行端正。非立憲政所最要。觀羅馬諸書亦足徵矣。

第十四節　論羅馬人之節儉律

由奢侈而淫佚。由淫佚而奢侈。二者每相因而至焉。夫人民之心志。既怠於檢束。遂至於放浪形骸。流爲邪惡。有斷然難防者。

羅馬監察官。時於宰官申飭常制外。特設規律。以維持女子之節儉。如法紐斯何注

（羅馬之統領官主禁民人用財之過限者）奧奚紐斯（何注羅馬之大法官主限民田者）奧標斯（何注羅馬之大法官主禁女子炫裝者）諸賢。其立法大意。皆不外乎此也。讀李維史記。當奧標斯立法時。曾有女子千百為羣。鬨動元老院。請解其禁焉。及華侖流斯墨西美果弛其禁。而羅馬人乃益陷於奢侈之惡習。日引月長。無所紀極矣。

第十五節　論政體既異女子之嫁資及利益不同

立憲國之為丈夫者。以保爵位享奢侈為榮。妻女嫁貲。不得不厚。共和政以節儉為宗旨。嫁貲有一定之限制。（原注馬賽爾為共和國中之至美者其嫁貲為金幣一百科羅文衣服不得過五襲）專制政之女子為奴隸。不賫以嫁貲。無足置議焉。

法國之律。夫婦共有其家中財產。如子周旋家事。不能自怠。此適於立憲政體者也。共和政視婦德。不如立憲政之重。專制政以妻女為其夫所有財產之一部。視夫婦共有財產之法為大愚。

夫女子誘掖男子。使願與偕老。其地位足以自立。故國家定律。俾得分其夫財產之利。而有一定之分限。無損於大衆之利益。然富乃奢侈之原。共和政不免受其弊。專制國於婚姻時所得利分。僅充營生之需而已。

第十六節　論蔡南特人之孅俗

蔡南特人之風俗。爲區域狹小之共和政。亦足收和孅之效。凡國中少年舉聚會於隙地。使互相考較。以第其品行之邪正。品行居第一者。許選其意中所欲之女子爲妻。以次遞下。各爲選擇。由是少年斤斤爲德不懈。其擇配也。均以德。得之其妻之容貌。奩資。皆以德爲差。不費國財而收莫大之效。有益於男女之勵行者實多。

第十七節　論女主臨御

埃及之風俗。凡一家之政。均以女子治之。固不適於人情物理。然以爲主君臨一國。轉能大治。何歟。蓋女子以温柔之質。統御一家。無以服剛强之男子。若君臨一國。則正取其天性温和。樹政府仁慈淑均之基。其收效良多矣。

印度人民。最悅服女主。彼國憲法。王室有男子。雖當立。而其母不出於王族。則甯册立母出王族之女。爲置大吏以輔之。而各分任其責。據斯密特之說。則斐洲諸國。無不盡然。若英俄二國之典。以女主臨民。適協其立憲專制政治之機宜也。

第三章　論政府之元氣頹壞

第一節　總論

政府之壞。其初常因元氣之頹靡而起。條辨如左。

第二節　論共和政之元氣頹壞

夫共和政以平等爲元氣者也。然其敗壞之原。則不在於不平等。而在於平等之過度。合通國人民。各有作法自我之心。卽向所委託之官吏。亦思攙奪焉。而不爲之下。由是有抗辨元老議論之舉。有旁撓宰官執法之權。有妄干法官判斷之案。此皆平等之過乎其度者也。

窮其弊。人民不復存懿德於共和政中。而羣欲侵其在上之權。而不遵其命。於元老院之議論。亦蔑視之。而養老尙齒之風以熄。子不孝。婦不順。臣僕不恭。專恣違反。習爲風氣。宰官之令。既格而不行。於是乎父不能教其子。夫不能統其妻。主人不能駕馭其奴。一切秩序皆紊。豈猶有尙德之影響哉。

賽努芬著會筵記。形容共和國平等過度之狀。最爲盡致。曰昔有賓筵酬酢。令各舉觴自述其最得意之事。而查密岱乃起曰。吾以最貧爲最得意。吾昔以富貴之畏人。不如貧賤之肆志。故求媚於搆陷吾者。使致吾於貧。貧則得意矣。曏者他人威迫吾。今者吾威迫他人。吾意所欲則行。不欲則止。富既去而轉予吾以自由之路。曏如爲奴隸。今如爲君主。曏納租稅於政府。今政府以貲給養吾躬。吾今日有得物而無失物之虞矣。即其言觀之。非共和政平等過度之象乎。

人民信任之宰官。欲自文其頹敗之咎。而愚弄其人民。使之趨於頹敗。必飾言其喜事好功之志。頻稱揚國家規模之宏遠深秘。其貪婪饕餮之思。諂諛人民。令入已牢籠而不覺。

國事腐敗之初。必始於一二事。其風漸蔓衍而不可窮究。人之操守不堅者。往往漸染其風。干國事以攬公權。掠公財以盈私橐。放廢之身。謬思管理機務。貧困之身。謬思享用奢侈。不干與國事。濫用公財。豈能足欲乎。

金幣之爲用利矣哉。通賄賂而得邀選舉。於其季世何足怪。蓋人民有無端之饋贈。必有無端之徵斂。求逞其欲。烏能不傾覆國家。一二人借自由爲名。獲其利益愈多。則鄰於危機愈速。暴官汚吏交鬨而爲苛虐之政。民之眞自由權不啻一息僅存矣。卒乃霸主崛興。恣爲魚肉。幷其前日借自由權所獲之利。亦爲朘削無餘此必然之理也。

由此觀之。民主政有兩偏極之弊。必當除之。兩偏極者。失平等之理與過平等之度也。夫平等失其理。不變爲貴族政則變爲立憲政。猶尚可爲。至過其度。必流爲專制政。其國全歸於霸主掌握矣。希臘諸人敗壞共和政。而不聞有虐民之事。何歟。彼國之民喜辨論甚於習韜鈐。加以調護共和政之心持之甚力。雖綱紀漸弛。終不至流爲霸政而移國祚。

西拉仇斯介居小國之閒。共和政一變而爲專制政。雖元老院尚存。而無與於圖治之機。史家亦不稱述其元老院事。國事隳壞。良有以也。其民受非常之困苦顚連。（原注是國因欲逐虐民者招外國人爲兵隊以致內亂其始國民與雅典戰而克之斯爲變易共和政之漸又有甲乙宰官二人甲奪乙子乙通甲妻互相報怨而共和政因之以革）自非專恣無賴之人。必受暴虐之害。雄桀獨立。柔懦爲奴。轉變倏忽。不可端倪。徒觀其表。國勢似乎強盛。猝遇外患。傾覆隨之。予以爲民風至此。卽衆至億萬。不爲虐民者所虐。卽自爲虐民者以肆虐他人。二者必居一焉。慘怛之狀。何忍言哉。

第三節　論平等過度之弊

眞平等之理。與過其度之相距。猶霄壤之懸隔。蓋平等云者。謂人人皆無發令之權。而人人皆有從令之義者也。發令之人。與從令之人。一切平等。故從屬之人。非可以抗長上之令。而爲長上者。亦素知從屬我者。與我有平等之理。而不以非禮相加。則一國皆平矣。

由性法觀之。人類皆禀平等之理而生。固無彼我尊卑之別。然而此理豈能永葆。社會既通。愛惡相攻。不平之爭以起。欲有以復之。舍法律何以哉。民主政有綱紀整飭者。有綱紀不整飭者。其整飭者。人民各安其分限。郤如平等之際而止。不整飭者。庶民欲與宰官元老法官平等。妻子僕從欲與其夫其父其主人平等。嗟乎法律者。維持平等之具也。法律亡則平等紊而大亂隨之矣。懿德固有之良。實與自由權相輔而行。爲問自由權之過其度與甯服從人而稍失自由之理者。孰近於懿德乎。曰自由權過度。不如服從人者猶得相安於無事也。

第四節 論人民頹壞之特因

國家異常之事業。多成於人民。自人民習於專恣傲慢之風。不能控馭。始則宰官猜忌人民。後乃人民猜忌宰官。夫至人民猜忌宰官。則仇視控馭己之人。且將仇視控馭己之法矣。雅典於薩拉密斯峽之戰擊破波斯大軍。因斯大捷。遂壞共和政。西拉仇斯克雅典後共和政亦壞。而遂促其國祚。殷鑒不遠也。馬塞爾共和政。積小以致大。不勞而成。是政策以謹慎爲主。獨能固元氣而常存。亦足爲師資矣。

第五節　論貴族政元氣之頹壞

貴族政治人者與治於人者。交失其懿德。則貴族乃萌專恣之心。其政因之頹壞矣。夫貴族政中貴族之擅權最易。亦既擅國權矣。而能遵守法律。則有似乎立憲政。而君不一君。何則貴族政本儼然具無數君主。所貴能各以法律檢束其身也。至於不遵法律。且近於專制政。有人民奉戴無數君主之象。

貴族擅權不遵法律。則人民之視貴族。猶專制國民之仰其君上焉。夫貴族政之象。惟覺貴族主持政體。以成其共和而已。乃反對立憲專制而自成一政體也。

貴族因仍而爲世襲。絕無制節謹度之思。此政治頹壞之極度也。是故貴族之員數少而權力大。其身彌危。員數多而權力輕。其身彌安。上至專斷之君。下極擅權之貴族。皆以威力爲危險之媒。

貴族世襲之政府。員數愈多。其政愈近寬和。此政具有懿德之數不多。其弊流爲怠荒。國勢因之萎靡不振。（原注共和政中有制法律以矯正世襲貴族之弊者以伯尼西爲最）若能覺悟貴族。使知擅權之樂。不敵獨攖危險之憂。由是深慮夫內而政府。恐不能保持法律。外而國事。恐不能底定艱虞。廟堂交儆。私室尋省。以敷其治安之謀略。則能維持國憲。擴張國勢無疑。

立憲政人有一種信任倚賴之情。以爲執事者之光寵。而致其盡心爲國之患。共和政無之。則必借外患爲恐懼之資。而後增修其德。（原注休斯坦以魏巴米達之卒爲雅典人失德之因蓋魏巴米達沒國民漸起競爭勉强爲德之心漸失費公財以行祭會）希臘人之能循其法律者。以有波斯勁敵之可懼也。羅馬與加太幾二國。隔海並峙。互相戒嚴。各增其國勢。久則自覺其鞏固無虞。而頹壞卽因之。猶之水流渟滙。而失發洩之路。終歸於腐敗。史傳中不多見也。

第六節　論立憲政元氣之頹壞

民主政之壞。由於人民侵元老宰官法官之權。而干與其政務。至立憲政之壞。則在於爲君主者。識見昏庸。蔪社會之特典。褫府邑之殊權。故庶民篡取政權。而民主政壞。君主收攬衆權。而立憲政壞。

支那儒者。謂秦隋之亡。（愚按，秦，何譯作陳，徵之史事不合，因音近而誤，今改。）蓋由其君狹先王之制。恃才矜己。傲很明德。猜忌臣下。無所專任之故。此言足以盡立憲政敗壞之原矣。

君主思慮不依秩序。而妄爲變革。奪臣僚之世襲。以與佞幸。轉運政機。不顧事理。好以臆斷。卽令勵精圖治。其政亦將歇絶。君主親裁萬機。舉一國之事。集於輦下。輦下之事。集於宮中。而身臨決之。立憲政又將歇絶也。要之君主濫用威權。知人民之畏敬己。而不知一不愼。將如專制之君之危險。其政體烏能不壞也耶。

第七節　承前

尊爵榮譽。爲一國人民所具瞻。至陵夷而爲汚辱賤劣之符標。則所謂大人君子者。已不足爲人民所尊敬。徒爲暴君所玩弄而已。立憲政之元氣壞矣。苟名譽之加。不稱乎其實。使人民之視名譽也。介乎可榮可辱之間。則政體之壞。更有不可收拾者。（原註羅馬提比流帝爲告奸者刻像於凱旋門與將相同列自是國人賤視名譽有功者不屑受之）若爲君者。改寬大之政而爲嚴酷。如羅馬帝以梅兌沙之像。（何注司報復之寃神）懸於胸前。訶牟岱帝使肖像者勉爲獰惡。冀以懼人。若是則立憲政亦將解紐矣。佞人當朝。惟以逢迎意旨爲工。絕無竭忠愛國之念。亦爲立憲政敗壞之大原。而君權之長。將無涯際。夫君權有限。則君位愈安。反之則危。徵之史册可知也。然至政體既壞。而爲臣民者。苟欲假用君權以實行其改革。君卽坐以謀反大逆之罪。亦無有不可者矣。

第八節　論立憲政元氣頹壞之危殆

共和政變而爲立憲政。立憲政變而爲共和政。其變者與受者。俱爲寬和政體。原無危險之虞。特恐寬和之政。一變而爲嚴厲也。

歐洲諸邦。概恃道義之力。以治人民。今日尙占十之八九。若夫臣弄君權。與夫霸主崛興。因戰勝之威。流爲專恣之政。雖有道義之力。不能敵其氣燄之盛。所必然矣。彼其氣運旣逢否塞。生文明之域。（何注歐羅巴）而受無端之凌辱。終將爲他洲之奴隸。可勝歎乎。

第九節　論貴族盡忠勤王

英國貴族竭誠盡忠。與查理王一世。俱殉社稷之難。先是法王腓立二世。乘英內亂。以自由權餌法國之民。令侵英邊。與英政治正相反。英國貴族。專以翼戴君主爲名譽。若與人民共執政權。以爲莫大之恥。

澳太利之皇室。曾抑制匈牙利之貴族。絕不計後日之賴其力以捍患難。孰知釁端之起。幾至覆祚。先是皇室不量國之貧富。橫徵暴斂。民不聊生。於是諸侯王擁土起兵。割據州郡。四方響應。國勢就傾。無或倡勤王之師者。惟貴族慨舉義旅。不挾舊怨不懼死亡其奮不顧身者何也。以盡忠皇室爲名譽故也。

第十節　論專制政之元氣頹壞

專制政之始基本不善矣。若復元氣不固。弊竇滋多。必招覆亡之禍。他政府不然。非不測之事變忽起。無傷於元氣。政體無凋敝之患。夫專制政豈無秩序不紊規制常存之時。然皆由風土之厚。人情之嘉。法敎之善之所致。故政令不變。君威永尊。調劑焉以底於寬和。非有異術也。

第十一節　論政府元氣善惡之徵

政府之元氣。一旦頹靡。則法律雖善。而徒見惡徵。禍患應之。若元氣盛時。法律雖不善。而轉得善徵。元氣鼓盪。百廢具舉。祥符嘉兆。不一而足也。

克雷特居民。惡大吏之專恣。欲使之遵循憲典。乃以兵刼之。非形同叛逆乎。然仗其兵力。鳴官罪。褫其職乃止。實由愛護國憲使然也。而國家亦因之不惜予以作亂之柄。是豈無害於共和政乎。乃克雷特曾不見其政體有害何也。以愛國之情深故也。原注官民之間雖互相鬩及遇外寇乃皆協和而共禦之今歷舉古來愛國之民。必以克雷特爲證。柏拉圖之書。亦曾記克雷特人最足重者。緣其視國如父母之愛其子。因其愛國之深。故措置國事。無不當也。

波蘭法律。亦載人民宜有抗違之舉。然卒不免釀成禍患。始知權宜挽救之術。惟克雷特人能用之而得其效也。

希臘設立體操術。因其國民有培養政府之大效。而使習技藝以爲用也。此與克雷特人權宜爲國之情相類。柏拉圖曰。開著名之校場。以造就卓絕之人。惟希臘及克雷特人爲宜。拍拉圖之時。於其校場操演武技。舉國人而從事焉。其制甚美。卽其始於忠貞之德有所缺。頗招物議者。至此亦爲公利公益起意。而不顧其私焉。（原注希臘人之體操術分舞蹈及角觝二科克雷特有吉烈德之武舞斯巴達有嘉斯德及樸勒吉之舞蹈雅典有拔拉斯之武舞未經戰陳之少年甚爲有益之操演也又柏拉圖之說角觝全爲戰鬭之演習也）然至懿德既失。則校場演習亦荒。人民至此。不思修養身心。實乃逞爲佚樂耳。

濮達基據當時羅馬人之輿論。謂希臘民風頹壞。陷於奴隸之習。皆由體操場致之。此臆說也。希臘民風之頽壞。乃由其心先趨澆薄。而後體操因之。決非體操足以壞人也。蓋當時人民集於遊苑。裸而角觝。其弊使少年之志氣卑弱。引起淫蕩之心。馴致有類優俳。惟魏巴米達之時。因習角觝而奏效者。如班人有流克丹之戰。乃大捷而揚其威聲焉。

方國家元氣盛時。其法律中之不善者甚少矣。嘗讀韋克富論。可以其言證之。曰救腐敗者非飲液。（何注謂法律）能爲力也。在盛液器皿之佳耳。（何注謂國家之元氣）

第十二節　承前

羅馬國初。甄拔法官。例於元老院議員中選之。古拉基姓諸統領。以選爲法官之特典與拏德。（原注有爵之武士）德修司以與元老院議員及拏德。息拉復止與元老院。谷達以與元老院拏德及司計官。該撤廢與司計官之舉。德安尼則於元老院之十長拏德百夫長中選拔之。

共和政體將失墜之時。欲救其弊。除養復元氣外。實無他善策。就使勉强設爲他法。亦適以增新弊而無救於其政體之失墜也。

羅馬共和政元氣盛時。舉國憲大權委任元老院。曾無弊端。及綱紀既弛。級級施匡救之術。或以其權委之元老院。又託之拏德。託之司計官。或使二局共任之。或使三局分任之。皮毛改革。其弊依然不絕。蓋拏德之懿德非優於元老院司計官之操守。非勝於拏德。拏德非必遠過於百夫長。畢竟人品無上下之差。以邪易邪而已。

羅馬平民。始而與貴族俱得與聞宰官之舉措。欲爲宰官者。皆慕與平民交驩。可被拔擢。而大展其爲政之才。此人情所同有也。殊不知其實際之舉措不盡然。彼雖擴張民權。以平民膺大吏之職。而選舉之時。投票者屬意於貴族居多。此無他。由人民有懿德。胸次寬厚。雖好自主權。不好親操政柄使然。及其道義之風既泯。喜弄政權者多。扶翼國家之心已渙散。或主宰暴政。或甘居奴隸。專恣傲謾。無所不至。自主之權失。國家之祚傾矣。

第十三節　論人民守誓詞之效

李維曰。亙久而不衰者。其惟羅馬民風乎。羅馬之民。制節謹度。不羞貧賤。數世矣。他國未之見也。

約束人民。使之謹守法律。無如誓詞。粵稽羅馬人確遵誓詞。因而成就事業。較之好榮譽愛國之情更切也。

古映杜斯新那杜斯居羅馬統領之職時。謀征夷魁及伏勒來之府邑。欲於府城召募兵卒。因大法官梗其議、乃傳檄於府城曰。嗟汝衆庶。若有與往年統領設誓者。宜來麾下。從我指揮。大法官聞之。謂往年人民誓約。爲前統領設也。古映杜斯安得與聞。何必遵其約束。與人民反覆辨論。然而人民皆服從古映杜斯。不從大法官之言。何則。羅馬人虔信鬼神。逾于其上之人。故不敢違其前誓而從大法官也。

羅馬與人戰時。士卒謀退守神陵。繼思曾與統領立誓。從之於戰場。相顧忸怩。竟不果退。又有欲殺統領者。謀已決矣。忽悟其人雖死。誓詞猶存。乃幡然改圖。一遵約束。是故羅馬國人或犯罪惡。必躊躇至再。終且堅守誓詞。不敢爲非。可見其意之誠矣。

羅馬自阜尼（何注加太幾良將漢尼巴敗羅馬兵處）大敗之後。人民驚懼無措。謀舉國退守西齊里島。於是上將奚標諭衆曰。誓言猶在。神式憑之。今雖敗。不可一步退。卒能萬衆一心。振奮拒敵。皆誓詞之力也。羅馬人者。如舟船在狂瀾怒濤之中。賴敎法道義之力以爲碇。故足支漂蕩於中流也。

第十四節　論改憲法關繫之鉅

雅里斯多德云。加太幾人深明治術。本行共和之政。自波利標斯（何注後於雅里斯多德凡一百年）波匿克第二役（原注與羅馬戰）之後。元老院因失其威權。李維謂第二役時。漢尼巴自戰場歸國。宰官與國民之巨擘。因緣爲奸。弄權竊柄。濫用公帑。封殖私門。種種弊竇。同時萌芽。宰官懿德。元老精神。無復再見矣。

羅馬之置監察官也。人民雖有時苦其煩苛。而治效實因之卓著。人所共知也。當時人民之流弊在傾靡於奢侈。不在元氣之不固。不得謂非監察官之能盡其職也。至古牢台迂斯帝時。檢束之權力既微。元氣忽焉頹靡。其害遠過於奢侈焉。斯時監察官之權亦微。與古斯德古牢兌斯竟弁髦棄之。

第十五節　論維持三政體元氣之良策

此節之義。臚陳於下四節。讀者統觀之。自得領其旨趣。

第十六節　論共和國

共和邦以版圖狹隘爲宜。至於疆宇恢廓。則難期久遠。蓋疆宇既大。則國人得有非常之富者。必不肯制節謹度。且任國事者。益形重要。則必不能任之一人。任事者獲其利益。必有抑制國人之心。以爲一己尊榮之地。逞其雄圖。乃至釀成禍亂而不顧。

大邦行共和政者。損其公利公安之事。無慮千百。又或有時牽掣於他故。有不得不從變例者。小邦行共和政則不然。人民利害。曉然易知。可以理測。自然詳悉。且人皆同心參贊。無或存私。弊端自少。無所容隱曲庇也。

斯巴達之能行共和政至永久何歟。彼國雖有百戰百勝之長。而不敢擴其版圖。且其所圖。專在擴充自由權。而利益所在。惟以榮譽之得失爲斷。

希臘行共和政之諸邦。固守疆宇。不事攻略。此風氣最爲歷久不變。其間有懷雄略遠圖之志者。實始於雅典。踵之者爲馬基頓。然其志亦惟制御自主之民。而不好使役之如奴隸。破聯合之盟。獨立而爲之盟主也。夫立憲政專在開拓封域。今希臘共和政之狀似之。蓋其風氣已全變矣。

不期保獨立而能獨立者。偶然者也。原注如小國之君主介於兩强國之間互相猜忌而小國轉得保其獨立亦有之特朝不保夕不能恃也 若欲以一府一邑。永保其獨立者。非行共和政不能。蓋小國君主雖弱於大國。而挾其威權以臨其下。則有餘。終爲暴政之媒。不殘虐其民不止。又如小國之君。常見凌於大國。并難免揭竿之民。謀爲叛亂之患。其君主或至蒙塵於外。雖亦連州比縣。而一城一邑既覆。他州他縣皆因之擾亂矣。行共和政。則萬衆一心。無所隔閡。庶幾弭禍乎。

第十七節　論立憲國

立憲國疆域廣袤。宜適於中。斯無過大過小之患。蓋過小恐其政或變爲共和。過大又恐君主聰明有所難周。且懼其公伯之食巨封者。有割地竊據之謀。各自爲小朝廷而不遵國制。所謂尾大不掉。其將奈何。彼其擁巨封之公伯。距輦轂之下既遠。刑威所不及。其不知勤王之義。固宜爾也。

查理曼帝經營區宇。大統既集。忽遭分裂之禍。是無他。版圖過寥廓也。其遠方牧守。竟至不從政令。夫豈制馭牧守無善法。不如割地而分治乎。要之地廣大則有不得不分之勢也。

歷山帝之殂也。大帝國忽焉分裂。亦緣其封內之希臘馬基頓酋長。各有獨立不羈之概。而麾下將帥。各擁戰勝之兵。屯於新略之地。如是而欲使之馴服。不可得也。

亞帝辣。（原注匈奴酋長）國帝歿無幾時。而朝綱解紐何歟。蓋帝生時。屈服數十王侯。使之稱臣於己。故帝歿而諸侯王仍叛之。

一朝以國權歸之一人。或以爲此大國挽回瓦解之術。而不知權歸一人。乃新立帝國之舉動也。其人民備嘗酷虐。不問可知。夫江河之水。常下注而歸瀛海。立憲之政。常下移而歸專制。夫至歸於專制。而滅亡隨之矣。

第十八節　論西班牙王國

考西班牙王國之蹟。正與吾說脗合。其國爲保存美洲之屬地。暴戾殘虐。乃至屠殺居民。卽專制之君。亦無是慘刻。且抑制藩屬。使之生計困窮。有歸命無他長策而後已。彼於湼埡蘭。亦欲逞其專暴之權。而終釀大亂。土人不悅班人之制御。班人亦猜刻土人之官長。互相凌軋。而國威遂因以衰替。其於義大利。仍能藩屬之者。抑有故焉。彼甚懼義人之離叛。乃大出貨財以羈縻之。義人雖惡班國之法令。

而貪其金幣。故暫服之。非心服也。

第十九節　論專制國

治大國莫如專制之君主。獨秉威權者也。其裁決機務。立斷無遺。政令所達。無間遐邇。守令長官。常存畏懼法令之心。不敢苟且怠慢。斯稱極治。法律令典。必出自君主之手。定然而地廣則事繁。其法亦必礙於事機而多所變易。

第二十節　結前

若夫小國爲共和之政。次國爲立憲之政。大國爲專制之政。欲維持政府使之元氣常存。必審度其封域內所宜。以定制度。增減芟改。時時有之。方爲合軌也。

第二十一節　論支那帝國

或有疑前論爲不然者。今爲辨析之。我敎士之遊支那者。歸曰。彼帝國政府能調和懿德名譽畏懼。吾黨所謂三政體者而奏其治績。如其說則吾之喋喋焉分政府三類元氣之言。殆爲詞費矣。抑思彼國不以鞭笞立威。則政令難施。原注倍德氏紀行云

支那之治其國皆鞭笞之力也 其視名譽亦不以爲貴。吾未知其元氣何存也。何注名譽者非奴隸習之人所能具也

吾國商賈航海至支那者。亦無言及支那人之有懿德。惟聞官吏刻剝其民之甚耳。培倫仁尺牘中。記彼國親王新歸西教。國帝大怒置於典刑。果如所言。則暴矣。

戴梅蘭氏及培倫仁尺牘論其國政最詳。吾因條論之如左。

吾不知我教士徒觀支那治國之跡。妄加贊美乎。抑其奉一教皇爲尊。性喜順從。故遊於印度。見君主專權。已覺欣悅。今赴支那。又見政府逞志無或拂逆者。故不勝歎服乎。蓋教士者。大抵欲感化國民以傳其教。故與其誘人民以順從之義。不如刼以君主威權。以動其順從之心。則已說易伸也。原注戴哈克氏遊記載某教士曾假康熙帝之威以箝制廷臣之排外教者 要之傳聞之詞。雖多謬誤。亦非無一二實事。然則支那政府其能久立者。必有特異之處。或由於風土之厚。或由於民情之良。感化於道義。未可知也。

支那風土雄厚。人種繁殖。婦人孕育之多。冠絕寰瀛。故雖苛政亟行。視人命如草

營。而無害於人類之蕃衍。古埃及國法。老王欲芟刈猶太人種。曾布棄兒之令。卽以是施之支那。亦無害於其生聚也。羅馬暴主耐羅使民必順從一人之意。支那國似之。惟其戶口滋多。有不畏暴君汚吏之侵削者。

支那與東方諸邦。皆以米穀爲養命之資。若値歲歉秋穫不登。民困於饑饉。嘯聚山林。騷擾州郡。雖其衆烏合。撲滅非難。然其爲國。疆域甚廣。王化難周。邊塞之區。往往有雄踞一方。跨有城邑。僭帝稱王者。

支那以數百兆之衆。而飢餒者多。致生叛亂。非政治失宜。何以致之。故較之他國救禍之策。倍覺難籌。其禍之作。非作於作之日。其來有漸。故受禍者亦愈酷也。

支那帝受禍於其民。與我泰西君主異。我君主政失其平。惟棄及身之富貴而已。支那帝直使社稷不保。首領亦不保而後已。

支那非無棄兒之風。幸人民蕃衍。故亦不覺。其人民苟不務農力穡。必無以爲衣食。政府亦視農功爲至重。人民勞力所得之穀實。無或敢攘。使民得安心隴畝。

租稅輸將以奉一人所謂敎稼明倫也
支那法制之可稱者不過如是彼政府欲以公義之說與專制之權並施然勢必不行蓋專制之邦本原已誤雖欲自爲抑制以勉合於公義轉至弊竇叢生其虐彌甚也
由今觀之支那不得謂非專制之國也其元氣在於民知畏懼跡其上古之世方域不如今日之廣大政體或亦與今迴殊也

第四章　論守軍之法律

第一節　論共和邦致治之方

夫保共和邦之難其易知也方隅狹小慮爲外寇所滅若其廣大又恐內亂滋生以致傾覆故曰保共和邦之難也民主貴族二政無論治否均不能免此兩害是蓋具於政體中無補救之術者也是故民主貴族二政宜先制定一種國憲內以

保共和政之利益。外以禦立憲國之勢力。如其不然。人情將漸趨於立憲國之風會。而不能安其故。常至於推戴一人。而無復顧共和政體。均未可知。內利益外勢力不相侔。且有數邦相聯合爲一共和政者。

聯合政府者。數小邦結爲盟約。相集而成一大國。所謂數社會編爲一大社會者也。其協同之故。以保全部於磐石之安爲主。希臘諸邦所以能盛其聲威至數世之久者。恃聯合之力耳。卽如羅馬能征服宇內諸邦。與他邦能抗羅馬。皆藉聯合之勢。羅馬威武維揚。他邦支持危局。不遂其荐食之謀。皆由多惱河萊尼河邊之諸蠻夷。見危急而結盟約。唇齒相依。以抵禦之故也。當時歐羅巴中之和蘭（原注由五十內外各異之共和政而成）日耳曼及瑞西之諸州。所以能永爲共和邦。其原亦由聯合而成。何則。昔時所謂一邦。乃彈丸黑子之地。難以獨立。必當聯合數郡爲邦。其形勢非今日比也。且昔之滅國。幷人民資產而失之。（原注資產謂民權貨物妻子寺院墳墓之類）不特如今之失國者。第失其立法行政之權而已也。故聯合爲尤亟夫聯合之共和邦。不惟能禦外寇。又能以弭內亂。所謂金甌無缺者此也。若聯合中有一邦欲纂弒其君。則自量其力不足以制諸邦。必因而中止。即使智足以籠絡一邦。而他邦之起與爲難者多。未免顛踣。或服從一部。其餘諸部競起而與抗。衆寡不敵。亦居必敗之勢。故難成也。又聯合中之一邦。人民蜂起爲亂。他邦起而勦滅之。亦甚易耳。至如流弊始於此邦。彼諸邦或薰染其習。從而矯正之。亦復非難。故聯合中之一部滅絕。而他部猶能保其獨立之權。雖或敗聯合之盟。各邦君權無恙也。

聯合政府既以諸小邦爲大邦。故內治則各國獨立。坐享其成。外事則倚聯合之勢。無殊立憲之强國焉。

第二節　論聯邦須政體相同

迦南尼特（何注地屬小亞西亞即今巴勒斯坦地當日爲共和邦）人之聯合。不能互相維持。由其集成之諸邦。有立憲國焉。故不免潰敗決裂。蓋立憲國雖小。亦不適於聯合之謀。

日耳曼之聯合諸邦。以自主獨立之府邑。各自戴其君主而成。其治蹟迥不如和蘭瑞西之共和邦。此立憲國不能聯合之證。立憲國之元氣。在於揚威武。拓疆宇。而以和平爲旨。共和政之元氣。在於謹守而已。其不同如此。故立憲與共和不能相合而爲聯邦也。

羅馬史云。韋特（原注羅馬之一府）人民以選立國王之故。至見擯於多斯迦尼諸共和國。希臘以馬基頓王與決政務。竟至於滅亡。此其明鑒也。故日耳曼聯邦合數王侯及府邑而成。而其主宰則以聯邦統領與自國之君主維繫之。

第三節　論聯邦所最要

和蘭之共和邦。凡欲與一州結聯合之盟約。必商之諸州。皆承諾而後定。是法極善。聯邦政所不可缺也。日耳曼國憲則無是法。若日耳曼採和蘭是法而行之。可以絕覬覦之望。夫既爲盟約而成聯合之國。固必凡事禀承大政府而不宜自斷也。

聯合諸邦之版圖不能相同。勢力不能相侔。蘭夏共和邦合二十三府邑而聯之者也。當會議之時。大府發言者得三。中府得二。下府得一。和蘭之共和邦合七州而成。各州區域。雖大小不齊。而各有一發言之權。

蘭夏諸府發言多少。視乎其國費而定之。和蘭諸州不從此例。以國權力之强弱定之。蘭夏之選舉法官府宰。亦以國費爲比例。和蘭則不然。各府自選其宰官與會議無關。故論聯合共和政之善否。宜師蘭夏。爲其政體最善也。

第四節　論專制政府安全之法

共和政以聯合保其安全。專制國以孤立成其固守。二者正相反。故專制國恆毀其邊塞之一部。堅壁淸野。以防外寇之入。

幾何學之規則。曰物體之面積益大。其周圍亦應之而大。故行堅壁淸野之法。雖非善策。然其國境既大。舍此亦無他良謀。專制國政多暴戾。民心不固。不能扞禦外敵。任其蹂躪而不恤。於是有一種分隔法。以禦敵。其法割距京遼遠之州郡封侯王爲其屬。如蒙古波斯支那帝皆有此藩屬。突厥於韃靼莫陶亞瓦拉提亞及蘭德勒華之邊境。亦置屬國以當敵衝。

第五節　立憲政府安全之法

立憲國雖不至如專制者之自就滅亡。然其國不大。不能免外寇之侵襲。故於邊疆築堡墩。屯戍卒。習武練兵。勇氣奮發。以爲防禦。尺寸之土。不肯委棄。有金城湯池之想。夫專制國不過患敵之掠其邊境耳。立憲國遇有外寇。必至交戰而後已。城堡者。立憲國之要害。不可無也。專制國則不然。緣其君無愛民之心。政既不善。閫外之事。不敢以委之臣民。國中要害之區。視爲危險。不足恃。何者。恐臣民據以作亂也。

第六節　論守兵

凡運籌帷幄者。宜先計敵來道里之遠近。與其扞禦擊退之遲速。以爲相當之兵備。敵軍若不時侵我邊隅。則常設守備兵以防之。其兵勢以防邊爲最要。宜度疆域之廣狹。遣調師旅。而應其程度。

法蘭西西班牙二國方域遠近相距。至便行軍。如有遣調。由此之彼。朝發夕至。出沒離合。指揮如意。此得其地利者也。

法蘭西京畿。位置最善。如有危難。偏在近郊。其遠地則市肆不驚。君主設防。亦密於近而疎於遠。此國人所以並受其福也。

波斯大國。一朝有寇警。不經數月。募兵不至。卽編營列戍。其距塞亦須數旬方達。否則孤軍懸於塞下。饋餉不繼。退守無地。遇敗而潰。其勢然也。是以敵軍之來。乘勝可入。直抵都城。卽檄鎭兵以爲援。而道遠莫致。各鎭將或見國家危急。叛而自立。擁兵不救。以致覆滅。是亦專制國之通患也。彼臣民忠義之氣不固。惟懼刑罰之及身。不得不奉一人之命。距輦轂既遠。刑罰不及。因而顯背王章。妄思闇干。迨至國祚已移。京邑爲墟。卽有裔子中興。恢復舊業。又將與州將爭城略地。無虛日矣。

夫君主所賫以爲雄圖者。不在於進而可攻。而在於退而可守。使國勢永無動搖之患可矣。至於版圖日廓。則新造疆邑。不能不啟戎心。此又必然之勢也。若夫立憲政之君相。欲伸國威。第宜謹守其疆域。此之謂見幾明決。蓋疆域狹隘雖形不利。較之疆域廣大之受禍。猶有霄壤之差。宜熟慮之。

第七節 考論

大國君主（何注法王路易十四世）在位年祚。至爲永久。敵國責以有混一區宇僕妾衆庶之謀。是說無他。畏其强盛而已。初無確據。使果欲逞厥雄圖。成一統之業。吾恐歐羅巴人民。并受其害。且及身與其戚族。亦受禍無比焉。幸而昊天監臨。眷顧我主。與我人民。使戰勝少而敗績多。不能一統歐羅巴。惟天錫之以爲强國之君而已。斯時臣民從征異國。有睠焉顧鄉里之思。無激發其愛國之眞意。雖或心慕寵榮。至於身羈異域。亦復雄心頓灰。鄉心彌切。忠義之氣消。瞻戀之情勝。卽有冒危險忍創痍耐疲勞之性。而終不能奪其游樂之懷。特性情灑落。縱軍敗身危。曾無愁慘之色。投壺雅歌。聊以自慰。如斯臣民。吾知其心不堅定。不可與成大事。一蹶不振。可逆料也。

何註此節孟氏論法國時事也。前指路易王十四世時事。後論法國人之性情。蓋當時路易王十四世之餘威未熄。君相之間。有好大喜功之意。而國力實形疲困。故孟氏以先君一統之志不成爲天幸。以諷止當時君相黷武之心。卒之孟氏沒未數十年。有拿坡崙之革命。兵威所加。幾至一統海內。然失利於西班牙。大創於俄羅斯。終至土崩瓦解。國危身辱而後已。乃服孟氏之論。有先見之明也。

第八節 論兵機

伯爵古西謂查理五世曰。英人在其本國。至爲恇怯。欲弭其亂。莫若使之自攻。此說以況羅馬加太幾人。亦復脗合。夫其國苟政治民事。議論紛紜。各爲朋黨。水火不相容。乃藉軍律以調和其間。使之釋內嫌而致死於外。一時雖稱强盛。而內亂未平。國人洶洶。猶治絲而棼之。亂彌甚而國彌弱矣。伯爵古西之言。固非常訓。黷武之國。當引以爲戒焉。

第九節　論列國兵力

一國强盛之勢。與他國比較而始著。治國者所當致意也。當路易王十四世時。較歐洲之兵力。以法國爲最强。當時日耳曼諸邦。勢散力弱。不遑遠圖。義大利亦然。英國與蘇格蘭尚未統一。迦斯德及亞拉貢兩邦。僅有合縱之名。無合縱之實。西班牙幾不國。交署奔命。時虞侵削。俄羅斯世稱野蠻之韃靼。未與歐羅巴之會盟。故我法得雄長於中原也。

第十節　論隣國之微弱

我法國若與微弱之鄰國相處。愼勿促之使滅亡。蓋我於微弱之邦。朝加一兵。暮略一地。在我以爲邀福無窮矣。而不知脣亡齒寒。報復循環。前日之逞兵威。不敵後日之受實禍也。得失不相償也。

第五章　論攻軍之法律

第一節　論攻軍

攻軍宜本乎國際公法。以調劑而整理之。蓋公法者。關涉列國彼此之交際。以爲一國政法之主宰者也。

第二節　論戰

政府之欲保其國祚。與人人之欲保其性命無殊也。故推此意以圖國家之安。不得已有開兵釁之舉。今夫一人至於存亡呼吸之間。不能禁其不殺人者。勢也。無他。我欲保其性命。猶之殺我者之欲保其性命也。所以兵釁之開。迫於彼此各欲保其生也。夫生物亦有然者。而况人乎。而况國乎。

人欲保其身而至於襲擊人。不得謂由我而襲擊之也。宜先赴訴於法院。請以法律讎之。自非事起危急。不得擅自襲擊人。至於一國之防禦。則與一人有異。有時不得不自我襲擊人者。今使吾國羣習於苟安。雖曰和平。轉以資敵。而自速其滅亡。苟非先發制人。無他長策。爲國者當知有是理也。

小國與大國爭。小國先開戰釁。以公法折之。小國爲是。何則。小國者。恐自速其滅亡之見居多。大國無懼也。

是故戰釁之開。其勢必迫於萬不得已。以無背於天地間之公理爲宜。君不得存好戰之心。將不得誇善戰之術。不本訓典。而輕於一試其鋒。雖戰而捷。得便利實爲榮名。而背理妄爭。至於伏屍流血而不以爲慘。豈尚有人心乎哉。謀人軍師者。愼勿假用兵戰勝以邀名。一將功成。暴骨如莽。不合公理。尙奚待言。彼喜用兵者。豈非謂藉是足揚君威而張國勢乎。然而大義獨伸。榮聞光被。四鄰翕服。君國皆安。亦何至專賴夫兵威耶。

第三節　論勝者之權利

有肇戰者之權利。而後有戰勝者之權利。戰勝者之權利。卽肇戰者之權利之收成也。故戰勝者之精神。必原始於肇戰者之精神。

得勝者收權利於亡國之民。其目有四。揭而舉之。以便施行。其一人性中之法。措置各事大旨在保存人類是也。其二天理中之法。己欲施於人。當思人欲施於己是也。其三政治社會所構之法律。由性法推行。而限其保存之久暫是也。其四事出於不得已。變通而行之。克敵後俘獲是也。滅國者全而有之。愼保而利用之。非徒屋其社戮其憝而已。

戰勝者待亡國之民。其術又有四。其一不改亡國之法律。而總攬其政法民法。其二新定政法民法。使其民遵奉之。其三析其國之社會而散之。使不能立。其四有屠殺其人民之權。第一條乃本於國際公法之理。今日所行。第四條昔羅馬人嘗行之。無當於公法之義。今吾歐洲教澤周浹。較之昔年治運隆替。奚翅霄壤。豈有如第四條者乎。是宜審擇其是非。試觀公義教法理學風俗。至於今日盡善盡美。嗚呼盛矣。

學公法者。拘牽古史成蹟。不知戰勝者之權利。有限於萬不得已之理。於是不免致毫釐千里之差。妄以戰勝者具有殺戮敵人之權。是則大綱已與公義背馳矣。因而所定條規。盡流慘毒。令戰勝之國人。天良未泯。亦不忍爲是殘暴矣。且征伐至奏凱而還。足以保全己國。可以止矣。又何取乎殺戮也哉。

學公法者。又誤會戰勝者有破毀人國之權。因而謬謂滅人國者。有破毀其人民生聚之權。其源既濁。其流不清。職是故也。夫破毀人國。非謂併其國民而破毀之也。國者。人所相集而成。離而不集。則民自民。國自國。故國民（何註有義務權利者）雖與國俱滅。而人民之身家。與國無關。可依然食息也。

謬說流傳。至謂滅國有殺戮其人之權。於是乎政事家更進一說。謂有驅人民爲奴隸之權。如其說。亦爲不義之舉耳。

戰勝者之權。至於保存其國土。亦不得已之事。若驅其人民而爲奴隸之權。則絕無之。雖或因時制宜。以其民爲奴隸。始得保存其國。然而戰勝者之所宜爲。畢竟止在保存。不在役其民爲奴隸也。

欲施保存之策。暫以其民爲奴隸。卒之永無解釋之期。此亦大背於物理人情矣。故宜示期他日得還其國之民之權利焉。實則驅其民爲奴隸。乃偶然之舉也。閱時既久。而所滅之國。風俗婚姻交際法律。彼此情意。融融大和。亡國之人與勝國且合爲一體。尙不可解釋其爲奴隸者乎。卽以此爲解釋之期焉可矣。夫戰勝者所欲得權利之故。在於兩國人情風俗迥不相侔。各執一見。不敦信誼。是以斷斷然不相下也。亦既合爲一體。可以止矣。

如前之說。非憑空構造之言也。我洲先世人（何註古歐洲北部之夷狄）曾以之克服羅馬之帝國。當時制定法律。在於戎馬倥偬之間。兵氣激烈之際。容失之嚴酷。漸次歸於公正平允矣。故不埧底峨士倫巴多酋長之法律。雖欲以羅馬民永爲亡國之虜。至尤里斯克昂的伯爾魯達利之法律。乃合羅馬民與發巴利亞（何註克服羅馬之北狄人）民同爲一體。非明諭也歟。

查理曼帝欲馴服薩遜人。奪其自主權與資產。路易王（原注別號戴盤鳥）仍賜之自主。是此王治世中之一善政也。蓋經歲月之久。因其服役之便。脫夷蠻習俗故也。路易王王業之恢自此始矣。

第四節　論亡國人民之利益

前言戰勝者仗其權利。行殺伐破毀之事。皆有害於亡國之人者也。而不知亡國之人之利益亦寓乎其中。政事家論之詳矣。果使國際公法能流行於全球。其利益入人知覺。皆願奉行之無疑也。

國之所以亡。乃因制度文物陵夷。而人心流於澆漓。法律廢而暴政行故也。使國雖滅而得免於殺戮破毀之禍。轉資補救而收利益。所謂不幸中之幸也。何則國政頹靡之時。不能革正其害民之甚。欲得弔伐者救之於水火之中。戰勝之兵之入人國也。亦既見其國富豪之家。千方百計。掠取民財於曖昧之際。殊堪髮指矣。其貧民苦苛政之殘害凌虐。更有控訴無門之狀。忽遇勝兵之至。敷政一新。去其蟊賊。以伸赫怒。有不馨香祀之者乎。

亡國之民。爲聚斂之臣所虐。直至國亡而始免於塗炭之苦者。是類不尟。其時民亦不擇君而奉戴之。豈尚有故主之思哉。假手於人以除其弊。吾見亦多矣。戰勝者取其財政而整齊之。則亡國之民。於從來未有之生計。轉以國亡而有之。積弊任其掃除。而惡黨化爲善良。正不少也。西班牙之克墨西哥也。當此之時。固宜施以和柔之敎。使之歸附也。乃以誕妄之敎施之。宜解釋其奴隸也。乃以彼自主之民爲奴隸。宜革其迷惑邪說。以人爲犧牲之惡習也。乃復屠殺其民。有善不爲。而惡則爲之。班人之罪。可屈指數乎。

戰勝者有挽救人國害民之義務。吾論戰勝者之權利。卽所謂出於不得已而適合於公理之權利也。此權利之中。戰勝者自宜存其好生之德。常身體而力行之。

第五節　論西拉仇斯王奚羅

吾以爲和約之善。足光史策者。莫如奚羅王與加太幾人所立之約。其約在革除加太幾人以子女爲犧牲之惡俗。夫王以一戰破加太幾兵三十萬。而所要盟詞。專注於利益其民之事。慈祥惻怛如斯。嗚呼。美哉。與是相類者。如帕德利亞人凡父兄衰老者。投之犬獒供其一飽。歷山帝一舉而革除之。帝之英武。亦可謂不惑於邪說者矣。

第六節 論共和國克服他國

聯盟合衆之國。甲起乙仆。如今日瑞士聯邦者。反乎事理者也。至如衆小邦爲共和政。與狹隘之立憲國聯盟。亦不切於事理。

共和邦有時新得一府邑。或新得一國。而其民之資格。適不能與於民主政之盟約。則善後之方最難措置。或曰是宜夷其地爲藩屬。役其民爲奴隸。然既置藩屬。不命鎭將。命鎭將。不畀之以重權。方足以資防禦。是轉不免以自主之權徇人也。而於共和政之大義荒矣。是故羅馬國初。於亡國人民仍用其舊有之君權。並國民中重要之職。亦沿之而不革。

使漢尼巴當日果克羅馬而歸。加太幾之共和政將何如乎。其危險可知矣。夫漢尼巴（加太幾大將當時徒黨之長也）雖敗績。猶足致數次之擾亂。況當大捷而回。顛覆國事何難乎。

哈努諫止元老院發兵援漢尼巴。蓋非有忌功之見。實知漢尼巴之不可以有功也。是以雅里斯多德讚美加太幾之元老院。謂爲共和政之最盛者。雖曰諛詞。亦有所見。何則。命將出師。遠在千里之外。請兵補額。原屬近情。元老院非慮不到此而不爲之者。豈無故乎。

哈努之黨。倡議縛漢尼巴付之羅馬。（原注哈努欲以漢尼巴與羅馬猶之加德欲以撻撒與瓦爾）或曰。當時加太幾政治極盛。毫無懼羅馬之心。然爲此言者。亦震於漢尼巴之威聲也

或又曰。加太幾豈不欲漢尼巴之成功乎。答曰。否。加太幾人經營四方。志在恢廓。獨於對岸義太利之軍事。而置之不問乎。無是理也。其所以不發軍儲者。意欲棄漢尼巴而不顧也。元老院殆別有苦心矣。

第七節　承前

民主國克服他國。更有一不利。蓋其政體甚不便於亡國之人。其滅人國也。所施之政策。貌似立憲政。而苛細過之。古今各國皆然也。亡國之人。不能與享共和政同有之利益。又不能冀立憲政獨有之殊恩。其情亦可憫矣。卽貴族共和。亦與此相仿爾。

第八節　承前

是故共和國克服他國而藩屬之。宜制定良法。整頓其政權民權。救其所以致亡之弊。而予民以利益。孜孜焉不遺餘力。吾觀義太利人曾征服地中海之一島。其治之也。制定政法民法。缺略甚多。乃設贖罪法以補之。卽政府剌得人民之隱慝。亦不得加以切膚之刑。又許島民得邀求特典。但君主所許者。亦第國民所通有之權利耳。

第九節　論立憲國克服他國。

立憲國不思拓境開疆。則不致衰微。可長保其國祚。其強盛爲鄰國所畏服。夫誰敢侵凌。要知一國自有其天然之分限。不當從事攻略。以過其分限。可止則止。乃爲得策。

有時迫於時勢。不得已而肆其雄圖。凡所措置而爲善後之謀者。惟宜易其君主。革其兵制而已。至於法律風俗。要必悉仍其舊。一以寬仁大度馭其民焉。

使立憲國務爲遠略而不止。則國中舊弊旣積。新弊更生。人心習於驕盈。都府繁華。餘郡之戶口消耗。吾常見之。蓋旣略取敵地矣。如令仍其舊國。亦爲無益。如欲據爲屬地。則國家疲罷。正復難免。新附之州郡。歲貢稅賦於都府。都府盛而邊境荒。勢所必然。烽火不驚。防軍亦懈。發屯遣戍。饋餉轉形支絀。緣民懷不平之心。有坐視之意也。其國家景象。輦轂之民豪奢。外郡之民疾苦。屬地之民殷阜。務遠略之實效乃如此。此猶球星之形。中心火燄。表面萬物叢生。中間惟荒寒巖石而已。不見一物也。

第十節　論立憲國克服立憲國

同一立憲國也。有時此征彼而服之。其疆域狹隘則宜築壘守之。幅員廣大。則宜屬地置之。

第十一節　論保存亡國人民之風俗行誼

戰勝者不徒使亡國之人。仍循其法律而已。必幷其民之風俗行誼而存之。蓋以人民之愛其舊時風俗行誼。比之愛其舊國法律。爲尤切也。

法人九克義太利。九被逐於其國。史家嘗論之矣。夫法人之風俗。男女狎暱。其常也。義國既憤其壓制。而又鄙其淫蕩之行。愈不可以一息安矣。

第十二節　論塞耳士之法律

波斯塞耳士王迫蘭台亞人除下等職業外。禁其從事。此非良法也。而塞耳士王行之。蓋其胸中別有陰謀。防其叛亂而已。更不計外寇之侵也。由是波斯與蘭台亞人幷歸於頹靡。而外寇果覬覦之矣。然則挫折亡國之人。不如維持己國之人。

使無變其樸質勇敢之氣也。

阿里德台。滅古迷後。百方謀弱其民。使歸於柔懦。乃下令曰。凡國中男子。年屆二十者。悉錦衣繡服。長髮而簪花。裳曳地而覆履。湯沐必備。鏡匳梳櫛。赴樂師家。必携女奴。齎傘帕香扇。各具。違者罪之。嗚乎酷矣。非徒計一身之安。不顧君權之僞主。安忍爲此乎。

第十三節 論瑞典王查理斯十二世

查理斯王恃一己之武勇以行軍。謀不亙於久遠。智小而圖大。國力不支。自促滅亡矣。夫與王爲敵之俄羅斯。固海內之大國也。民氣方新。勇於戰鬬。卽使稍有挫衂。猶不難以守爲戰。轉敗爲功。而查理斯王乃徬徨於波蘭之沙漠中。志滿意得。自以爲有統一宇內之勢。而忘其國步之危。而所謂勁敵之俄人。養精蓄銳。伺隙而動。遂困王於沙漠之中。開拓波羅的海。制黎字利亞而臣服之。斯時瑞典乃如流水之立涸矣。

查理斯王卽不亡于魄多瓦之役。亦必亡于他役。凡人急疾。命在危險。雖得良醫施治。而意外之災害。不可奈何。查理斯王天命已去矣。國運亦蹙矣。無可挽回。然推原禍始。不得謂非王之自絕于天也。

查理斯王之爲謀也。不能相度時勢。自作聰明。又復持之不堅。要之王非治國之才也。若居歷山帝麾下。任其指揮。或足當良將之目耳。

歷山帝運其謀略。無不如志者。以謹愼爲廟算也。是以波斯大軍。屢侵希臘而屢敗績。帝用希臘人以征服阿善休斯。一萬退軍。不失一卒。固屬希臘人兵械之利戰術之長。亦可見帝用兵之妙。波斯之輕敵挑釁。適自速其亡耳。

于是波斯人不能用反間之策。以弱希臘。希臘人庇于帝宇。正復不可動搖。帝以復一國世讐。兼併亞細亞爲名。由是人心興起。荷戈恐後。其術不旣妙乎。

民苟勤勞不懈。信宗教而力農業。其營生之計。固自裕。如國本如斯。一旦强敵入據其地。大可資之以屯師旅。蓋因糧于彼。而軍食不乏也。何注此指波斯歷山帝非如查理斯王輕舉而

入不毛之地也

帝王驕氣。可望而知。使經數次戰敗而不勝憤懣。終爲孤注之軍。自速其亡。又或信侍臣之諛言。欲一舉以垂英名。至喪其國。此皆驕氣乘之也。至如歷山帝有百戰百勝之勢。其象炎炎。而胸中常有道氣以主宰之。不誤所施。何有驕氣之乘哉。稗史家作帝紀。荒誕不稽。論者又務爲刻深。埋没帝之眞。而不知帝之精神。固閱萬世而不可掩也。

第十四節　紀歷山大帝

歷山帝之遠征。必先修馬基頓之邊防。使無外夷侵入之患。卽其控制希臘人也。能使之服從不叛。無內顧之憂。其伐希臘也。志在取之以成大業。（原註亞細亞之遠征）尤妙在調和馬基頓人。消其嫉妬之心。甘心効用。旣襲瀕海州郡而有之。復修陸軍戰備。爲海軍聲援。以成犄角之勢。其臨軍也。過衆寡不敵。則以訓練之精勝之。饋餉充足。兵士無庚癸之呼。帝之用兵。可謂無間矣。議者謂帝以戰勝而集百事。吾謂帝盡力百事而戰乃勝也。

創業艱難。不幸則一朝顚蹶。甚至有覆亡之禍。帝亦深慮之。故必默籌夫事之成否。而後發。不敢曰吾有天命任自爲也。武威既揚。連戰皆捷。其間冒危險之地。亦時有之。幸不敗衂。帝之發亞細亞也。先與帕德利亞及叙利亞之部落挑戰。是策固與該撒之戰瓦爾不同也。至凱旋希臘。攻代浦（何注埃及舊都）而取之。此舉非帝之本謀。方其圍代浦時。欲與講和。代浦人不聽。乃自取滅亡也。波斯之役。帝簡閱舟師。議其可用與否。部將柏梅紐以勇敢著稱。而帝之智慮深遠矣。帝誘波斯人深入危地。不得恃其戰艦之長。而以希臘必勝之陸軍克之。此方略何如哉。台爾民心頗附波斯。波斯亦恃台爾貿易之財以支用。唇齒相依。帝故先亡台爾。帝窺大流士（原注波斯王也帝之勁敵）於亞細亞召集各軍。其勢甚盛。而不置一兵於埃及直擣而服之。帝取希臘爲藩屬。在古拉泥克河之役。（何注帝以三十萬兵破大流士兵六十萬）其服台爾埃及。在伊斯休之戰。（何注波斯之軍騎步合爲五十萬死亡七萬一千人就禽者四萬人而帝部下死傷僅二百七十人）成一統之業。在愛柏納之戰。（大流士最後之敗績）伊斯休戰捷之後。帝惟修攻取之地之守備。而整理其政治。不汲汲於用兵。至獲大流士愛柏納之捷。尾擊敵人。不留一瞬之隙。追亡逐北。電擊霆奔。其取人國。猶之競馬而得褒賞之易。絕不覺戰征之苦也。此其攻略之術然也。

帝保安屬地之策。不又足重乎。波斯平定之時。或勸帝立希臘人波斯人之分限。爲君臣主從之交際。帝不聽。帝意視二國爲一體。無勝國亡國之區分。大業已成後之措置。較之用兵時肅殺之氣象。迥乎不侔。帝亦知强波斯人從希臘禮俗。將不堪憤懣。從而因之。又恤大流士王之母妻。始終不衰敬禮。使之沒齒無怨言。所謂其心厚於仁者非耶。故令亡國之人聞帝崩殂而猶感深出涕也。救民取殘。豈可與簒奪者同日語乎。帝之功業。在大定之餘。最增榮譽。上下六千年歷史不數覯也。

撫亡國之民。莫如使與己國之人婚姻相通。以聯情誼。帝則選亡國之民之女。册立爲妃。又命廷臣亦娶焉。故馬基頓之人民從而效之。互爲婚姻。是法不但帝用之而已。征服羅馬之佛朗克人不垠底人亦用之。西峨土人之於西班牙。初禁通婚姻。後亦弛其禁。（原注昔時法律婚姻不特分貧富亦分人種異同）倫巴多人非惟許通婚姻。且從而奬勸其國人。使與異國之人爲婚。惟羅馬人欲弱馬基頓。特設法律禁其國人與異邦人爲婚。則又用心之不同矣。

歷山帝欲恊和二國之民。開植民地於波斯。使希臘人徙居之。於是創立無數郡邑。安撫新略各部。大得民心。及帝崩殂之後。國中騷亂。兵禍不解。至而波斯各州郡。獨奉正朔。無一人離畔者。

帝慮希臘馬基頓之流弊。乃招猶太敎徒。使居於歷山大。以興起其民之信義。而不强其風尙之同。（原注其後叙利亞王不守帝制令猶太敎徒從希臘之俗大墜政府之權）帝於亡國之民。不獨存其風俗行誼而已。并不革其民法。舊君所任之邑宰令尹。亦任之不疑。使馬基頓人掌其兵權。政務壹以委之其國之人。蓋帝意防其民衆之叛亂。甚於防强臣之跋扈也。何注亡國之君主猶存其臣下或有謀不軌者然較之易置官吏虐民激變蜂起爲讐禍有輕重之差 帝於亡國遺俗。絕無蔑視之心。其國民有虛譽者。皆敬禮之。波斯歷代君主所毀希臘巴比倫埃及寺觀甚多。及波斯已滅。令各地再建。帝聽波斯人之奉教與否。不强使之。蓋帝於波斯人。猶其舊日君主。故於其居民之上等者。必保全之。民遂歸之如流水。何注人能安故國風俗守故國宗教則亡如不亡矣 昔羅馬人克服人國。因而殘毀之。帝則反是。故大纛所指無不服也。帝之所以能然者。一天縱睿知也。一不好奢侈。腹有經綸也。一褒賞有功不生鄙吝也。自奉菲薄。不妄費一財。至於國用所宜。揮萬金無吝色。內寢之間陳設不逾常人。而析爵分土。以與將士及希臘人。無不滿志。此其所以爲大度也。

帝之功業。巍矣炳矣。然而有爲聖德之累者。則殺顧禮德是也。然帝悔之甚。故反得仁聞。令後世史家忘其過而仰其德。不得不爲曲原之詞。且吾人讀帝紀。已震驚其事業矣。尚忍追咎其小節耶。今試以該撒較之。該撒飾虛榮。欲僭擬亞洲之帝王。而國民至於失望。帝則成如彼功烈。賢否不益見乎。

第十五節　保存亡國之策

國君征服人國。有宜施行之策。一以革彼專制之暴。而易以寬和。一以保存其危。使之同享利益。則莫施試証之今世之支那。

今日支那之君。所以能據中原而有之者。爲其於亡國之民。不加以暴謾之威。使二國之人不過其分限故也。駐防各省。滿漢各半。互相猜忌。以收束其野心官吏亦滿漢並用。法良意美。有足稱者。滿漢相制而相讐一也。文武之權均平。彼此維持二也。勝國廓其版圖。本國不生弊竇三也。若更能化其滿漢意見之私。自不至有內訌外患。不然古今旋起旋蹶之邦。往往而有以不能深思熟慮於成法之外也。

第十六節　論專制君克服他國

征服之國。幅員既廣。則治之不得不用專制之權。尋常兵備不足以彈壓之。由是設忠義獨固之軍。以爲親兵。國中有反側子謀爲不軌者。以親兵撲滅之。疾如雷霆。此親兵能懾服餘軍。尤足遙威疆吏。使有忌憚之心焉。如支那帝之有滿洲親軍以備不虞是也。推之印度突厥日本諸邦。亦皆有之。其軍直隸君主。干城之選。不專賴常備兵也。

第十七節　承前

專制君克服人國。宜裂土而封侯伯以塡之。古今史家贊戰勝國君之大度。能存亡國胤裔者。莫如羅馬。羅馬人分封無數。以鎭撫其人民。亦形勢之不得不然者。非失策也。蓋戰勝者滅人國而據之。第置鎭將。其威不足以彈壓。而欲使彼人民安然毋動。令易地而處。能乎否乎。是故欲新略之地鞏固。必分吾兵將駐之。然有時新舊二邦。交受其弊。鼠牙雀角之爭。無時而不有也。惟封其舊日君主爲附庸。取其兵權而握之。足增戰勝之國威。觀夏納達已事。可知之矣。夏納達克蒙古。第取其財寶而歸其地。仍使其舊主統屬之。

萬法精理卷之二終

光緒二十九年二月印刷
光緒二十九年二月發行

（萬法精理）
卷一大洋三角五分
卷二大洋三角

繙譯者　桃源張相文
印行兼發行者　上海文明書局
印刷所　上海四馬路胡家宅　文明書局印刷所
發行所　上海棋盤街北段　文明書局發行所

欽命二品頂戴江南分巡蘇松太兵備道袁　爲

給示諭禁事據文明編譯印書局職商廉泉俞復丁寶書稟稱職等糾合同志集有鉅欵創辦編譯印書局租定房屋於上海四馬路胡家宅地方擇於六月初一日開辦所有編譯已成各書陸續付印平價出售誠恐書賈射利易名翻印或妄爲增損改換面目貽誤士民實非淺鮮嗣後凡本局編譯印行各書均不許他人翻刻除另稟　商務局憲外合詞稟求准允立案出示嚴禁翻印并請札飭縣廨一體出示曉諭並照會　租界領袖美總領事立案等情到道據此除函致　租界領袖美總領事暨分行縣廨一體立案示禁外合行給示諭禁爲此示仰書賈人等須知文明印書局編譯各種書籍均係該職商等苦心經營而成爾等不得私易書名改換面目翻印漁利倘敢故違一經該職商等查知許卽指名具稟本道立卽提案不貸其各凜遵毋違切切特示

光緒貳拾捌年陸月初七日示

日本渡部萬藏著

未來世界論

上海文明書局發行

日本渡部萬藏著

未來世界論

上海文明書局發行

此書凡六章。其第六章曰『日本之天職』。以其措詞過夸。故删之。著者以統一世界望其國。譯者亦以統一世界望吾國。吾國能當此任與否。是在吾國民。

吾國曩時舉國皆排外。排外者病狂。近年舉國皆媚外。媚外者喪心。病狂者其禍疾而淺。喪心者其禍緩而深。吾國殷憂於斯爲甚。此書引證博富。說理精闢。足以奮吾民之志氣。救今日之流弊。爰亟譯之。餉吾同胞。

光緒二十九年三月望日譯者識

未來世界論目次

未來世界論

日本 渡部萬藏 著

無錫 秦毓鎏
金匱 張肇桐 參譯

緒論

世界之大勢。天地之理法也。一代之時勢。人運之活機也。據天地之理法。揆人運之活機。以闡明國家之天職。以開拓國民之理想。是之謂政治之眞諦。是之謂經世之大本。

平和者。宇內之極運也。文明者。人世之動機也。上下數千年。縱横數萬里。人類之治。亂興廢變遷消長。雖不遑縷述。而世界之大勢。自滔滔以歸於統一。社會之眞機。自徐徐以抵於和平。惟方其進也。有正動。有反動。一進一退。一昇一降。參差錯綜。變化無窮。一若周而復始。郅治終不可幾者。不知迂廻屈曲者其勢。而一以貫之者其理。世界一日不統一。即世界一日不平和。世界一日不平和。即人類一日不安全。故使世界統一實國家最大之事業使世界平和實人類最高之理想也竊嘗譬之大勢如江水之入海浩浩蕩蕩不注於海不止時勢如波濤如渦流多方作態終必隨大勢而前進蓋大勢者理法也時勢者人運也理法亘古今通東西確乎不拔人運應時而異變化無極大勢經也始終一貫時勢緯也遷流無定大勢道也天理也時勢權也人力也道與權實經緯人世之二大動力也然則立國於今日者宜如何鑑世界之大勢應現代之時勢以盡天職乎請寬胸襟默察宇宙之至理請廣眼界博攷運會之推移來日雖多安可不及早計之而我國多奔走名利之私人無獻身殉國之公人有詭計縱橫之策士無先憂後樂之國士民昧理想國昧天職舉世混濁內治外交兩大端且無應時制宜之緯權奚論悠久不變之經道乎時事日非頹波滔滔苟非實心革新改造人心邦家前途岌岌乎其危哉英俄二大國之雄飛宇內也一則以握世界之商權爲國民至大之目的一則以掌世界之霸權爲國要家最之方針一切政略皆由此出從容不迫日進無疆屹立群大之間嶄然出一頭地殆無有能與鼎立爲三者矣雖然彼之盛惟彼國民有雄偉之理想也使更有一國焉其

民之理想公明正大悠遠高潔遠駕其上則其在世界之勢力又豈英俄所能望其項背乎予所謂實心革新亦在鼓舞通國之民使有如此理想而知其職分之所當爲而已嗚呼社會之腐敗邦家之衰微政治之弊害國民之墮落亦由無此高尚之理想以爲品性之基礎耳故國民之理想者國家之天職也抑亦生命也元氣淋漓山可拔海可翻上之可以張綱紀下之可以阜民生內治外交之法猶其小焉者耳予故曰闡明國家之天職開拓國民之理想乃政治之眞諦經世之大本也

第一章　論西洋文明日近末路

文明之潮流

天理與人心相感應蓄而爲德發而爲智文明之源泉以成數千年於玆矣其潮流之雄壯也漫無涯涘汎濫五洲浩浩蕩蕩有駭魂奪目之觀然溯厥初肇果由何來乎或曰西方亞細亞或曰中央亞細亞或曰支那或曰印度或曰埃及邇來法國學者又謂實濫觴於北美之墨西哥言人人殊吾誰適從雖然以予觀之大海百川之積高山群丘所成文明潮流其泉源亦豈必有一而無二哉特史家據世界之大勢溯文明潮流之系統不得不立之界限耳西亞細亞最高山峰實爲東西兩文明分

四

道揚鑣之起點其東流者自印度入支那與支那固有之文明會經朝鮮而入日本其西流者入巴比侖叙利亞腓尼基埃及經希臘羅馬而益形發展遂充溢全歐復蔓延亞美利加新世界而成一大文明國希來氏嘗分文明之發達爲三期第一河川時代第二內海時代第三大洋時代今也經亞細亞諸邦及埃及希臘羅馬之河川經內海時代而駸駸乎達於大洋時代矣西流文明一瀉千里更渡太平洋而入日本於是瀛海群島乃爲東西兩文明滙萃之所噫亦幸矣哉

將欲本史學群學人類學而論徵文明發達之順序理甚繁賾穆魯庚以造文字纂歷史創法律爲文明發達之一區劃恩蓋斯以有私財創國家興商務爲社會進步之一現象言固良是然自利自私殘忍嫉妬欺僞諸惡亦與之俱進文明固如是乎蓋此特過渡時代耳他日文化益進民德日新本天地之理法準人間之本性守道順德明善復初而復平和之世界可睹也故文明者進步之動機平和之行程天理由此表章人機以之弛張而文明之潮流必隨大勢之趨向文明之消長必關國家之盛衰也玆據史册畧述播文明之媒介如傳左

傳播文明之媒介

移住　一移住　純由移民而開招土地建設文明國者。爲北美合衆國。以移民爲媒介輸入他國文明者。則前有腓尼基敘利亞等。後有羅馬。因移民而傳入希臘文明　而日本古代之學術技藝。亦皆隨支那朝鮮之移民來也。

貿易　二貿易　泰西史家皆稱腓尼基爲文明之傳導使。盖腓人長於航海。且其國介於亞歐非三大陸之間。常從事貿易。得使東西文明互相灌注也。而近世支那印度南洋各國得輸入西洋文物。亦多以通商爲媒介。

宗教　三宗教　印度之文明。因宗教軋轢而發達。埃及猶太之文物。因傳播宗教而疏通。法王路易十四世之虐待新教徒也。其良工名手多越境而逃。法國之美術技藝雖稍衰。而助歐洲諸邦之進步厥功匪淺。而近時非洲南洋等之發達。亦由於宗教者爲多。

戰爭　四戰爭　歷山王長驅遠征。使希臘文明廣被東西諸國。自阿脫利契克海邊至印度河畔。多雜希臘之語。而波斯之文物。實遠征之利器。羅馬之開明。亦戰爭之賜所也。後此如凱撒越阿爾伯山征鄂兒之地。爲羅馬文明傳入西歐之引線。如十字軍

六

啓發歐洲諸國之外交思想。如意大利戰爭之結果。其美術技藝輸入法國。精巧冠倫。又其章明較著者也。

交際

五交際　希臘與各國交際。疏通文化。襲取叙利亞之技術。埃及之學術。腓尼基之文學。而鎔化之。其文明遂一新面目。若日本亦因交際而前得印度支那之文明。後得歐美之文明者也。

以上五端。所以使文明潮流汎濫天下者也。尚有要端。能使文明同源而殊途者。請更述之。

文明相異之源因

甲地理　謂山河之形勢。地味之肥瘠。氣候動植鑛物之配置。

乙人種　謂資性遺傳風俗習慣宗教。

丙時代　謂人智之程度。政治教育。治亂輸入文明之媒介。

東流文明。一路傾注。無活動無變化。文明之靜者也。悖天地之機運。逆世界之大勢。氣息奄奄。一縷僅存。獨雷伯爾謂東洋文明。乃世界唯一之墳墓。豈過言哉。西流文明則不然。遍歷諸邦。隨遇而殊。古今別軌。異同相競。千化萬變。文明之動者也。隨世界之大勢日進不已者也其有撼天擎地之大勢力不亦宜乎柏斯李曰成歐洲文明者猶太之宗教希臘之文學羅馬之法律也余則曰東流文明之要素印度之宗教支那之文學也一東一西雖各有所長特西流者能與時俱進故日臻勝境耳甫內陸塞曰東西之文明之合一作史者可特筆大書與耶蘇釋迦之立教同例而今後一千年間東西兩文明蓋必合無疑噫此言而果驗也誠千古一偉觀哉

東西文明之特質

文明之進步果有間斷乎文明之運命果無限量乎是實一疑問也試讀歷史就文明人與野蠻人之生存競爭觀之文明之靜者必被制於野蠻力而文明之動者必能壓服野蠻力此古之文明國所以蹂躪於野蠻人而今之野蠻國所以受挫於文明人也然一國之文明雖動力冠絕一時苟國無天職民無理想亦必日歸於靜而無疑徵之埃及希臘羅馬可知也蓋不徒文運之日頹國家且因之弱人種且爲之衰矣一東一西一靜一動相背而馳各造其極其源維何蓋不外前所舉之地理人種時勢數大端而已文明者自然界及人類社會之共產物也今觀東西人種之思想作用更曉然於其殊途之原矣

第一　形而上之特質

形而上之特質

分析與綜合

一、分析與綜合　就其對自然界而論。則西流文明爲分析而東流文明爲綜合。故比較其文學技藝外交戰爭等。一則精密。一則粗大。迥不相同。故西流文明對自然界則立主位。而東流文明乃立客位。一應自然。一制於自然。由是印度以西。宗一神教。學術崇實。文學尚活。以東則宗多神教。學術尚虛。文學尚靜。

自動與受動

二、自動與受動　西流文明對自然界能自動。而東流文明但能受動。故無論所遇何事。一主進取。一主保守。博物學家窮理學家探險家冒險家。皆彼衆而此寡。西洋人氣較盛。故自然界之力與人力皆發揮而顯於外。東洋地力較熾。故自然界之力與人力。皆鬱積而潛於內。徵之現狀。故一則已達極點。一則尚在低點也。

第二　形而下之特質

形而下之特質

人民之生計

一、人民之生計　東洋樂土也。遙勝於西歐。故自古人口繁殖。民業殷阜。優入開明之域。今顧國勢萎靡。有退無進者。雖不盡由盛衰循環之數。抑亦受自然之恩澤太厚。故失其進取之氣象。而姑息偷安。百事守舊也。西洋諸邦反是。自然之恩澤甚薄。自非勤勉力作。無以自存。故輸入東洋之文明。不徒寶貴而珍藏之。恒能發揮而光大之。自日用衣食以至科學哲理技藝美術。何莫非取自東方而日新月異。盡有出藍之美。他時不具論。第論其進步最速之十八十九兩世紀。他事不具論。第論其成效最著之通商殖民事業。其競爭之急烈。蓋由於地不足而人力有餘。噫此非西洋諸國自然之傾向耶。

社會之競爭

二、社會之競爭　曰支那。曰印度。曰北部中部西部亞細亞。曰埃及。東洋天然之區劃。誠廣大而無垠哉。廣大斯隔絕。老死不相往來。何有所謂競爭。西洋地勢之區劃狹小而錯雜。故交通良便。海岸線長而港灣多。尤利航海。是以殖民技藝宗教

西洋文明之命數

之競爭甚盛。如地中海。實各國最繁盛之競爭塲也。而大陸自然之地勢既錯雜。各地氣象風俗技術學藝亦各有特質。惟異故爭。惟爭故進。較之東洋統一之文明。蓋不可同日而語矣。

地方與人力

如右所述。觀既往而知將來。西洋文明。蓋非隨地力爲進境。實本人力而發達。其人力衰微之日。即其文明退步之期也。(參看第二章白種將衰論)而東洋地力旺盛。苟取西洋文明之

十

活動者與其舊文明渾然融化則地力人力相應相適必發一種偉大勢力震蕩宇內而無疑古人曰人定勝天西洋文明之現況固如是也然人力究不足以抗天然之勢力其能長治久安者必天然人力相適而后可彼地力尠而獨恃人力烏可久哉試據愚見就左列二者考察之

(甲)直接地力　土地之面積地味天產物人口等

(乙)間接地力　指地形海岸線及人種之優劣等

所謂直接地力者無論人智如何發達不能左右之者也而間接地力則每隨文明之程度而異其趣試以亞細亞與歐羅巴較亞細亞於前者爲優而歐洲於後者爲優雖然間接地力決非永久之根柢也如地形如海岸線在昔誠有可恃洎電汽二力與事勢遂爲一變舉凡天然之障礙不論在海在陸皆得以人力除之萬國若比隣競爭之舞臺亦較前大廣是後國家之實力發達之動機殆將視直接地力而爲優劣吾故曰亞細亞當爲世界之主人翁而歐美之文運勢將東漸東人有出藍之美而西人反日近末路也

一統帝國主義

西洋諸國祖述紀元以前之卡賽奇人羅馬人。有囊括四海之意。故温和而心險詐。波蘭印度已爲所幷。今又轉其鋒。齊向支那。蠶食其領土。即美國夙以自由平和自誇。堅守孟魯主義者。亦忽變計而宗帝國主義。日以宣揚國威擴張版圖爲務。保護玖馬。併吞布哇。干涉非律賓。俄皇議設平和會。雖非出自主誠。然各國多贊成。而美獨峻拒。其開國會時。有馬亨大佐者昌言曰。「今後欲與歐洲列强競爭。美國不可不及早整頓海軍。」衆咸稱是。岌岌增造軍艦焉。嗚呼一統帝國主義。不情之事無理取鬧也。歐美人乃重之若是。是不徒無進步。且日退化。而還其紀元以前之思想也。蓋用此主義。不徒爲害大同之理想。使宇內不安而已。蓋實行此主義。必視國家爲全能。而以軍隊爲最貴。視國家爲全能。必殃及個人之自由與平和。以軍隊爲最貴。亦必勞民傷財無疑也。夫西洋諸國所以有今日之盛者。由其祖若宗流血濺淚。備嘗艱苦。博得自由平和四字耳。子孫視之不甚惜。一旦放棄焉。而以所謂一統帝國主義者代之。吾知其求福適以速禍也。

驕必敗

西洋諸國之狂也甚矣。斤斤辨別人種。而是已非人。萬國公法祇行於歐美列强間。

其對他種。則橫恣暴厲。無正義。無制裁。一若此廣漠無垠之世界。天公獨爲白人而建造。而白人以外之芸芸千百兆衆特生。以備白人之驅使。與牛羊犬馬無異者。方其俯仰天地。睥睨一切。誠有不可一世之概。然精力有限。實潛消暗滅於驕泰奢侈之中矣。語曰。驕必敗。西洋文明之由動而之靜。可立而待也。東人雖素以好靜稱。然苟發潛德之幽光。以逸待勞。挾其臥薪嘗膽之氣。以當驕惰之人。亦安知不强弱易位乎。吾甚願東方人蓄精養鋭。不自棄。不自餒也。

第二章　論白種將衰

白人之全盛

自額馬巡行好望角。馬才倫探險於南洋。科崙布發見新世界。白種殆盛極一時。亞非利加。黑暗世界也。亞美利加。野牛之牧塲也。南洋諸島。徒有椰子樹而已。白人足跡一至。無不摧殘去穢。面目一新。東洋諸舊國。均蒙蠶食。迄今自南北兩極之氷天雪海。以至赤道之炎土焦地。殆靡不有白人之車轍馬跡焉。盛極而驕。遂謂茫茫宇宙。惟我獨尊。非我族類。均可蔑視。於是白人乃以暴厲恣睢聞。而爲天下之怨府矣。雖然。白人非得天獨厚。而人皆不可企及也。特他種人酣睡未覺。有力未用。乃讓彼出一頭地耳。必謂白人長此優勝。而他人永不得出其右。誰其信之。試就左列三事。證白種之將衰。

第一　體力及繁殖力

體力及繁殖力

白人之衰老

鬪智不鬪力。為白人致勝之大原。亦為白人藏拙之要訣。若以體力論。雖謂之獨劣於他種人。亦何不可。其在本國。水土素所習服。已必日夜盡力於衛生。乃克安適。偶適異國緯度不同之地。或甚寒甚熱之所。則恆為異種人壓倒。於南洋見壓於黃人。於非洲見壓於黑人。於美洲見壓於黑黃二種人。至來亞細亞。則更不俟言矣。蓋其種已衰。自然而然。人為究不足以敵天行也。試觀英國千六百八十五年。儉馬斯第二首開國會時。貴族凡百五十五人。及千八百二十五年。其血統尚存者四十八家耳。其平民類皆安富閑暇。有庭園別墅遊獵之樂。衛生之道。詳密無倫。顧年壽甚促。遠不逮他種至勞極苦僻於養生之人。卡品泰嘗評白人曰。「一手挈藥壜。一手把衛生書。戰戰兢兢。所謂文明人。殆盡與鬼為鄰』嗚呼。豈不然哉。

在南洋之白人

白人居南洋者。恆為土着或黃人所壓倒。即在澳洲素無人種競爭之地。亦往往不堪勞働。但求安逸。於都會。計其人口。唯三之一。智力不足。貧乏無以自存。乃稍稍從事勞役。餘則均特土地資本以爲生。維多利亞州人。大半集於區區梅魯孛倫都會。其好奢喜逸。大可見矣。欲使異族不移居其地。不亦難哉。

在非洲之白人

非洲好望角多金剛石。白人往採者。歲有所增。而繁殖力卒不敵土人。奈泰魯號稱殖民地之最繁盛者。其人口四十八萬。白人纔三萬内外耳。他地可推知矣。

在亞洲之白人

至若亞洲。雖在白人之領土。握農商實權者。亦支那人也。赫白内男爵之旅行記有言。余於千八百七十一年至新加坡。計其人口。白人百。馬來由人二萬。支那人數十耳。及千八百八十四年。再過其地。則白人馬來由人數同於前。支那人乃八萬六千云。英之領印。於茲七十年矣。居其地者。土着二億。白人纔十萬内外。外此如香港。如滿洲之北部。雖爲英俄所占。支那人仍占大數。而握商業實權也。使支那人日進於文。濟之以智。則白人之禍。寧有涯哉。

在南北美洲之白人

其在南美。雖極南諸州。氣候温和。而克魯屺氏亦謂白人之殖民地。難奏膚功。烏奈在。且謂秘魯白利維也之地。白人家族。三代必絕。更攷北美白人所謂第二故鄉者也。而挨利孫氏言。據歐羅巴史。於千八百十年。墨西哥格臺馬拉嘉拉斯三國人口。共八百五十萬。其百六十萬。爲西班牙人。千八百九十三年。人口約增千二百萬。而西班牙人反減百二十萬云。合衆國自千七百九十年至千八百九十年一世紀中。白人增十六倍。黑人增十倍。其繁殖力似彼善於此。然讀者不可不知白人之增。乃由歐洲累次移入。而黑人則自千八百八年後。未嘗有自他方來也。禁販黑奴之後。(千八百十年)黑人之數百三十七萬。至千八百九十年。乃至七百五十萬。其生殖之迅速。豈白人所能望其項背耶。

人口繁殖之度

今統計人口繁殖之速率。大抵白種每百十年加一倍。黑種每五十年加一倍。黃種每六十年加一倍。要之白人嬌養如花。風土異則氣力消耗。氣候異則體力衰疲。其抵抗天然力之力。遠不逮他種耳。而精查歐洲諸國。如法蘭西。雖在本國人口歲減。其他諸國亦畧有增加。然按之應增之數。相去不可以道里計。今天下人口總數共十五億萬。白種六億四千萬。黃種六億。棕種一千五百萬。黑種一億九千萬。巫來由人種五千萬。雖白人之數。尚有一日之長。然其體力繁殖力之不逮他種。既歷歷可據。則此後彼日退而他種日進。亦意中事也。特不知他種人能償此大願。不負蒼天否耳。

腦力

第二　腦力

西人之臆說

據生理學而判腦力之優劣。白人未必盡出他種之右。況生理學說創自西人。半皆私其同種人之臆說乎。試觀白人踵短。黑人踵長。白人遂謂長者實人種卑劣之一徵。夷攷其實則愚者踵不必長而短者未必皆賢人也。白人又謂前額齒槽之角度滿九十度者。腦力必優。爲高等人種。亦因白人平均有八十度。而黃人惟七十五度。黑人惟六十九度也。此特爲人種體質之記號耳。於智力之高下何與。九十度之角度。凡庸之人往往有之。而非常之人不滿八十度者亦不少也。其不足爲腦力優劣之證也明矣。試更就關係稍重之頭蓋畧論之。

頭蓋之長短

甲　頭蓋之長短　雷卿史氏嘗以頭蓋縱橫之直徑。區別人種爲長頭短頭二類。今求此法。錄白魯奈氏所查得之數如左。

德意志人	〇、八六	土耳其人	〇、八五
瓜哇人	〇、八四	墨西哥人	〇、八〇

比利士人	〇、七九	白魯奈人、和蘭人、現今之希臘人、及爲格尼人	〇、七八
支那人	〇、七七	愛蘭人及印度人	〇、七三
黑人	〇、七三	現今之伊太利人及亞剌伯人	〇、七五

由此觀之野蠻人有大於文明人者文明人有與未開化人同者頭蓋之短長亦不足證腦力之優力可知也。

腦蓋之容量

乙　腦蓋之容量　德毘奈氏以立方遞的邁當。（每遞的邁當即一邁當之百分之一立方遞的邁當者以一邁當之百分之一爲立方也）計算男女腦蓋之容量其數如左。

法國古代穴居之民	一五六一	愛寇司莫人	一四八三
支那人	一四五〇	巴黎人	一四四八
西亞非利加人	一三五五	泰斯馬尼人	一三二六
澳州人	一二六四	日本人	一四六六
蝦夷	一三九九		

若以腦蓋之容量判腦力之優劣則號稱世界文明中心點之巴黎人士遠不及古

代穴居之人。而支那日本文化夙開之人。且不及無學問無文字之愛寇司莫人矣。誰其信之。

頭圍之大小

丙　頭圍之大小　頭圍之大小者。頭圍與身長之比例也。依克烏才開德來二氏之說。則歐人頭圍與身長之比例。可以百法列之如左。西人亦以此爲文野之證。

	男	女
歐洲人	三五、三 三三、五	三五、二 三四、一

日本人之頭圍則據斐魯之說。與前二氏說。并列如左。

	男	女
日本人	三三、八 三三、六 三四、四	三五、二 三五、三 三七、二

小金井博士又精究蝦夷之頭圍如左。

	男	女
蝦夷	三六、〇	三六、七

由是觀之。蝦夷最優。日本婦人次之。其餘所謂文明國者皆瞠乎其後。寧有是耶。又

參觀美國解剖學者某所查得之胎生動物腦髓與身體之比較。更當啞然失笑矣。

鯨	三千三百分之一	象	五百分之一
犬	二百五十分之一	人類	四十五分乃至四十六分之一
小鳥	二十七分之一	美洲猿	二十八分乃至十三分之一

苟以大腦爲優等動物之明證。則腦之大莫若小鳥及猿。而人反爲劣等。必見壓於彼等矣。有是理乎。

西說之偏

以余論之。就同種之人而言。頭蓋大小。容有關於智力。若人種既異。品性境遇自不相同。而復欲執此例以判其優劣。眞瞽說也。爾來生理心理人類諸學科。率爲白人所壟斷。藐視異己。不遺餘力。彼論生理。固以腦爲智囊。而又自幸頭蓋頗大。遂倡爲頭大多智之說。苟稍小者。即斥爲下等人種。推其意。直以科學之理。附會宗教家言。若曰。我白人得天最厚。爾異種人。無容妄抗。不如樂天安命。服屬我耳。雖然。詳加實測。天豈果厚於爾而薄於他哉。況乎人定勝天。古有明訓。即天公誠私於爾。我曹亦未遑多讓也。

社會之勢力

白人之墮落

第三　社會之勢力

以白人與黃人較腦力既不見此優而彼劣而體力繁殖力且遠遜之白人他日社會之勢力將如何乎如前所述白人不能勝風土氣候等天然力在南洋在印度在非洲在南美往往氣力消耗雄心減殺惡勞趨逸無進取之氣象實非我一己之私言而天下所公認也富魯臺克有言「被傭者皆有爲傭者之希望實理財學家之恒言而澳洲之勞働者則無此希望蓋彼等勞作有定時賃銀有定額自成一勞働之階級國家維持之保護之彼等心志已滿矣」誠爲至言又非洲之英國殖民地排魯排有所謂「卑白人」者實格魯撒遜之眞統也今則爲黑人壓倒矣蓋白人在本土且有衰老之狀況在他鄉風土氣候大異其滔滔焉日就墮落固無足怪也彼不得已遂思藉政府之力壓制他種或定勞働法律或拒他種之移民又因其既來者生殖異常之速也遂下逐客之令於是天然之富源因人種之感情而封閉者十八九矣他日用之者奢爲之者寡必更仰賴他種人無疑也嗚呼彼爲資本主人爲彼傭奴在彼誠榮在人誠可愧然黃人之不免役於人者特少智耳苟克奮勉亦不

難有彼之智識而彼終不能如黃人之勤儉也則今日饑寒交迫求爲白人工作之黃人安知一旦不盡爲越王勾踐也吾黃人其勉之

他人種之優勢

白人與他種人之腦力既無優劣之分則他種人苟自奮勵自能隨社會之進步文明之發達而轉弱爲强黃人之文明雖以靜著近代絕無進步然在古代遠勝白人如作音律定年曆造紙用火藥通航海術建築術印刷術生理學醫術等皆先於白人雖謂西洋文明之發達盡由東力西漸亦無不可安得因彼白人負義忘恩藐視我曹而我亦自暴自棄乎又就黑人攷之亦漸見發達之兆近好望角殖民地富英鄂人有因地主而得議員選舉權者其所抱政治思想往往優於白人其餘在德法等國殖民地之黑人講習文明之學術技藝者亦不少而亞美利加之土人不特熟知文明之學術技藝又時出非常之人破西班牙人穆拉生而革新額推馬拉政體之加來賴純然土人也克斯泰利加之額魯齊以最賢最大之大統領稱亦土人與白人所生之兒也今墨西哥最著之人物莫若奇慈將軍亦西班牙人與阿兹推克人所生也諸如此倫不遑枚舉耦德氏著社會進化論論各人種本來之智能於法

蘭西人亞美利加土人毫無軒輊眞公論哉。

要之白人爲現時最進步之人種固無可疑然謂他人種終不能進步實屬謬論今文明之光曙且偏照於他種而白人之掩有世界所在有殖民地者祇爲文明普及異人種之媒介耳如印度惡疫盛行民不聊生自爲英屬則藉英之醫學救濟甚易藉英之電線鐵道交通甚便藉英之學術技藝民智漸開是彼慘憺經營擴張版圖不啻醒他種人長夜之夢而爲之開自新之路也彼之鯨吞虎視日夕謀人不啻促他人生愛國心而爲之立自治之基也嗚呼天之待他人種亦厚矣惟望凡白種以外之人不自薄耳。

繼白人而起者

就體力腦力社會之勢力三者精究各人種之優劣白人旣無一日之長徒因他人皆醉而彼獨醒稍得勝利遂囂々然睥睨一切語曰驕必敗苟他人種勵精圖治以當之白人欲求無敗也得乎雖然代之而起者果何種乎又不可以不論黑人非無進步之望然智力薄弱恐不足承白人之文明試察世界之大勢按人類學之歷史平心推之能代白人爲世界之主人翁者其黃人乎世人徒知西力東漸爲東方之

不幸。不知幸不幸。乃人自爲使黃人而甘於自棄也。則西來之勢。固如洪水。將見滔滔靡所底止。壞我數千年文明。舊壞而有餘。苟不然而能因勢利導。則西力者。正猶時雨。雖雨時不免悶人。及雨過天霽。萬象更新。淨無點塵。則甚可喜。而不知其可悲也。嗚呼。他日者。黃人利用東漸之西力。破除舊習。改造人心。開拓富源。整理國務。師敵之長以制敵。去敵之短以自厲。奮其積久未抒之潛勢力。以乘驕奢淫逸之白種人。吾知西洋諸國所苦心經營者。其利盡在黃人也。

生物學家白克孟曰。『後事雖難逆料。余意發達溫度之歐洲人。必歸於消滅。夫曰醫術曰博愛云者。固文明人所當有事。然大不利於人種全體。蓋此等學術思想。專以扶弱爲旨。將使自然陶汰不能暢行。而人種之精力。漸爲之減也。他日戶口益繁競存爲難。必見壓於他人。而他人種中一遵自然陶汰之公理。鍛練其體力。强固其精神。如支那人者。勢將代起無疑。』又精通東洋情勢之爲魯斯雷將軍曰。『黃人當奄有世界。支那人將北出西比利亞。西自西藏南假道印度。長驅而侵畧歐洲。俄國不能拒。法國不能守。人種之波濤。振盪全歐。惟英美聯盟。以盎格魯撒遜之全力當之或能兩兩對峙並存耳』合衆國烏亨大佐之論二十世紀曰『彼東亞大衆若一旦用全力於武事揮其鐵血長驅西來則雖凱撒復生築長城以禦之恐亦無補於敗亡故今後歐美列國若妄用弭兵主義棄其從來尚武之精神則世界未來之事正不可知』而其他名公遊士若格蘭德將軍斯泰英博士排內德希卜德馬愀雷兀梅肯尼格等識見明通持論公平者無不稱道日本人之勇健而富有愛國心聰穎而善求進步吾固不敢摭拾空言增吾黃種傲慢之氣然愛慕之餘自多奢望凡我同種幸各勉旃毋負諸先生稱許之言也

第三章　論歐洲有衰微之兆

國家盛衰之原因

綜觀古今國家之存亡興廢初不關兵力之強弱亦不關富源之饒瘠水必自腐而蟲生木必中枵而後倒致敗之因純在一己外來之勢特畧加速力耳蘇洵有言「古者夷狄憂在外今者憂在內」誠哉古今之大患恒不在國外而在國內也方今西洋列國恃强淩弱絕滅天理乘人酣睡肆意踐踏假十九世紀之智力器械行紀元前之野蠻思想志高意滿殆蕩而將覆矣東洋諸邦苟大夢能覺挾其朝氣敵彼

暮氣以必死之心攻貪逸之人強弱易位殆不甚難雖然我黃人亦何德何能而能若此蓋白人自取其禍而已

自來國家盛衰興亡之大原雖不一端然人心之弛張實要中之要今西洋諸國社會之腐敗士氣之萎靡日益加甚蓋老病已入膏肓有不可藥救者矣外觀之壯大裝飾之絢美徒眩人目內部之眞況實際之能力識者自知吾願我黃人但自奮而勿畏人也愛梅孫有言「畏人者必不知人」彼畏敵國者亦不知敵之實情耳若旣知之天下寗有無敵之國哉

歷史之實例

驕者必敗事勢之常態也物窮則變人世之常理也白人以世界爲彼所專有彼之外皆非人而他人則日憂危亡臥薪嘗膽按之滿招損謙受益之理勝敗利鈍之數可知矣德拉排甞以國民比一個人謂生死老少皆有定期蓋非臆說徵之東西歷史事實有然也謂予不信請先就往事言之

埃及

一埃及　在昔埃及民俗敦厚法律與德義同調敎育悉折衷哲理道一風同絕少庸陋之人奬勵軍事學術技藝國勢蒸蒸日上文化燦爛光被四表然厥後盛極衰

來。但求揚國威於外。屢侵亞洲諸國。掠奪財貨。供己揮霍。捕虜敵人以爲奴隸。於是奢侈日甚。畏事偷安。但知一己之私。不知德義爲何物。宗教腐敗。人心惰弱。由强而弱。有如反掌。見併於波斯。復困於歷山大王。嗚呼。曩者之文明。洵冠絕宇內也。而今安在哉。

波斯

二波斯　波斯民族。發達於荆天棘地之間。困於心衡於慮。勇健剛直。重義輕命。慨然有支那古壯士歐洲中世之俠士風。故能宣國威於世界。然盛極而驕。忘乃祖希爾斯之遺法。不度德。不量力。妄欲使日月所照皆歸化下。肆行無忌。殺人如草。遠征復遠征。民力日凋。民財日竭。希臘健兒遂一觸而倒之。

叙斯亞

三叙利亞　叙利亞者。古代最文明最富强之國也。用耦耕之法。開拓荒蕪之地。國多沃野。開道路。鑿運河。以便交通。商務之廣。學藝之盛。軍備之足。當時未見其比。而曾幾何時。一蹶遂不復振。其故何哉。蓋當時人皆仰爲文明之先達。而彼亦得意揚揚。以爲可與天地共長久。舉國若狂。流於淫放。其王白達儕魯嘗立巨碑而銘其上曰。「天地逆旅。人壽幾何。人生行樂耳。須富强何爲』嗚呼。言亦達哉。雖然。一旦蠻

族來襲富强冠天下之敘利亞王國遂與此碑共仆矣

希臘

四希臘　希臘人民尙勇好義舉止磊落聰穎絕倫而又守法奉公愛國如子誠可嘉也然南方之斯布多風俗不免粗野道德亦頗弛廢北方之雅典酷嗜淸談雖時得高尙之理然大抵競異衒奇專事沽名不求實用且放蕩成性尤不屑事家人生產焉凡玆缺憾皆足病國而通國又時以好惡爲離合各據一方不能團結國力日削遂不得不屈膝於馬基頓王飛立之前會飛立死希臘全國額手稱慶臺穆斯尼獨討國人而訓之曰『以卿等之怯懦安往而不遇飛立乎一飛立死禍果絕耶』果也後終爲羅馬所勝也

羅馬

五羅馬　方羅馬之盛也越阿爾伯山超地中海睥睨一世勢不可當其法律實後世各國法律之基礎希賓陸嘗謂無論如何哲學者之說皆不能勝於此蓋此實至精之哲理而又可見之實行者也其人民無不富於愛國心各以『使萬事皆歸羅馬』一語自勵惟求羅馬日臻繁榮而一身一家之利益悉供國家之犧牲俗尙質朴氣象勇健魄利尼記當時之事曰「其田地大將所耕也其開墾土地之犂鑱皆

有賞牌冠於其上者也。其農夫皆有戰爭之功者也。」嗚呼盛矣。然及其墮落也。人人求安逸。役使奴隸。焚桂炊玉。極侈窮奢。淫風甚熾。家庭腐敗。裁判之寬嚴。一視黃金之多寡。爵位之等級。一視賄賂之重輕。所謂國家干城之軍人。群跨白馬金鞍。揮珊瑚之鞭。而濶步街頭。舉夜光之杯。以酌美人。甚有執政之人。亦拋棄政務。而惟遨遊之是樂者。於是北方蠻兒振臂一呼。全羅馬遂震駭。不知所措。膝行叩首。滿道左焉。

德義掃地

要之邦家之衰亡。莫不胚胎於其至治極盛。意滿氣昂。人心漸弛之時。蓋人心之弛廢。實墮落之泉源。百弊之根本也。人民之德義因之薄弱。國家之精力因之消磨。欲求長治久安也得乎。試舉西人墮落之一例。西人在本國。好名畏罪。舉止謹愼。而一適殖民地或外國。則廉恥道喪。非禮不法者。所在皆是。人或謂其來東洋時。往往以良心沈諸蘇彝士河。必歸國時。乃復取之。良不誣也。黃人在海外。雖動貽國羞。然大抵因無教育而然。初非如西人之君子於內。小人於外也。又西洋各國人智之發達。法紀之嚴正。人所共信。而欺僞姦淫離婚殺人自殺等事。日益加多。亦豈非人種墮落之一證乎。人或笑黃人之道德墜地。吾則謂黃人一息尚存。較之西人尚有一日之長。特當過渡時代。社會之秩序。未能有條不紊。故外觀不免減色耳。若西人則寓野蠻於文明。知足以飾其非。眞千古之罪人無有倫比者也。渥泰有言『歐洲之文明。不特破壞天然之理法。即徵而至於人間之容貌。亦悉歸於破壞。眞是可厭』豈不然哉。基督之誡曰。『勿以聖物與犬。勿投眞珠於豕之前。非徒無益。且將噬爾。』若近代之歐人者。眞此犬與豕之類也。打破天然之美觀而不惜。攫奪他人之幸福不知厭。利慾之外。腦中空空。安有所謂美妙之觀念哉。其得保殘喘以至今日者。皆我黃人酣睡時所誤賜也。不飛則已。一飛冲天。垂天之鵬。幸勿復迷。以我克子。敵彼驕童。其此時哉。

所謂社會之制裁。所謂文明之程度。所謂道德之觀念。白人皆自誇已達高尚之域。雖然彼等之德行。亦一政策也。非良心而發爲德行。特有所求不得不勉爲善行耳。一旦出社會制裁之範圍。則害人以自利。悖德無情。聞者髮指。其對他人種則曰眞正之萬國公法。但宜行於白人之間。東洋諸國。惟有以劍脅迫之。其對異教徒則曰。

三十

此輩無論善惡均不足待之以禮故今日如猶太人等到處受害慘不忍言嗚呼有已無人一至於此使他人絕無羞惡之心如木石也則可否則安能任其長此以終古乎雖然害人必自害徵論他日之白人必受天下之攻擊也試一讀西史攷其既往悲慘殘酷之事實已不勝枚舉矣

國數凡七十四　君臨者二千五百五十人

此內
不終位者　九百二十二人　篡弒死者　三十四人
陰被虐殺者　百五十一人　罹梟磔慘禍者　百八人

合計一千二百十五人

此不過一例耳雖然其罪惡之歷史可概見矣東洋史上此等悲劇亦自有之然無論何國終無如此之甚也彼等墮落之由來深且遠可知也

人心弛廢

國民之品性國家之生命也國民意滿氣傲品性之墮落也品性墮落則人心弛廢而國家之進步必窮然而國家活物也不進則退不退則進安有中立者乎今白人得意已極目無他人理財雖巧不敵人民奢侈之心國權日廣益增人民澆漓之習

欲其長治不亦難哉孟德斯鳩曰『國弱小者恒亡於外患國强大者恒亡於內弊』由是以談內弊一端已足倒西洋諸國而有餘况他種人報復之心亦難保不日甚一日乎

人民之驕惰如此故富者坐擁巨資貧者生計維艱同盟罷工之事往往有之吾亞州地力之優旣出其上而人工之廉亦非彼所及苟能以吾習勞耐苦之人工闢我厚蘊深藏之地利彼今日以豪富雄於世界安知他日不仰鼻息於我亞人乎

將來之運命

史家氣布魯曰『古之文明國皆因增加兵備擴張都府而滅亡』有味乎其言之也蓋增加兵備則一國之生產力必爲之消耗擴張都府則一國之生產力亦爲之虛糜而今之白人欲固內禦外也不惜擲巨資以充其軍備又好逸媮安也皆去其瘠地而聚於都會於是生之者寡食之者衆將見財力絀而百政廢弛元氣衰而風俗頽靡矣嗚呼可不懼哉

本土如是其殖民地可知矣本土之驕奢日甚所以侵削殖民地者無不至而殖民地之蓄怨益深所以反抗之者亦益甚美洲獨立其前鑒也而殖民地者彼等之富

源也。殖民地失。彼等之家產破矣。至此時也。白人之殖民地。盡委於黃人之手。勢必色沮氣喪。退守歐洲之本土矣。然而歐洲者世界中地力最薄之所也。縱白人生息不繁。然欲以歐洲之物力。供其全族之生計。不亦難哉。

第四章　論世界大勢日進於統一

歷史之傾向

立國於渾圓球上者。不知凡幾。或興或滅。或治或亂。自古迄今。何可勝數。譬之於水。時流時激。而終趨於平。故世界之大勢。雖治亂不常。而日進於泰和昌平之域。世界日平和。即世界日趨於統一也。緬想前途。邈乎遠哉。

或大國分裂而成數小國。或小國合併而成一大邦。忽離忽合。忽聚忽散。而世界日進於統一。考之東西歷史而無疑。然古來統一諸國者。不一而作。及時勢一變。即運祚不長。如亞歷山大王成吉斯汗。雖以武力統一諸國。然霹靂一過。天地又清。所擾亂者。一時而已。十五世紀中。樸海笛王曲魯祈欲壓制羅馬法王及日耳曼帝。與諸國連盟合縱。然卒無成效。又羅馬法王一時以宗教之力統一諸國。亦終不遂其謀。十六世紀之末。佛王櫻里四世。欲保世界平和。謀以全歐洲合爲一大聯邦。各國各出議員建一議會。亦終歸無效。而後世政治家往往欲成此宏業。而卒不償厥志。豈文明之進步社會之發達。尚未達其域乎。所可幸者古往今來統一之手段日漸公正。統一之目的日漸高尚。此亘古今通中外而無疑者也。余解剖歷史闡明各國離合聚散之動機。并說明往古來今世界之所以日進於統一。

自然之關係
地理也

第一　自然之關係

一地理　方今電滊二力。雖於地球上之關係漸輕。然蒙其影響。猶不為少。至論往古未開時代。建國之要素。所尤要者。則天然之地形也。阿爾泰山與喜馬獵山分亞細亞洲為三。中部為支那朝鮮。北部為西比利亞。南部為印度諸邦。一部之中。又因山河形勢。劃為數部。人情風俗。各不相當。歐洲北方之平原。悉入於俄之版圖。奈魯河沿岸一帶。所以成埃及國者。皆由於地理上之制裁也。伊大利者。梅特涅所謂不過地理上之名稱。而迄於近世。勃焉興起。儼然為獨立國矣。千八百六十一年。北美合衆國有欲南北分離而建國者。其言曰。「自非使阿來額山脈變其方向。則北米合衆國決不能分離。」後南北戰爭事結果。合而為一矣。當世運之進步未至。即有大國勃焉崛起。未幾土崩瓦解。四分五裂者。大都由於天然之形勢也。

人種

二人種　人種之競爭。無間古今。或平和或侵略。橫覽五州。未有已時。大抵由於建國上及地理上之制裁也。自中古黑暗時代而現今之文明歐洲。考其基礎。非由於人種之異同歟。謂之聯邦。謂之同盟者。不過行於人種間之政治之名稱耳。俄國之侵南歐也。必以保護同種之斯拉夫人爲口實。普佛之戰。參蕩之役。英國之新聞記者。祝同種之戰勝。與卑士麥等痛飲于屍山血河之間。有他日得時。條頓人種結爲同盟之論。匈牙利與墺大利二國。於地理上觀之。固可聯爲一國。但因人種之異。常紛擾不休。蘐爾之愛蘭。亦因人種不同。離英國而獨立。猶太之遺民。蕩析離居。漂流各地。今亦互通聲氣。欲進排來斯揩之地。立建國之基。其尤大者。黃白兩種之競爭。震動宇內。迄無寧歲。由是觀之。人種之同異。於建國統一之關係爲何如乎。

人爲之關係

第二　人爲之關係

政治

一政治　政治者。所以治國之道也。昔漢高統一宇內。雖有馬上取之。馬上治之之說。終不能實踐其言。政治之良否。國之盛衰所由分。治亂所由關。支那人世界勤勉自治之民也而國勢所以委靡不振者非政治腐敗之故乎土耳其人世界勇敢健武之民也而其國命旦夕不保者非政治腐敗之故乎瑞典諾威之合同也不但地理及歷史上之關係由於對外政策也德國聯邦之成立也卑士麥利用外戰及廢聯邦關稅均一法律之政治也西班牙與殖民地之分離也行政紊亂之結果也北美合衆國之獨立也英國虐政之終局也亞美盧騷曰政治者民心之反射也民心野政治雖善亦惡民心明政治雖惡亦善然則人民腐敗於下雖有賢君相經營於上亦庸有濟乎人民苟非愚懦雖因政治腐敗而國勢不强然不難圖恢復之期也拿普倫三世一敗塗地法國至爲城下之盟然迄於今而國勢挽回仍列歐洲强國之班者非國民之力歟即殖民地及屬國因本國政府腐敗而獨立者亦往往有也

宗教

二宗教　宗教家美思託雖有帝憫下民俾民贖罪之論然古來因宗教之爭或內訌而隳分裂或外競而招滅亡考之歷史非罕覯也如印度婆羅教與佛教之相爭如波蘭之滅如前後八回十字軍如回教之侵略歐洲皆其例也西班牙葡萄牙之盛也外視異教之羅馬法王於西經四十度之地劃爲界限以西之地西班牙領之

以東之地。葡萄牙領之。西班牙王非立因仇視新教。招他國之干涉。致失和蘭之領地。駁來孟帝所以能征服十二國開廣大之領土。亦爲保護羅馬法王。藉宗教之勢力而成功者也。他如英墺比諸國。爲教徒所迫而與羅馬法王起釁。如和蘭瑞西兩國之獨立。亦爲宗教之故。如英國起無名之師。征伐挨指思東。亦爲宗教之故也。宗教之感情與國事之關係其重大爲何如乎。

三教育　歷史之大半。教育之生產也。時勢之波瀾。教育實胚胎之。國家之運命。教育實左右之。來指魯之武事。教育實振起。斯巴達人之尚武精神。終爲希臘之盟主。餘威遠及於亞州埃及印度之滅亡。土耳其支那之衰弱。何一非教育不振之害乎。英國國會革命之健兒。非愛慶樸之天才所鼓舞者乎。法國革命之諸豪。非盧騷之學說所激發者乎。昔威廉一世之困於拿普倫也。名相史泰蔭好魯定諸大政治家。樸來盎諸慷慨之士。皆注意於教育。以奮發士氣。强大國力。此普魯士國勢之所以恢復德意志聯邦之所以統一也。今也各地之文化疏通。社會之智識普及世界之精神日進於統一矣。

歷史

四歷史　歷史同者國民之力必固結歷史異者國民之情必疏薄人類所以製造歷史而歷史亦所以範圍人類也塚中枯骨之希臘意大利其再興也非由歷史之感情乎亡國遺民之波瀾愛爾蘭猶太人屢煩英俄之干涉非歷史之感情乎阿魯舍綠累蔭之地言其地理言其人種宜附於德然法人恢復之念迄無少衰者非歷史之感情乎歐洲人士之卑賤美國人非緣歷史之感情乎祖國之一語日耳人因之感奮和魂之一語日本人因之激發阿魯亢半島惟德奧之是親皆歷史之感情也故余謂人種社會之高尙莫儔偉大無匹之歷史感情不可代謝則壓制之統一不可爲合意之統一亦終不可行也

國語

五國語　國語者文明最大之要素交換思想之媒介也國語之於一國所以維持國民之精神國語之變化即國命之變化國語之發達國之運之發達也屋拓穀思雖德國民族實伊大利人也阿魯亢雖德國民族實法蘭西人也在普魯士之思拉潑温思等德國人皆因國語而被化者也曲篤誇人禁用温敎學語犯者罪至死羅馬盛時征服四境嚴禁其方言英國國會禁威魯霞及潑來東語德國國會禁樸李

沙語及汰沙語。中古日耳曼法朗克之分裂也。先異其國語。而後分立之基礎鞏固。洒夸爽人與諾魯孟人言語相合。今日之所謂英語。於是乎生。國民之思想漸融混一之胚胎始兆。瑞西人斟酌其國情。設公用語。但德法意諸國言語均可通用。故不惟於行政上多所不便。國民之思想亦不能一致。加拿大爲英法兩人種所成。故學校公庭。並用英法兩國語。雖勢之不得不然。顧加拿大之統一。終不能鞏固。法人種之所以欲叛英而投合衆國者。職是之由。夫國語者。團結國民之要件。國威之宣揚與國語之擴張。相輔而行。是考之東西歷史而無疑者也。

以上所述。非敢謂原原本本。殫見洽聞。但剖解歷史。畧明離合聚散之動機。建國統一之原因而已。大勢所趨向。即世界進於統一之機。然則歷史一貫之條理。豈非關於將來之進運者乎。有志經世之士。熟研此條理也可。

現代之國勢

今之享有文明。隨世界大勢而雄視宇內者。非西洋列國乎。試述其統一管轄之廣袤如左。

本之面積	殖民地面積	對本國面積之殖民地之均分

英國	二、〇三九九方里	一七五、〇〇〇〇方里	八五、八
俄國	三一、六九六九	一一五、〇〇〇〇	三、六
法國	三、四七七九	四〇、〇〇〇〇	一一、七
德國	三、五〇五一	一六、三〇〇〇	四、六
比國	一九一〇	一三、五〇〇〇	七〇、六
和蘭	二一四〇	一二、八〇〇〇	五九、八
葡萄牙	五七六二	一一、八〇〇〇	二〇、五
西班牙	一、二七一一	七、三二〇〇	二、三
意大利	一、八四九六	五、二九〇〇	二、九
丁抹	二四八三	一、二六〇〇	五、一

自前世紀之末至今世紀擴張版圖者有九國。在黃人中則惟日本而已。

英國	十分之九	俄國	十分之八、五
西班牙	十分之四	德國	十分之三

法國　十分之三　意國　十分之二
美國　十分之一五　奧國　十分之一
日本　十分之一

統一之機運

於今世觀之。人種之膨脹。國民之勢力。雖莫若西洋諸國。然統一世界者。究非彼等所敢望也。

彼等亦如希臘羅馬埃及之一盛一衰乎。天理循環。無盛不衰。西洋諸國之繁榮。不過治亂興衰之潮流之一波瀾而已。試觀十五世紀以前。東洋之勢力。凌駕西洋。其時支那以羅盤針製紙法印刷術火藥等傳于西洋。時蒙古有成吉思可汗鐵木爾蹂躪歐亞。後復有回教徒握其主權。震撼全歐。時印度亦以文明稱雄於世界。豈有所謂西力東漸之豫想耶。嗚乎。循環之數。時勢之變。消長離合之極果。於何日得見乎。自太始至今。或分或合。無有窮時。是猶求水之平。而終不得波靜浪息。夫愛平和者。人之眞性也。平和時代者。國家之理想也。而平和者。必在世界之統一。世界之統一。雖邈茫無期。然橫覽大勢。自開闢以來。世界日進。於統一之運也。

第五章　論世界如何而統一

平和者天地之理法也文明者平和之過渡也世界能統一文明能普遍則去天地昌平之期不遠矣然則世界如何而可統一乎雖未克必其期而大勢滔滔日進於統一之運無疑也今解剖文明之趨向及人運之活機觀其經歷察其現況究其歸一則庶能釋此疑問乎

德義之觀念

第一　德義之觀念

進化論之風靡宇內也所謂自然淘汰之一語莫不認爲眞理矣然自然淘汰者不過進化之過渡非最後之眞理也弱肉強食之理自自然淘汰觀之固無足怪以人情道義論之實至大之罪惡也培客晷曰「無論何國其國際之處置遠不及其國內之狀態」誠哉是言凡個人之關係則或遵道守法至國際之關係所謂弱肉強食去禽獸不遠也故凡國際之紛爭其最後結果惟視兵力之強弱如何自古以來芸芸萬衆無不踐喜碎落人性好戰之一言豈非人類社會之大玷乎蠻族社會固無論矣至近世西洋諸國個人之格鬥盛行依法律而行格鬥尤甚於前是亦道義

上所不取也。法王孫篤魯、英王亨利二世廢法律上之格鬥，而人類社會之德義觀念一進。國際間之爭鬥亦將消滅矣。比利士篤龍樸有言曰：「今之戰爭非爲國家之名譽歟？然國家之名譽非掩不善而著其善之謂也。眞正國家之名譽與眞正個人之名譽無異，欲尊自己之權利，亦當尊他人之權利，循乎公理，順乎正義，以維持一己之權利，乃國家之眞正名譽也。」若列國各以眞正之名譽爲重，尙何世界擾亂之足憂乎？和者，天地之理法也，人類之公德也。中庸曰：「中也者，天下之大本也；和也者，天下之達道也。致中和，天地位焉，萬物育焉。」法華經曰：「起師相伐，不得殺無量衆生。」新約曰：「求平和者，神之子也。」嗚呼！自古迄今，雖平和之福音不絕，而殺人如草，流血成河，茫茫宇宙，古今一揆。平和乎！平和乎！中心藏之，何日忘之。雖然，黑雲蔽乎下界，紅日赫乎上天，世界雖極澆漓，公理自在人心。載龍曰：「世界者，一家也；人類者，同胞也。故戰爭及奴隸，最悖乎人道正義者也。」美國之獨立，法蘭西人奮義俠以助之；印度之滅亡，樸魯夸灑血淚以哀之。富魯衣嘗痛論曰：「如淸國戰爭、夸里苗戰爭、綫屋江戰爭、思魯戰爭、埃及戰爭，皆背乎正義，亦非道國之得策。獲厚利。登高位。皆於戰爭得之。遵仁守義之士。未有踶之者也」人之所以異於禽獸者。以有進步之資性。正義之志操耳。盖人類之進化。非指其自禽而人。形體發達而言。謂其心靈漸入於高尚也。然則弱肉强食。禽獸之行。其不能永存也明矣。故戰爭者。人間之惡。救之者。文明之力。世界昌平之極。則風同道一。休戚相繫。五洲如一家。痛癢相關。萬國如一身矣。

試就一家之內言之。其情也眞。其交也和。老幼相保。禍患相恤。公其財產。勤其事業。熙熙雍雍。其樂何如。推之於一國。能上下和衷。推誠相與。焉有所謂奸僞之徒。妨害治安者乎。推而至於世界。能天下一家。萬邦協和。安有所謂列國紛爭。攻城略地者乎。楷彭泰所謂和衷共濟者。猶右手之助左手也。非義務一念所使然。況法律之强制乎。

經濟之關係

第二　經濟之關係

外交不善及戰爭之際。其不利於經濟。不待論矣。孫子曰「凡興師十萬。出征萬里。百姓之費。公家之奉。日費千金」法國大統領路易手書中有云「予願與隣邦講信修睦互解甲兵軍事之費列國莫不苦之今述近世列國戰費如左。

	年代	費用	死亡者
英法	自千七百七十三年至千八百十五年	百二十五億萬元	百九十萬人
俄土	千八百二十八年	二億萬元	十萬二千人
西葡內亂	自千八百三十年至千八百四十年	五億萬元	十六萬人
法國阿魯笳	自千八百三十年至千八百四十七年	三億八千萬元	十一萬人
歐洲內亂	千八百四十八年	一億萬元	六萬人
英法俄	自千八百五十四年至千八百五十六年	三十億五千萬元	四十八萬人
法奧	千八百五十九年	四億五萬元	六萬三千人
北美內亂	自千八百六十三年至千八百六十五年	七十億萬元	六十五萬六千人
普奧	千八百六十六年	二億萬元	五萬一千人
法墨	千八百六十六年	一億五千萬元	六萬五千人
樸頼祈魯排頼夸霞	自千八百六十六年至千八百七十年	四億八千萬元	三十三萬人

普法　千八百七十一年　三十一億六千元　二十九萬人

俄土　自千八百七十六年至千八百七十七年　十九億萬元　十八萬人

合計　三百○四億七千萬元　四百四十七萬人

以上自十八世紀之末。至今世紀八十四年。其間凡十三大戰。軍事所費。及商工之所損失。何可勝算。而死亡之人。及疾病瘡傷不堪事事者。財用之耗。在無形之中。豈淺鮮哉。且不但戰時而已。平時軍備。其費不貲。合計之如左。

	軍費	陸兵數	海兵數	軍艦數	馬匹數
英	三、二二七五、○○○○	二一、○二一八	九、四八五九	四八六	二、五九三六
法	三、六四一二、○○○○	五四、七四八二	六、七七○五	二五一	一四、一○五九
德	三、九六七五、○○○○	五一、一四九二	一、三九五五	二一二	九、○七八○
俄	四、三五三九、○○○○	八一、四○○○	三、○一七四	一六○	一五、五四七八
奧	一、二八六三、○○○○	三三、六七一七	一、四五○七	一○六	五、四四一四
合計	一六、四七六四、○○○○	二四一、九九○九	二二、一二○○	一二一五	四六、七六六七

歐洲五大國之軍費如此。合全世界萬國計之。豈可量哉。宣揚國威。擴張領土之國。

四十六

其國民膨脹之力。不能副其所望。故不得不厚軍備之力。然費此莫大之經費。養此壯强之兵士。製此堅牢之軍艦。蓄此精良之馬匹。果能增進世界之幸福乎。吾不敢知也。將來文明之士。恐未必出此策也。

	全數人口與兵數均分	通年出款與軍費均分	軍費與教育費之均分
英	百二十分一、	二分一、六	四分一、三
法	六十二分一、	三分一、七	十分一、
德	九十九分一、	二分一、三	三分一、九
俄	百廿二分一、	四分一、二	三十三分、一
奧	百十八分一、	三分一、二	四分一、六

全國壯丁之中。或百分取一。或六十而取一。減殺生財之人不已多乎。一歲度支。軍費居其二分之一。或四分之一。糜費國民之脂膏不已多乎。栽培國民所以爲國家長久之計。而列國之敎育費比其軍事費多者三分之一。少者不過其三十三分之一。通國之民力不幾供軍事之犧牲乎。

今歐洲列國無不爲軍費所困英法與德俄軍備最强之國也然民力疲弊尙慮不足倫敦新報論之詳矣竊考古今歷史凡開疆辟土而專恃軍備之力者未有能久者也亞歷山拿普崙橫行無敵耀名青簡罕有其匹然霹靂一過青天又現向之功業入于無何有之鄉矣今歐洲列國雖振其軍備擴其版圖要之非郅治之道也武裝平和者過渡時代之一變象也

太古之世人類之生存爭競不過禦毒虫猛獸之害而已及社會進步生聚日多遂成部落於是彼此相爭弱肉强食爭鬥之道行于人類矣更進而成國家個人權利有法律以保衛之武裝之道不行於人與人之間而行於國與國之間一旦失和則干戈相見肝腦塗于戰場膏血潤乎野草今之世界其爲優勝劣敗之大舞臺乎雖然世界之文明更進個人不藉武裝庶國家亦解其武裝乎

萬國之公益

第三　萬國之公益

高尙德義之觀念世界統一之大動機也加之格致日精御飛雲以爲車乘長風以代舟宇爲之狹宙爲之促治五洲而爲一丸使萬國之公益範圍日廣而關係日親

通世界之神經而如一人之軀體痛癢相關利害相均國與國之相維猶手與足之相使有和同之勢無强弱之分斯時也去世界平和之期不遠矣盖下等動物身體之組織不完有斷其體而不死者且有二分其體即成二物三分其體即成三物各自生活如固然者高等動物則不然神經銳而感覺敏一部受損而全身不適豈獨動物然哉世界亦然草昧之世人民老死不相往來分據壤土各不相謀及其稍進也一方之治亂有關於一國之廢興發達若今日一國之消長足波動全世界之形勢不觀夫今日大勢乎土耳其之存亡歐洲治亂之晴雨表也朝鮮之興衰東洋安危之分界線也俄皇之舉動宇內政界爲之震撼日清之戰爭外交社會爲之變調其關係之密影響之速與一人之身有以異乎即如貨幣亦有萬國協同之勢有無相通流行無滯印度之貨幣改制全世界之銀貨爲之下落意太利財政困難歐羅巴諸强國爲之恐怖亞非利加之運河以歐洲之資本而開鑿俄羅斯之鐵道以法國之資本而敷設支那之事業以歐美之資本而興起其事何可勝數也麥穀來有言曰「中古時代歐洲諸國悉奉羅馬敎戴唯一之羅馬敎皇有宗敎大聯邦之觀」

今也茫茫世界有經濟大聯邦之形更進而言之列國之關稅輕減通商之條約詳密則交通貿易愈益繁興郵政之公制完備慈善之事業聯合則彼此交際日益親厚他如萬國平和會萬國公法會議度量衡一致會赤十字社萬國公共言語講究會萬國地學協會又如萬國專賣制特許制商標登錄制萬國博覽會其餘航海漁業版權等皆各國公定此皆因萬國公益而成公同之事也由此觀之文明事業之統一豈虛言哉然世界之公益豈第文明事業而已政治之統一亦不可忽也

人心之傾向

第四　人心之傾向

摩哈默德「劍光影裏有天國」之言十九世紀開明時代而博愛主義之基督教國所躬行實踐海蓋魯曰「戰者所以振興頹風鞏固國家且所以試各種人民之氣力材能者也」吾以為由治而亂以亂致治者社會進化未達其極也考之歷史人心之委靡風俗之腐敗亦時有恃戰爭而振作者然以藥力而振作精神其身體必不固以戰爭而振作頹風其國家必不強故藥餌者壯士所不需也戰爭者治世所不事也

德冷樸曰。「如孫麥里如櫻德賴者。歐洲中國土最小人民最寡之國。蓋非顯微鏡。不能見也。內政修明。謀生自由。其人民之福利安康。較之他國民。身爲國家之犧牲。猶以國富兵强自誇者。不可同日語矣。爲强國之民而悲苦。何如歸化於顯微鏡中之小國而安樂乎。」快哉斯言。人心之望平和。如磁針之北指。如流水之就下。非驅于正義之念。非出於好利之心。人之本性然也。觀於今世。可知人心之疲於奔命。倦於戰鬥矣。近代平和會之設立。其先兆乎。

一	千八百二十八年	南北美洲協議會
二	千八百四十一年	歐洲平和委員會
三	千八百四十三年	萬國平和議會
四	千八百五十六年	列國平和委員會
五	千八百七十一年	英美協議委員會
六	千八百八十二年	萬國仲裁媾和會
七	千八百八十二年	英國非侵略同盟會

八　千八百八十四年　萬國平和協會

九　千八百九十年　列國平和協會

十　千八百九十五年　萬國平和協會

十一　千八百九十七年　列國平和協議會

今平和協會不但臨時開會而已且設常任委員各國同志聲氣相通時勢之推移人心之傾向不可於此明乎諾魯思穀曰俟世絕爭人壽幾何居其世也國際之爭論可調停宇內之戰爭可和解後世子孫必有遇之者矣」觀斯言也人之想望平和可以知矣

蓋世界之大勢滔滔乎向平和之運而進人心之愛平和亦本乎先天之性惟其愛平和於是保衛其權利名譽惟恐他人侵之而爭奪始生個人不能自制而致侵害他人被害者可求法律保護之至國際之間彼此相侵則裁判者誰耶爲之保護者誰耶此今之世界所以爭戰無已時也

故人類社會之爭鬥非可謂人心好戰也古人所謂天國所謂黃金時代皆深愛平

和之詞也故平和者人生之理想政治之極軌古來歷史不過平和時代之旅行日記而已

國際法之整備

第五　國際法之整備

統一世界之大業在遐邈未來之時代其下手之方當自國際公法爲始上古之法律不過治者與被治者之關係更進而加被治者以節制至羅馬時代有喜碎落者其著書往往論及國際法至著書專論國際法者有夸落曲師千五百八十三年生千六百四十六年死和蘭法律學家也排汾德魯並開魯勛麥唐師烏路德康德彭生篤冷樸宗敎家之論此者有孫並來夸轂其他法學家研究此事者頗不乏人雖然今之國際法頗不詳備莫魯篤將軍云「萬國公法者惟行於弱國而已紙上談兵空言無益國際法果如是乎鐵血政畧之卑士麥萬國且頂禮膜拜之」嗚呼今世文明之程度亦可以知矣平和主義不行於今試畧舉一二以明之一千八百二十八年於紐約克開設平和協會列國委員調停國際之紛擾維持萬國之平和時大統領阿泰麻嘉納之外務卿夸來莫亦贊成之合衆國中有幷吞台扣柴之議衆論非之其事遂寢平和協會

之正義。震於宇內矣。千八百三十八年。法國美扣喜穀之戰端將開。孫德局厤思侯主平和之說。竭力周旋。遂弭其釁。千八百四十九年。穀潑呑建議於英國下院。述女皇之意曰。自今以後。列國紛爭之時。可任中立國調停。聽其判斷締盟結約。照會各國政府。玉成此事。議員中贊成者不尠。唯閣臣排美魯敦局冷子才以爲議論雖是。不可行於今世。遂作罷論。由是觀之。平和主義。誰敢非之。但時勢未至。不可行耳。

苦李樸思戰爭進化論有曰。「歐洲之戰爭。大則大矣。然不至阻礙進步也。夫法律者。非天賦之性。乃人爲之力。強暴抑之。詐僞禁之。格鬥制之。患難避之。是法律之所由起。故不仁不義。法律之母也。譬如有疾痛而後醫道興。醫仁術也。然興之者疾苦也。法律勸懲之道也。興之者不仁不義也。國際之紛擾。苟有法律以裁判之。弭患無形之道也。」比國篤冷樸曰。「野蠻人之爭利也。直以腕力相爭。腕力即其權力也。文明人訴於法廷。朋其曲直。以道義伸權力者也。」個人如是。國家何獨不然。世界之有形者。即領土人種經濟風俗之類是也。無形者。即道德思想感情智識之類是也。有形之類。能天下一致。無形之類。亦能天下皆同。斯達於統一時代矣。先以國際

法維持萬國之平和斯臻於公法時代矣公法時代統一時代之前程也今之時勢公法時代之曙光也

平和政策

以上五條所以促世界進運者也美國名士陸馬效魯曰「我等之國眞理是也彼分裂地球各據壤土而謂之國者言詞之濫也」雖然理想之國家非自世界統一而來乎世界統一先宜規定法律維持國際之平和增進人類之福利如是始可達於公法時代也今舉其平和論及計畫之稍善者於下一千五百九十五年法王櫻里四世欲保歐洲之平和定諸國域爲十五國每國出代表者十五人共六十人設議會於歐洲中心如美滋如冷喜諸地防列國之戰爭修各國之內政未幾櫻里被刺此議遂寢一千七百十四年僧正孫比魯著一書曰「歐洲永久和平」承櫻里四世之遺志不必改定諸國之疆域第連合現在諸國爲一大同盟而已（一）同盟諸國各出代表者設常置議會（二）同盟條約以多數決定處理同盟之事務（三）同盟條約非衆員同意不得更改（四）同盟國間有爭端會員可判斷之意見相同有四分之三即可宣告（五）如不從會議中之議同盟諸國可起聯軍以討之一千七

百八十八年。英國彭生論戰爭之原因及避之之法。(一)以不文法之習慣變爲成文之法典。(二)國際間有異論即更正條約。(三)外交之用語宜明確。(四)減少陸海軍。(五)使殖民地獨立。(六)設中立裁判所。(七)設列國議會。一千七百九十五年。康德永久平和之論曰。「貴重德義。保衞權利。政治之本也。不但個人與國家當實踐之。國際間亦必實踐之。而保持平和之法。當以共和政體施之於列國。及列國同盟。設列國議會等事。」此等問題。經學者熟考深思。又經萬國平和協會百計經營。而卒無所成者。實時勢使然。若以平和協會之議論。實行中立公斷之條約。是妨各國獨立。而爲共和政體矣。其難行也。不亦宜乎。阿培德孫比魯思唐有制定年限等說。雖行之匪易。而設置主權之說。自不可非。蓋無論專制政體。立憲政體。共和政體。有國家必有代表主權者。豈世界之國家。而可無主權耶。

推選主權國之必要

邇來政治家法學家研鑽此事雖多。余所取者有二。一依會議處理國際間之爭端。二立世界聯邦制度。其目有二。一規定萬國公法。二常設列國議會。惟此二者而已。餘皆空言不足取也。夫無主權國。必不能望世界統一。然有主權國。或恐有專制之弊或恐其權力偏重政治家多持此說以相難吾以爲不能選任主權國即人類進步未臻其域也要而言之世無萬國之師表世不能推誠信任公明正大以謀萬國之平和世無國際間之公德惟推法律思想以論權利義務因推選主權國而紛爭不已皆人類文化未及平和時代之程度也聯邦制度之有主權國猶共和國之大統領也於其權限之內處置國際之事此主權國也擁護列邦制度實施萬國公法者亦此主權國也於將來世界而定主權國之權限終非今日法律思想所能忖度也

主權國之資格

然則世界主權國果如何推選之乎此可徵之個人而推論也吾人爲事無論宗教無論政黨無論實業苟成一小團體必有人爲之領袖推選此人必其才德冠乎衆人者也準此而論公法時代亦何獨不然勝世界盟主之任者必其國之文明民之德義卓絕世界可爲萬國師表者也夏穀嘗豫言曰「二十世紀必有一國焉其民富而好禮智而温和爲諸國民兄長而諸國民親愛之者」今也二十世紀矣如斯之國民雖屬空想然而公法時代想終不出今後五六世紀也爲萬國師表之大國

民。其發現於此時乎。

蓋公法時代之所以現。聯邦制度之所以立。世界國家之所以成。不但國家進化之序如此。亦西洋文化日就委靡。不得不與異人種國相調和。以趨利避害。致此同權平等之外交。而德義之觀念。經濟之關係。萬國之公益。人心之傾向。公法之整備。日新月盛。進化不已。於是領土人種經濟風俗天下皆同。智識德義思想感情亦絕無差異。萬國世界儼如七尺壯軀矣。十人同利害。則十人相關如一。身安置十人者猶一身之良心也。一國同利害。則通國相關如一。身治理一國者猶一身之良心也。全世界同利害。則全世界相關如一。身處理全世界者猶一身之良心也。在原人社會。

人類之初　無父子之親。無夫婦之倫。與禽獸無異。無所謂家族也。及文化少進。而家族之團體成。更進而部落之團體立。又進而民族之國家現矣。至於今國民之國家建矣。然則自今而後。文化益進。世界之國家不可拭目望之乎。以理度之。必然之結果也。嗚呼。個人有良心。國家亦有良心。國家有良心。世界亦必有良心。而將來世界之主權者。世界之良心也。世界之良心之代表者世界師表之國民也。有世界師表之國民。世界統一之端緒啓矣。

横覽地球。萬國羅列。千百年後能統一世界者。果誰族乎。來日雖長。豈容忽視。勿氣餒。勿崇拜他人。勿意滿。勿夜郎自大。東望大陸。錦繡如許。顧我同胞。神明之胄。爲東亞主人翁者。非我其誰。且豈特爭雄東亞而已哉。顧伈伈俔俔。仰白人之鼻息。爲白人所驅使。嗚呼誰實使之。誰實爲之。我國民其垂念哉。不蹶則奮。其在於今。動心忍性。殷憂啓聖。嗚呼我國民其鑒諸。我國民其思諸。

未來世界論 終

光緒二十九年三月二十日發行

定價大洋三角

譯者 無錫秦毓鎏

發行者 金匱張肇桐

印刷人 中原安太郎
日本東京市神田區美土代町三丁目四番地

印刷所 中原印刷所
日本東京市神田區美土代町三丁目四番地

總發行所 上海棋盤街北段朝西門面 文明書局

欽命二品頂戴江南分巡蘇松太兵備道袁　爲

給示諭禁事據文明編譯印書局職商廉泉俞復丁寶書稟稱職等糾合同志集有鉅欵創辦編譯印書局租定房屋於上海四馬路胡家宅地方擇於六月初一日開辦所有編譯已成各書陸續付印平價出售誠恐書賈射利易名翻印或妄爲增損改換面目貽誤士民實非淺鮮嗣後凡本局編譯印行各書均不許他人翻刻除另稟　商務局憲外合詞稟求准允立案出示嚴禁翻印并請札飭縣廨一體出示曉諭並照會　租界領袖美總領事立案等情到道據此除函致　租界領袖美總領事暨分行縣廨一體立案示禁外合行給示諭禁爲此示仰書賈人等須知文明印書局編譯各種書籍均係該職商等苦心經營而成爾等不得私易書名改換面目翻印漁利倘敢故違一經該職商等查知許即指名具稟本道立即提案不貸其各凛遵毋違切切特示

光緒貳拾捌年陸月初七日示